청소년과 교사를 위해
교육학자가 쓴 교육정책 이야기

오늘의 교육
내일의 교육정책

박수정 · 김　용 · 엄문영 · 이인회 · 이희숙 · 차성현 · 한은정 공저

학지사

머리말

　교육은 중요하다. 가르치고 배우는 일은 삶을 살아가는 인간으로서 성장해 나가도록 도움을 주고, 사회와 국가의 성장과 발전에도 연결된다. 하여 교육은 모두의 '관심사'다.

　교육은 친숙하다. 초등학교부터 고등학교까지 12년간 매일 오가는 학교에서 교육이 이루어지고, 진학률이 70% 내외인 대학까지 합하면 16년간 학교교육을 받는다. 교사는 아동과 청소년이 가장 오랜 시간 관찰할 수 있는 직업이다. 또한 학부모가 되면 자녀가 이 모든 교육을 마칠 때까지 다시 학교와 인연을 맺게 된다. 하여 교육은 대부분의 사람이 '잘 아는 일'이다.

　교육은 종종 비난의 대상이 된다. 더 좋은 학교로 진학하려는 열망은 사교육 과열을 낳고, 입시에 대한 공정성 논란은 그치지 않는다. 희망직업 순위에서 교사는 매우 높고 우수한 학력을 가진 자들이 교사로 선발되지만, 공교육에 대한 평가와 신뢰는 그다지 높지 않다. 국가 경쟁력이 약화되거나 사회적 문제가 발생하면 그 화살은 교육과 교사로 향하기도 한다. 하여 교육은 '문제'다.

그렇다면, 우리는 교육을 얼마나 정확히 알고 있는가? 교육을 잘 아는 것 같아도, 자신의 입장과 관점, 즉 학생 혹은 학부모로서 관찰하고 경험한 시야를 넘어서기 어렵다. 20~30년 전 학창시절의 기억과 인상으로 학교를 바라보는 경우도 있다. 교육과 학교의 기본적인 틀은 그대로인 것 같아도, 변화는 놀라운 속도로 이루어지고 있다. 과거에 비해 다양한 사람과 집단이 교육에 종사하고 관계되며, 학교 담장 안에서 이루어졌던 교육은 마을과 지역으로 확장되고 있다. 교육은 다른 분야의 사회적 현상 및 제도와 복잡하게 얽혀 있다. 교육 문제에 대한 명쾌한 해법이 잘 보이지 않는다면, 이러한 복잡성에서 그 이유를 찾을 수 있다.

교육이 나아가야 할 방향을 설정하고 그러한 교육이 현실에서 작동될 수 있도록 만드는 것은 '교육정책'이다. 교육정책은 기본적으로 '교육에 대한 공적인 의사결정'을 의미한다. 교육을 잘 하기 위해, 그리고 문제를 해결하기 위해, 교육정책을 새롭게 만들거나 개선하게 된다. 교육정책은 국민의 여론과 전문적 식견을 바탕으로 국회와 정부를 통해 '법령'의 형식으로 만들어지고, 교육부와 교육청, 그리고 학교에서 실행되어 교육활동으로 전개된다. 교육정책이 오랫동안 추진되면 국민들은 이를 어느 정도 지속성을 가진 교육제도로 인식하게 된다.

교육정책에 대한 정확하고 구체적인 이해는 사실 쉽지 않다. 교육정책의 분야는 유아교육, 초·중등교육, 고등교육, 직업교육, 평생교육, 마을교육, 교육거버넌스 등 대단히 넓고 복잡하다. 교육법과 교육재정에 대한 이해도 바탕이 되어야 한다. 교육에 비하여 교육정책이 다소 딱딱하게 생각되고 거리감이 느껴질 수 있지만, 교육이 잘 이루어지기 위해서는 교육정책이 중요하다. 교육에 대한 거시적인 조망과 제도적인 관점이 필요하다.

'교육과 교육정책에 대한 책'을 써 보자. 교육과 교직에 관심이 있는 고등학생부터 대학생, 그리고 교사와 일반인 대상의 책. 교육학을 전문적으로 연구해 온 교육학자 7명이 마음을 모았다. 그동안 학술적 연구를 해 왔던 것을 바탕으로, 이번에는 현장과 소통하는 책을 써 보기로 한 것이다. 2020년 가을부터 논의를 시작하여, 겨울과 이듬해 봄에 각자 집필하고 상호 검토하였으며, 2021년 여름에 최종 원고를 넘길 수 있었다. 그리고 2021년 가을, 드디어 세상에 나왔다.

이 책은 교육정책 이슈들을 선정하고, 그 내용을 소개하고, 생각할 만한 주제를 던져 주는 것을 목표로 하였다. 1부 '학교와 교육의 변화'는 학교제도, 교육과정, 혁신학교, 교사 전문성을 다루고, 교육의 미래와 교육의 질을 먼저 생각해 보고자 하였다. 2부 '교육과 교육비'는 교육재정, 의무교육과 무상교육, 사교육을 다루고, 교육에 있어서 '돈'의 의미와 중요성, 그리고 바람직한 쓰임새를 제시해 보았다. 3부 '학교교육 체제와 방향'은 유아교육, 고등학교 체제, 영재교육, 대학입학정책을 다루고, 학교교육의 의미와 변화 방향을 논의하였다. 4부 '교육자치와 참여'는 학교자치, 학부모참여, 마을교육공동체를 다루었고, 앞으로 더욱 확대될 자치와 참여 방식을 상상해 보도록 하였다.

각 주제에는 집필자의 이름을 명기하였다. 비슷한 성격과 형식으로 작성하면서도 주제에 따라 성격이 다를 수밖에 없고 집필자의 성향과 학문적 기반도 반영하고 있다. 최대한 대중적으로 쉽게 쓰자고 했지만 학술적 연구보다 실은 더 어려운 작업이었다. 그래도 첫 발은 내디딘 것 같다. 또한 이 책은 2021년 6월 기준으로 집필되었다. 교육과 교육 정책은 지금 이 시각에도 변화되고 있다. 추후 변경되는 사항들은 확인할 필요가 있다.

오늘의 교육은 내일의 교육정책을 만들어 가고, 미래의 교육정책은 지금의 교육을 더욱 좋은 방향으로 이끌어 갈 것이다. '교육에 대한 정책'에서 나아가 '교육을 위한 정책'이 되어야 한다. 교사나 교육 전문가가 되고자 하는 청소년들이 교육과 교육정책에 대해 체계적으로 이해하고 깊게 고민하는 책이 될 수 있기를 소망한다. 예비교사와 현직교사들이 이 책을 통해 좋은 교육을 위한 교육정책에 대한 이해와 의견을 키워 가고 현장에서의 교육활동과 실천에 도움을 얻을 수 있기를 기대한다.

2021년 10월
저자들을 대표하여
박수정 씀

6

정치학, 경제학, 역사학 등 다른 전공 분야에는 대중을 위한 교양서들이 적지 않다. 자연과학 분야도 예외가 아니다. 이에 비해서 교육학계에는 일반인을 위한 교육학 서적이 별로 눈에 띄지 않는다. 교육학의 학문적 특성에 비추어 볼 때 이는 역설적인 현상이다. 교육학이야말로 소통을 중시해야 하는 학문이기 때문이다. 그 점에서 이 책을 읽는 내내 반가운 생각이 들었다. 어려운 교육정책을 쉽게 풀어내려는 저자들의 노력이 돋보였기 때문이다. 열네 가지 주제도 사람들이 함께 관심을 가져야 할 이슈다. 의사결정에서 민주적 참여가 점점 강조되는 오늘날 이런 대중적 글쓰기는 더 나은 교육정책을 수립하는 데에도 큰 의미가 있다. 저자들의 노고에 감사하며 많은 분에게 일독을 권한다.

이혁규 (청주교육대학교 총장, 『한국의 교육생태계』 저자)

교육정책을 다루는 교재는 건조하고 지루하다는 통념이 있다. 범주 선정이나 내용 기술에 있어 상투적이기 때문이다. 이 책은 세간의 통념을 시원하게 깨고 있다. 현재 쟁점으로 떠오른 교육정책의 문제를 피하지 않고 다루고 있다는 점에서 생생하다. 학교제도의 새로운 상상에서 마을교육공동체까지 최근 교육담론의 핵심을 두루 담고 있다. 그러서면서도 어느 한편의 주장을 옮기는 것을 넘어 탁월한 균형을 유지하고 있다. 쉽게 읽히면서도 현실에 붙어 있는 교육정책 교재를 써 보자고 저자들이 작정한 듯하다. 책의 처음부터 끝까지 이러한 의도는 빠짐없이 녹아들었다. 예비교사 대상의 교육학 교재로, 고등학생들의 읽기 자료로도 손색이 없다. 나아가 짧은 시간에 우리 교육 문제의 개요와 쟁점을 이해하려는 학부모나 시민들에게도 좋은 독서 자원이다. 예비교사들과 다시 만날 수 있다면 이론과 현실을 조화롭게 엮어 생생하고 쉽게 쓴 이 책을 교재로 선택하겠다.

함영기 (교육부 교육과정정책관, 『교사, 책을 들다』 저자)

우리나라는 모든 성인이 '교육 전문가'라는 말이 있을 정도로 교육에 대한 관심이 높다. 하지만 본인의 경험에 근거하여 이야기를 하다 보면 과도하게 일반화하거나, 감정의 흥분 상태에 빠져들기도 한다. 저자들은 우리 교육의 맥(脈)을 짚고 있다. 각 주제의 역사를 돌아보고, 최신 통계와 연구 자료를 활용하고 있다. 동시에 핵심 쟁점을 추출한다. 여기에 충분히 검토할 만한 상상력과 대안을 더하고 있다. 큰맘 잡고 읽어야 하는 학술 논문 내지는 학술 저서의 무게감을 덜어 내어 독자와 편안한 대화를 시도한다. 각 정책의 뿌리를 무겁지 않게 살펴볼 수 있다. 그러나 본질을 관통하는 저자들의 치열한 문제의식은 각 장마다 가볍지 않게 흐른다.

김성천 (한국교원대학교 교수, 교육정책디자인연구소장)

차례

세부 차례

제1부
학교와 교육의 변화

1
학교제도,
새로운 상상이 필요하다

박수정

초등학교 6년, 중학교 3년, 고등학교 3년, 대학교 4년. 한국인이라면 학교의 명칭과 재학 기간이 이렇게 각인되어 있을 것이다. 그러나 다른 나라의 교육제도를 살펴보거나 유학을 알아본다면, 국가마다 학교의 명칭과 종류, 재학 기간이 다르다는 것을 알 수 있다. 같은 국가라 하더라도 지역에 따라 다른 경우도 있는데, 캐나다의 경우 초등학교와 중등학교의 총 기간이 12년인 주도 있고, 13년인 주도 있다.

새 학년의 시작 시기도 국가마다 다르다. 우리는 3월 1일에 시작하여 3월 2일 일제히 개학하지만, 대부분의 국가는 9월에 새로운 학년을 시작한다. 일본은 우리보다 약간 늦은 4월에 시작한다. 하여 우리나라에서도 국제적인 표준에 맞추기 위해 '9월 신학기제' 제안이 끊임없이 제기되고 있다. 2020년에는 코로나19로 인하여 개학이 계속 연기되자, 이참에 새로운 학년을 9월부터 시작하자는 주장까지 나왔다.

학교제도나 학년 시작 시기는 단 하나의 모범답안이 있는 것이 아니지만, 이미 고정관념과 관행이 머릿속에 자리를 잡고 있다. 학교라고 하면 네모난 건물과 같은 규격의 교실, 가운데 넓은 운동장과 둘러쳐진 담장이 연상되고, 정해진 시간표와 수업의 시작과 끝을 알리는 종소리로 일제히 움직이는 곳이라는 생각이 지배적이다. 하루의 많은 시간을 보내는 학교가 '공장'과 같은 모습과 분위기가 아니라, 즐겁고 편안하며 창의성이 샘솟는 공간, 모든 학생의 성장과 행복을 돕는 곳이 될 수는 없을까?

70년 넘게 유지되고 있는 학교제도의 기본 틀

학교제도, 학교교육제도를 줄여 '학제(學制)'라고 하며, 이는 학교의 기능과 학교 간 종적·횡적 연결 구조를 의미한다. 학제는 학교급과 교육기간, 선발과 졸업, 학교 종류 등 학교교육의 외형적 틀과, 내용적으로는 교육과정과 교육 프로그램을 포함한다.

[그림 1-1]은 2020년 기준 우리나라의 학제 모습이다. 초, 중, 고 그리고 대학으로 연결되는 중심 학제를 기간학제(기본학제)라 하며, 기타 학교들(방계학제)이 보완적인 성격으로 위치해 있다. 어느 학교를 다니든 기본적으로 대학 진학이 가능하기 때문에 '단선형(single ladder system)' 학제라는 특징을 가진다. 반면, 유럽은 봉건사회를 배경으로 하는 '복선형(dual ladder system)' 학제를 전통적으로 발달시켰는데, 중등교육에서 인문계열과 직업계열 중 인문계열의 학교만 대학으로 연결된다. 우리는 광복 후 미군정기를 거치면서 미국과 비슷한 단선형의 학제 형태를 취하게 되었다.

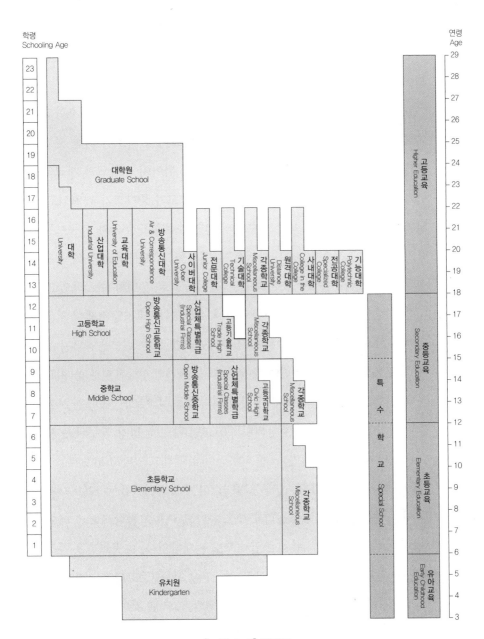

[그림 1-1] 학제도

출처: 교육부, 한국교육개발원(2020), 2020 교육통계분석자료집 - 유초중등교육통계편.

이러한 6-3-3-4제, 즉 초등학교-중학교-고등학교-대학교의 수학연한을 의미하는 기본적인 학제의 구조는 1951년 「교육법」에 규정되어 70년 넘게 유지되고 있다. 그전에는 어떤 모습이었을까?

1894년 갑오교육개혁을 통해 국가 차원의 공교육제도로서 소학교와 중학교가 처음 도입되었다. 1895년 4월 교사를 기르기 위한 사범학교가 가장 먼저 개교하였고(한성사범학교), 뒤이어 소학교가 개교하였다. 1910년 일제강점기에 접어들면서 소학교와 중학교가 폐지되고, 일본에 비해 차별적인 학제가 수립되었다. 보통학교(4년)와 고등보통학교(4년)를 근간으로 하고, 사범학교, 직업학교, 전문학교 등이 운영되었다. 보통학교를 2년으로 축소한 '간이학교'를 운영하기도 하였고, 대학은 경성제국대학 외에는 설립되지 못하였다. 태평양전쟁이 격화되면서 학제가 일본과 비슷하게 조정되었지만 실제로는 운영되지 못했고, 보통학교는 황국신민(천황이 다스리는 국가의 신하된 백성)을 기르는 '국민학교'로 전환되었다. 이 시기 취학률을 살펴보면, 1942년 보통학교 취학률은 47.1%로 추정되며[1], 1945년 말 미군정청 학무국은 38도선 이남 6~18세 취학 인구 중 30%만이 취학하고 있다고 밝혔다.[2]

1945년 광복 이후 1949년에 「교육법」이 제정되면서 6-4-2(4)-4제가 처음 명문화되었다. 초등학교 6년, 중학교 4년, 고등학교 2년, 대학 4년이며, 중학교 이후 4년제 초급대학도 존재하였다. 초등교원을 양성하는 사범학교는 고등학교 단계로 설정되었고, 중등교원은 사범대학에서 양성하도록 하면서 대학과 구분하였다. 그러던 것이 6-3-3-4제로 정리되었고, 전문대 신설, 사범학교의 교육대학 승격, 방송통신대 신설 정도 외에 큰 변화는 없었다. 그러나 학제 개편에 대한 논의는 정부가 교체되거나 사회적으로 이슈가 제기될 때마다 부상하였다.

최근에도 학제와 관련하여 기간학제(수업연한) 조정, 취학연령 조정, 신학기제 조정에 대한 검토가 이루어졌다.[3] 이와 관련된 논의들을 확인해 보자.

첫째, 6-3-3-4제 기간학제와 수업연한의 조정 문제다. 현 학제의 문제로 제기되는 것은 수업 연한이 길어 청소년의 사회 진출이 늦고, 아동의 성장발달 수준을 고려하지 못하며, 만 18세부터 참정권이 부여되므로 고등학교 졸업이 그전에 필요하다는 점 등이다. 근본적으로는 획일적인 수업연한이 개인의 능력차와 지역의 특수성을 반영하지 못하며, 단선형 학제가 대학 진학 수요를 증가시켜 사교육과 대학입시 문제를 야기시킨다는 비판들이 제기되고 있다. 이에 대하여 K-5-4-3제, 2-5-5-2-4제 등이 제안되고 있다. K-5-4-3제는 만 5세 교육(K)의 의무교육화, 초등학교 수업연한을 5년으로 단축, 중학교 수업연한 4년으로 연장 및 중4 전환학년제 도입, 고등학교에서 개방형 학점제 전면도입 방안이다. 2-5-5-2-4제는 유아교육과정 1년 단축 및 취학연령 1세 단축, 초등학교 5년, 중학교 5년, 고등학교 2년 운영 및 진로탐색학교와 직업학교로 분리하는 방안이다.

둘째, 만 6세에 취학하는 제도는 기간학제 형성 때부터 계속 유지되고 있는데, 이러한 취학연령을 낮추자는 주장이다. 만 5세 취학학령제를 주장하는 입장에서는 아동발달 속도가 빨라지면서 이 시기에 초등학교 교육을 받도록 함으로써 유아 사교육비 절감 효과를 얻을 수 있고, 결과적으로 산업인력을 조기에 확충할 수 있다고 본다. 이것은 앞의 학제 개편과 연동되는 부분이 많다. 그러나 세계적으로 만 6세 취학이 일반적이고, 만 5세 아동의 가정 보호 필요성이 크며, 기존 유치원과의 관계 등으로 인해 크게 힘을 얻고 있지는 못하다. 이것은 유아교육을 기간학제 속에 포함하는 방안과 연결될 수 있다.

셋째, 3월 신학기제를 9월로 변경하자는 제안이다. 이에 대한 근거로 2월 수업의 부실 운영, 교원 인사 시기의 부적절, 3월의 기후 문제 등이 있으나, 외국 학기제와 맞지 않아 국제적 통용성이 떨어진다는 점이 가장 목소리가 크다. 또한 수업일수 및 한 학기 기간의 과다가 학제 개편과 함께 논의되고 있다. 9월 신학기제 도입 시 소요 기간, 소요 비용, 대입 및 취업 경쟁률 등을 고려해야 한다. 이에 6개월 일괄 단축, 2개월씩 교육과정 단축, 방학 기간 조정, 전환학기 도입, 입학 기준 생년월일 조정, 초등학교 6개월 조기 입학, 누리과정 입학 6개월 연기 등의 방안을 검토해 볼 수 있다. 그러나 특정 학년 학생에 대한 불이익과 사회적 갈등을 감수할 만큼 경제적 편익이 큰지, 교육적 효과는 어떤지 면밀한 검토가 필요하다.

이러한 학제 개편 관련 이슈는 매우 큰 주제이며 복합적인 사안이므로 번번이 주장만 제기되었다가 별다른 변화를 만들지 못하는 것이 어쩌면 당연한 것일 수 있다. 또한 정치적인 상황과 교육 외적인 측면의 고려로 의제 제기만 반복되는 것은 경계할 필요가 있다.

그러나 모두가 학교를 12년간 다녀야 하고, 만 6세에 초등학교에 입학하며, 3월 2일에 새학년 등교를 하는 것은 오랫동안 형성된 관행일 뿐 불변의 진리가 아니라는 점은 분명하다. 지금의 학교제도가 과거의 산업화 시대에 걸맞은 체제였다면, 앞으로의 학교는 새로운 시대와 환경에 맞는 새로운 옷을 입어야 하지 않을까?

우리나라 학교제도와 학교교육의 특징

우리나라에서 초등교육 단계의 의무교육 완성은 1950년대에 매우 빠른 속도로 이루어졌다. 36년간의 일제강점과 한국전쟁의 위기를 딛고, 세계적으로 유례가 없는 놀라운 취학률을 달성한 것은 '교육의 양적 팽창과 교육열'을 보여 주는 가장 대표적인 사례다.

1945년 광복과 함께 초등학교에 대한 수요와 취학률이 크게 상승하였다. 일제강점기에 교육기회가 제한되고 민족교육이 억제되었기에, 학교 신설과 학생 수용에 대한 요구는 가히 폭발적이었다. 당시에는 학교를 새로 만들고 학생을 수용하고 교사를 충원하는 일이 가장 시급하였다. 이에 국가적으로 학교를 세우면서 동시에 중등학교 단계에서 사립학교의 설립을 권장하였고, 사학도 공학과 마찬가지로 국가의 관리 범위에 포함되었다. 공립학교를 다니든 사립학교를 다니든 등록금이 동일하고 교사의 급여 수준도 같아야 교육의 질이 보장되므로, 사립학교에도 교육재정이 대폭 투입되었다. 이처럼 학생을 수용하기 위한 사학정책은 교육의 질을 보장하면서도 사학의 자율성은 제한되는 결과를 가져와, 다른 나라의 사학과는 다른 양상으로 성장하게 되었다.

학교의 양적 팽창은 계속되는 학교 신설과 대규모 학교로 이어졌다. 1970년대에 서울에서 초등학교의 한 학급 학생이 '100명'이 넘는 경우도 있었다. 1980년대에 서울에서 초등학교를 다닌 필자는 오전반, 오후반으로 번갈아 학교를 다녔다. 이것을 '2부제'라 하는데, 학생은 많고 교실은 부족하여 두 학급이 같은 교실을 나누어 사용하는 것이다. 고등학교의 수용 학생 수가 학령인구에 비해 부족했던 시기에는 중학교 졸업 후 고등학교 입학을 위해 재수하는 학생도 있었고, 1980년에는 대학 재수생 문제가 사회적으로 심각해지자 '졸업정원제'라 하여 대학 입학정원보다 더 많이 뽑고 졸업할 때 정원만큼 선별하여 졸업시킨다는 정책을 폈으나 결국 그렇게 되지 못했고 1987년에 폐지되었다. 이렇게 학교가 '수용'의 개념이 컸던 시기에는 교육의 '질'을 생각하기가 어려운 측면이 있었고, 의무교육 완성에 이어 중등교육의 보편화, 그리고 고등교육의 팽창과 대중화를 가져왔다.

학교교육의 질을 보장하기 위해 교육공무원제도를 도입하여 교원을 국가공무원으로 임용하고 운영하였는데, 모든 나라에서 교사를 공무원으로 운영하는 것은 아니다. 우리나라 사립학교 교원은 공무원은 아니지만 교육공무원에 준하는 처우를 받고 연금제도도 동일하게 운영되는데, 이 또한 세계적으로 흔치 않은 일이다. 교원의 처우와 위상이 점점 높아짐에 따라, 한국의 학교교육에서 중요한 역할을 담당하는 교원의 질과 높은 선호도, 낮은 이직률을 가져오게 되었다.

2020년을 기준으로 우리나라 학교의 전체적인 상황을 살펴보도록 하자. 〈표 1-1〉을 통해 학교 수, 학생 수, 교원 수 현황을 전반적으로 파악할 수 있다. 2000년대 이후로 학생 수는 급격히 감소하고, 학교 수, 학급 수, 교원 수는 증가하다가 최근 유지되는 추세에 있다. 학급당 학생 수는 2020년 기준으로 유치원 16.7명, 초등학교 21.8명, 중학교 25.2명, 고등학교 23.4명으로 지속적으로 줄고 있다.

과거에는 학교제도에서 양적인 팽창과 수용이 긴급한 일이었지만, 점차 질적인 측면에 초점을 두면서 한국교육이 성장해 가고 있다. 전반적인 학령인구 감소와 농어촌 지역의 학교 통폐합 문제가 중요한 이

〈표 1-1〉 학교 통계(2021년 기준)   [단위: 교, 개, 명]

구분		학교 수	인가학급 수	학생 수	교원 수
		전체	전체(일반+특수)	전체	전체
유치원		8,659	36,257	582,572	53,457
초등학교		6,157	124,094	2,672,340	191,224
중학교		3,245	53,078	1,350,770	113,238
고등학교	소계	2,375	56,545	1,299,965	131,120
	일반고	1,616	40,165	961,275	91,448
	특수목적고	161	2,848	63,181	8,001
	특성화고	488	10,517	198,663	24,816
	자율고	110	2,985	76,846	6,855
특수학교		187	5,130	26,967	10,269
고등공민학교		3	5	43	5
고등기술학교		7	36	529	71
각종학교		72	661	8,969	1,475
소계		20,705	275,806	5,942,155	500,859

출처: 교육부, 한국교육개발원(2021). 2020 교육통계분석자료집-유초중등교육통계편.

슈가 되고 있는 상황이다. 교육의 질을 더욱 높이고, 학생 한 명 한 명을 위한 개별화 교육이 가능한 학교제도가 요청되고 있다.

학년제도와 학급제도는 당연한 것인가

6-3-3-4제에서 숫자는 해당 학교를 수학하는 연수이며, 정해진 학년을 이수해야 새로운 학교로 이어진다. 현재 정해진 수업일수(등교)를 채우면 학년을 진급하도록 되어 있고, 반대로 수업일수를 채우지 못할 경우에는 유급이 된다. 이러한 '수업일수 채우기'를 통한 진급

방식은 오래되었지만, 세계적으로 일반적인 사례는 아니다. 일정한 기준에 의해 과목 통과 혹은 학년 수료 여부를 결정하는 방식이 고교학점제에서 논의되고 있지만 아직은 낯선 개념이다.

학급은 학교 안의 조직이며, 1년간 학생들이 함께 학습하고 생활하는 공간이다. ○학년 ○반, 지금까지 이런 소속이 없이 학교생활을 한 사람은 없을 것이다. 게다가 출석번호까지. 그것이 성의 가나다 순서든, 키 순서든, ○학년 ○반 ○번은 개별 학생의 고유번호가 된다. 학급에는 반장이 있다. 오래전에는 담임교사가 반장을 임명했으나 민주주의의 발전에 따라 반장 선출이 학생들의 선거로 이루어지게 되었다. 반장을 교사가 지명하거나 학급의 질서를 유지하는 차원으로 접근하는 국가도 있으나, 이제는 '학급회'를 대표하는 개념의 '회장'으로 운영하고 있다.

이러한 학급에는 담임교사가 있고, 학년에 따라 매년 변동된다. 이것 또한 일반적인 것일까? 중국에서는 중·고등학교에서 3년 동안 담임교사가 교체되지 않고 학급을 운영하는 '담임연임제'가 일반적이다. 우리나라에서도 일부 교육청에서 이를 검토하거나 시도하기도 하였다. 학생의 이해와 학부모와의 소통에서 장점이 있으나, 단점도 충분히 예상된다. 그러나 담임교사가 매년 바뀌는 것도 사실 고정관념일 수 있다. 담임교사가 2명인 '복수담임제'를 정책적으로 추진한 때도 있었고, 필요에 따라 담임연임제나 복수담임제를 운영하는 학교도 있다.

학급이라는 제도는 담임교사가 모든 과목을 가르치는 초등학교에서는 학습의 단위가 된다. 그러나 이 또한 일반적이라고 생각해서는 안 된다. 중국 상하이의 초등학교에서는 교과별로 교사 자격이 있는 교사가 해당 과목을 전문적으로 가르친다.

  중·고등학교 단계에 가면 우리 학급제도의 독특성은 더욱 커진다. 중등교사는 자신의 담당 교과를 가르치면서 학급 담임을 맡는다. 학급 교실에 학생들이 머물고 시간표에 따라 교사들이 교체되어 들어오는 시스템은 중등학교 단계에서는 사실 드문 방식이다. 학생들이 과목을 선택하고, 해당 과목의 교실을 찾아가는 시스템이 더욱 일반적인 모습이다. 우리는 선택 과목을 '학생'이 선택하는 것이 아니라 '학교'가 선택하고, 학생들을 학급으로 나누는 일이 많았다. 예를 들면, 외국어 교과로 일본어와 중국어를 선택한 후, 학생들을 반으로 나누어 학급을 편성하고 해당 교사가 학급에 찾아가는 것이다. 집중이수제(한 학기에 특정 과목 집중 이수)가 도입됨에 따라, 특정 학기에만 특정 과목을 편성하는 경우가 생겼다(예: 1학기에 도덕, 2학기에 기술·가정). 이 경우 담임 학급의 학생을 1학기 수업에서는 만나지 못하다가 2학기 수업에서 만나게 되어 학생들을 제대로 파악하게 되는 경우도 생긴다.

  2010년을 전후하여 교과교실제가 중등학교에 본격적으로 도입되면서, 학생들이 매 시간 교실을 찾아다니는 일도 생겼다. 우리도 외국 학교처럼 공부하는 것인가! 그러나 '시간표가 동일한 학생들'이 '함께 교실만 이동'하는 방식은 어딘가 이상한 일이다. 쉬는 시간만 부족하다. 과목 선택이라는 개념이 없다면 교과교실제는 교사는 머물고 학생은 학급을 통째로 이동하는 방식에 그친다. '교사 로테이션'이 아니라 '학생 로테이션'을 하려면 그에 걸맞은 교육과정 운영이 필요하다.

  2015 개정 교육과정으로 2019년부터 고등학교 2, 3학년에 '학생 선택 중심 교육과정'이 도입되었다. 그전에도 선택 교육과정이 있었지만

'무늬만 선택'인 경우가 많았다. 학교에서 제공할 수 있는 과목 중에서 학생들이 선택하였다. 그러나 2015 개정 교육과정에서 고 2, 3학년 학생들의 선택이 본격적으로 이루어지기 시작했고, 이것은 고교학점제의 도입에 따라 더욱 본격화될 전망이다. 학생들이 희망하는 과목을 개설하고 이를 선택하는 방식에서는, 동일한 교육과정과 관리 개념의 학급 운영 방식은 전환되어야 한다.

고교학점제 연구학교에서는 소수의 학생들을 긴밀하게 지도하는 멘토 개념의 담임제를 운영하는 모습이 나타나고 있다. 경기도의 한 고등학교는 본격적으로 선택 과목이 운영되는 2학년을 대상으로 교사가 13명의 학생을 지도하는 '멘토교사제'를 시도하였다. '학급의 관리자'가 아니라, 학생의 학습을 상담하고 관리하는 '어드바이저'로서의 담임 개념이다. 더욱 새로운 시도와 경험이 나타날 것이다.

학교의 경계와 프레임을 넘어[4]

21세기에 접어들면서 학교의 변화된 모습을 상상하는 구체적인 시나리오가 제시되었다. 20여 년이 지난 지금 얼마나 변화하였을까? 2000년대 초반에 OECD가 제안하였던 학교 변화 시나리오를 살펴보자.

미래 학교교육의 상을 제시한 것 중 가장 널리 알려진 것은 OECD 산하 교육연구와 혁신센터(Center for Educational Research and Innovation: CERI)에서 2001년에 20년 후의 학교교육의 미래상을 여섯 가지로 제시한 것이다.[5] 시나리오는 학교의 구조 변화의 정도를 현 체제 유지, 학교 재편, 탈학교의 셋으로 나누어 각기 가능한 시나리오 두

가지씩을 구상한 것이다. 이미 2020년에 도달한 현재, 학교는 어떠한 모습을 보이고 있을까?

〈표 1-2〉 미래의 학교체제 예측(2000년 기준 20년 후 예측)

현 체제 유지	학교 재편(re-schooling)	탈학교(de-schooling)
1안 견고한 관료제적 학교체제	3안 사회 핵심 센터로서의 학교	5안 학습자 네트워크와 네트워크 사회
2안 시장 원리 적용 모델 확대	4안 초점화된 학습조직으로서의 학교	6안 교사의 탈출, 학교 붕괴

출처: OECD (2001). *What schools for the future?* Paris: OECD. p. 79.

이에 대하여 우리나라에서는 2004년 델파이 조사에서 2안, 1안, 4안, 3안, 5안의 순으로 실현 가능성이 높은 것으로 예측하였다. 2018년의 연구에서는 1안(견고한 관료제적 학교체제)과 2안(시장 원리 적용 모델 확대)이 복합된 양상을 보이며, 3안(사회 핵심 센터)과 4안(초점화된 학습조직)의 요소가 부분적으로 존재한다고 분석하였다.[6] 현 체제 유지 속에서 학교 재편의 양상이 함께 나타나고 있음을 알 수 있다.

아직은 학교의 독점적 지위가 위협되는 상황은 나타나지 않았고, 과거의 학교조직의 구조와 양상은 상당 부분 견고하게 남아 있다. 그러나 지난 20년간의 변화는 작지만 큰 파장을 가져오고 있다. 다시 20년 후를 상상해 보자. 공인된 졸업장을 발급하는 기능 외에 학교가 진정한 학습과 성장의 공간으로 기능하지 못한다면, 홈스쿨링, 대안학교, 지역과 사회에서의 배움 등 다양한 배움의 선택지가 더욱 확산되어 학교와 동등한 위상을 갖게 될 수 있다. 지금은 교사의 탈출(6안)을 상상하기 어렵지만, OECD 2018 국제교수학습조사(TALIS)에서 '향후 5년

이내 교직을 떠나고 싶다'고 응답한 중학교 교사가 25%였다는 점도 참고할 필요가 있다.

OECD는 2000년에 이어 2020년에 새롭게 미래 학교교육 시나리오를 제시하였다.[7] 학교교육의 확대(schooling extended), 교육 아웃소싱(education outsourced), 학습 허브로서의 학교(schools as learning hubs), 삶의 일부로서의 학교 모델(Learn-as-you-go) 등 4개의 시나리오가 그것이다. 과연 미래의 학교는 어떠한 모습일까? 어떻게 만들어 나가야 할까? 계속적으로 학교의 미래를 전망하고 준비하고 창조해 가는 노력이 필요하다.

류방란 등은 2018년에 미래 학교교육의 방향을 세 갈래로 제시하였다.[8] 모델 1(근대 학교교육 유지), 모델 2(개인 중심, 자유경쟁 강조), 모델 3(시민공동체 중심, 공공성 강조)이다. 어떠한 방향에 동의하고 전망하는가? 과거에는 모델 1로 배웠으나 여전히 남아 있는 모델일 수도 있고, 모델 2는 이미 친숙하며 모델 3도 도래한 것 같다.

2010년대에는 4차 산업혁명과 지능정보사회의 도래라는 시대적 변화가 있었고, 미래교육을 전망하거나 준비하는 것에 대한 관심이 컸다. 2020년 코로나19라는 예기치 못한 상황의 전개에 따라 원격교육과 블렌디드 러닝에 대한 관심이 커졌고, 학생 인구의 급격한 감소는 이제 피부로 와닿고 있다.

학교제도에 있어서 '학교 자체의 변화'와 '학교를 넘어선 변화' 모두를 생각해 볼 시점이다. 학교가 시대적 요구에 맞는 옷으로 갈아입으려면 어떠한 노력을 해야 할까?

⟨표 1-3⟩ 미래 학교교육의 방향

구분	모델 1	모델 2	모델 3
특징	• 관료화된 학교교육 틀을 유지하면서 혁신적 변화보다는 점진적·지엽적 개선	• 사회적 효율성을 추구하며 자유경쟁 원리의 적용을 통해 학교교육의 전면적 혁신 추구	• 분권적 공공성 실현을 위한 시민 공동체 주도의 학교교육 혁신 추구
학생	• 미성숙한 존재로서 타율적 관리의 대상 • 교육과정 개발에서 배제된 존재	• 학습 주체로서의 학생 • 맞춤형 교육과정 설계자 • 학습의 소비자이자 선택과 책임의 주체	• 사회적 대화 참여자로서의 학생 • 공동체의 선에 기여하는 책임을 지닌 시민
교사	• 공교육 제도에서 지식 교육의 권위자	• 학생 중심 학습을 위한 촉진자	• 앎의 과정과 실천을 이끄는 지혜를 갖춘 전문가
교육내용	• 학문으로부터 파생된 교과 • 교과 중심 교육과정	• 교과지식 습득, 이론 지식을 넘어 수행 능력, 역량 강조	• 수행 능력을 넘어 자질과 성향 강조, 사회적 대화를 통한 실천 역량 강조
학교	• 독점적 정규 학습기관 • 관료적 학습조직	• 학습 네트워크 중 하나 • 탈관료적·유동적·수평적 구조	• 유연하고 수평적이며 개방적인 사회적 학습센터 • 학습 생태계의 핵심
에듀테크	• 기존 체제 유지 및 분절적 도입	• 효율성, 경쟁력 강화를 위한 개방적 수용 • 네트워크성 강화	• 공동체 가치 지향적 수용 • 네트워크성 강화

출처: 류방란, 김경애, 이상은, 한효정, 이윤미, 이종태, 최항섭, 이지미(2018). 제4차 산업혁명 시대의 교육: 학교의 미래(RR 2018-01). 충북: 한국교육개발원. pp. 200-201.

첫째, '학생'을 중심에 두고 학교와 수업을 만들어 가야 한다. 지금까지의 학교체제는 'one-size-fits-all', 즉 공급자 중심, 동질집단으로서의 학생을 대상으로 하는 교육에 익숙하였다. 정해진 시간에 같은 내용의 수업을 듣고 같은 문제로 평가를 받는 방식은 너무나 익숙하지만 교육적으로 바람직하지 않을뿐더러 효과적이지도 않다. 이제는 학생,

그리고 '개별 학생'을 중심에 두고 교육을 운영해야 한다. 학생들이 자신의 진로를 다양한 경험을 통해 탐색해 보도록 하는 자유학기제(현재 자유학년제), 자신의 적성과 진로에 맞는 과목을 선택하고 이수 기준을 통과하도록 하는 고교학점제의 도입은 그러한 예다. 초등학교부터 중시되는 기초학력 또한 개별적인 진단과 지도가 중요하며, 중학교에서도 교과별 기초학력 다지기는 역시 중요하다. 앞으로 AI와 같은 신기술의 도입으로, 개인별 학습의 분석과 평가, 진로지도 등이 더욱 중시될 전망이다.

둘째, '새로운 학교와 교육활동'에 대한 상상과 시도가 필요하다. 학교라고 하면 전통적으로 고착화된 프레임이 있다. 정해진 시간표대로 동일한 과목을 배우는 학급제도. 선택 과목이 운영되고 교과교실제도 도입되었지만, 여전히 학교의 프레임은 견고하다. 그러나 이미 자유학년제에서 교사는 자신의 교과가 아닌 새로운 과목(예: 주제탐구)을 지도하고 있으며, 2015 개정 교육과정과 고교학점제 추진으로 '학급 시간표'가 아닌 '학생 시간표'로 움직이는 학교가 나타나고 있다. 최근 '수업 혁신'에 대한 관심은 '공간 혁신'으로 이어졌고, 교육에 필요한 공간 구성이 새롭게 논의되고 있다. 교육을 위한 최적의 환경으로 학교와 교실을 다시 설계할 필요가 있다. 학교에 대한 기존의 프레임을 벗어나 새로운 교육의 장(場)을 만들어 나가야 한다.

셋째, 학교의 운영과 교육과정에 '학교'가, 그리고 다양한 '학교 구성원의 참여'가 중심이 되어야 한다. 그동안 학교의 운영과 교육활동은 상위 법규, 그리고 교육부와 교육청의 감독 범위 안에서 이루어졌기에 자율적인 부분이 부족하였다. 학생과 가장 가까운 학교에서의 결정이 가장 중요하고 필요하다는 전제로 출발한 학교자율경영(school-based management)의 논리는 오래전부터 있었고, 2010년대에 본격적으로 부상한 '학교자치'의 개념은 학교의 자율성과 민주적 의사결정을 중시하고 있다.[9] 학교의 자율성을 확대함과 동시에 이에 따른 주요 권한의 분산이 중요하며, 결국 다양한 학교 구성원의 참여를 필요로 한다. 학교의 운영과 교육에 있어서 교직원의 참여를 바탕으로 학생 및 학부모의 참여가 반드시 필요하며, 이것이 좋은 학교와 학습 성과로 이어질 것이라 기대한다.

새로운 학교를 상상하고 실현하려면

새로운 학교, 새로운 교육에 대한 생각이 모두가 같을 수 없다. 그러나 그 지향은 비슷할 것이다. "학생의 학습과 성장을 위한 교육이 이루어지는 행복한 학교를 만들자." 이러한 방향을 위하여 무엇에 집중하고, 어떻게 할 것인가 하는 질문의 답을 찾아내고 합의하는 것이 필요하다.

새로운 변화는 '현실'에서 '열망'으로부터 출발한다. 변화를 위해 유용한 질문을 소개하고자 한다. 최고의 리더로 선정된 미국의 해군 사령관은, 만나는 사람마다 세 가지 질문을 했다고 한다.[10]

> 어떤 점이 만족스럽죠?
>
> 불만 사항은 무엇입니까?
>
> 권한이 있다면 어떤 점을 고치고 싶으세요?

학교의 교사, 부장교사, 교장, 교육감, 교육부장관 등 모두가 해 볼 수 있는 질문이다. 담임이라면 학급의 학생에게 질문해 보라. "우리 반에서 가장 좋은 점은? 불만은? 만약 담임이라면 가장 하고 싶은 것은?" 세 번째 질문에 이르면 책임감을 가지고 모두를 위해 가장 필요하다고 생각되는 것을 말할 것이다. 우리 부서의 부원들에게, 우리 학교의 선생님들의 의견을 듣는 것부터, 학교 변화는 시작된다. 이 책의 독자에게도 묻는다. 만약 교육부장관이라면 무엇을 가장 해 보고 싶은가?

또한 기존의 학교 프레임을 벗어나, 새로운 시도들과 상상에 귀를 기울일 필요가 있다. 학교는 반드시 학년과 학급이 고정되어야 하는가? 종래의 담임제도와 개인 번호는 필요한가? 동일한 과목을 동일한 속도로 공부해야 하는가? 학교 안에서만 학습이 이루어지는 것인가?

지금 이루어지고 있는 새로운 시도의 한 예로, 경기도교육청에서는 초등학교와 중학교, 중학교와 초등학교를 통합하는 통합학교 모형을 활발하게 추진하고 있다.[11] 지금까지 통합학교는 학생 수 감소 등에 따른 '운영 효율' 측면이 강했지만, 이제 통합학교는 학교급간 교육과정 연계 중심의 교육, 삶과 마을의 결합에 초점을 맞추고 있다. 또한 기간학제를 일률적으로 변경하는 논의가 아니라 학제를 '유연화'하는 방식으로 접근하는 것이 생산적이고 또한 개별화된 요구에 적합할 것이다.

학교가 존재하는 이유(raison d'être)는 학생이며, 학교는 학생의 현재와 미래를 위한 공간이 되어야 한다. 중요한 것은 '학생의 학습과 성장'이다. 질 높은 공교육에 대한 기대, 그리고 학령기 학교교육을 포함한 평생에 걸친 학습과 성장이라는 관점에서 새로운 학교를 상상해 보라. 이를 위해 학교 제도와 환경은 계속적으로 변화되어야 할 것이다.

[1장 후주] _____

1 오성철(1996). 1930년대 초등교육 연구. 서울대학교 대학원 박사학위논 문. p. 126.

2 이혜영, 최광만, 윤종혁(1998). 한국 근대 학교교육 100년사 연구(Ⅲ): 해방이후의 학교교육. 서울: 한국교육개발원. p. 18

3 정미경, 황준성, 한은정(2017). 학제개편의 쟁점 분석(IP 2017-02). 충북: 한국교육개발원.

4 이하의 내용은 필자가 작성한 글을 바탕으로 작성하였다.
   박수정(2021). 사회변화와 교직실무. 송기창 외 공저, 교직실무. 서울: 학지사.

5 OECD (2001). *What schools for the future?* Paris: OECD.

6 류방란, 김경애, 이상은, 한효정, 이윤미, 이종태, 최항섭, 이지미(2018). 제4차 산업혁명 시대의 교육: 학교의 미래(RR 2018-01). 충북: 한국교육개발원.

7 OECD (2020). *Back to the future of education: Four OECD scenarios for schooling.* Paris: OECD.

8 류방란, 김경애, 이상은, 한효정, 이윤미, 이종태, 최항섭, 이지미(2018). 전게서.

9 박수정, 정바울, 박정우(2020). 학교자치 진단 지표 및 진단 도구 개발(CR 2020-20). 충북: 한국교육개발원.

10 Marquardt, M. (2005). *Leading with questions: How leaders find the right solutions by knowing what to ask.* New York: Jossey-Bass..

11 경기도교육청(2021). 경기미래학교 청사진.

2
교육과정 변화로 시작하는 교육 혁신

김 용

　교육과정을 교육의 꽃에 비유하곤 한다. 학교는 기본적으로 배우고 가르치기 위한 공간이며, 학생과 교사는 교육과정을 매개로 만난다. 학교의 공간과 시설, 그리고 그곳에서 이루어지는 수업 이외의 각종 활동 역시 교육과정 운영을 지원하기 위한 것이다. 교육청이나 교육부의 각종 정책과 사업 역시 궁극적으로는 학교에서 교육과정을 매개로 이루어지는 교육활동을 개선하기 위한 것이다.

　학교, 나아가 교육을 혁신하는 일은 교육과정을 변화시키는 일에서 시작한다. 우리나라의 학교교육과정은 너무 많은 내용을 피상적으로 다룬다. 학생들이 교육과정을 쉽게 이해할 수 있도록 갖은 노력을 하고 있으나, 여전히 너무나 학문 지향적인 교육과정이라서 학생들이 학업에 흥미를 잃곤 한다. 교육을 혁신하는 일은 교육과정 변화에서 시작한다.

교육과정은 어떻게 정책의 대상이 되었나

우리는 학교에서 국어, 영어, 수학, 사회, 과학, 음악, 미술, 체육 등 많은 교과를 배웠다. 이런 교과는 학생이 배우고자 선택한 것이 아니다. 물론, 중학교나 고등학교에는 선택 과목이 있으며, 학생이 선택할 수 있다. 그러나 선택 과목을 제외한 교과목은 학생이 배우고 싶지 않은 것이라고 할지라도 배워야 한다. 누가 이런 교과목을 학교에서 가르치도록 했을까? 언제부터 이런 교과목을 학교에서 배우고 있는 것일까?

배우고자 하는 사람과 가르치는 사람이 있다고 하면, 그들 사이에 무엇을 가르치고 배울 것인가 하는 문제가 생긴다. 교사와 학생을 결합시켜 주는 공부거리를 교육과정이라고 부른다. 교육과정은 누가 어떻게 결정할까? 학교에서는 학생이 교육과정을 결정하는 일이 매우 적다. 중국어와 일본어 중 어느 하나를 제2외국어 과목으로 선택하는 경우는 있지만, 대개의 교과목은 학생이 선택할 수 없다. 반면, 학원에서는 학생이 과목을 자유롭게 선택할 수 있다. 물리와 화학, 지구과학과 생물 과목이 개설되어 있을 때, 학생은 자신이 부족한 과목을 선택해서 배울 수 있다.

오래전에는 교육이 가정 안에서 부모와 자식 사이에 이루어졌다. 이때는 부모가 교육과정을 결정하였다. 시간이 흘러 비교적 유복한 가정에서는 가정교사를 집에 들이기 시작하였다. 박식하다고 알려진 사람들이 가정교사로 활동하였지만, 학부모가 가정교사를 선택하였다. 학부모에게 교육과정 선택권이 있었던 셈이다. 12세기 유럽에서는 교육이 가정 문을 넘어서게 되었다. 이 무렵 이탈리아 볼로냐와 프랑스 파리에 대학이 세워졌다. 볼로냐에서는 수업료를 낼 수 있는 학생들이 모여서 조합을 형성하고, 자신들이 배우고자 하는 교수를 찾았다. 반면, 파리에서는 무엇인가를 가르칠 수 있는 교수들이 먼저 조합을 결성하고, 그들에게 배우고자 하는 학생들이 모여들었다. 볼로냐에서는 학생이, 파리에서는 교수가 교육과정을 결정하였다고 볼 수도 있다. 어느 경우든 교육과정 결정은 교수와 학생 사이의 계약과 같은 것이었다.

이처럼 오랫동안 교육은 기본적으로 개인의 일이었다. 그러나 도시들이 결합하여 오늘날 국가와 같은 정치 조직을 만들고, 산업혁명을 계기로 가내 수공업을 탈피하여 대규모 공장 노동이 활발해지면서, 국가는 교육에 관심을 가지게 되었다. 로마에 살던 사람들은 자신들을 로마인으로 생각하고 있었지만, 이탈리아라는 국가가 만들어진 후에는 이탈리아인이라는 정체성을 형성하는 일이 중요해졌다. 또 대규모 공장에서 일을 하려면, 다른 사람과 의사소통을 하고, 글을 읽고 셈하는 일이 가능해야 하였다. 근면과 성실 등 태도를 익히는 일도 필수적이었다. 국가는 여기저기에 학교를 짓고, 학생들을 학교로 불러 모았다. 이것이 공교육의 출발이다.

공교육은 모든 학생에게 입학을 허용하고, 공적 비용을 들여서, 공통 교육과정을 가르치는 교육이다.[1] '공통' 교육과정을 어느 한 개인이 아닌 국가가 결정하게 되는 일은 자연스러웠다. 그리고 공교육 중에서 국가가 모든 국민들에게 반드시 받도록 요구하는, 즉 최소의 필수 교육을 의무교육이라고 한다. 의무교육을 영어로는 '강제교육 (compulsory education)'으로 쓴다. 학교에 가지 않으면 안 된다는 의미에서도 '강제'이지만, 학습자가 아닌 국가가 정한 교육과정을 배워야만 한다는 의미에서도 '강제'다. 의무교육과 공교육 제도가 만들어지면서, 무엇을 배우고 가르칠 것인가 하는 문제가 국가의 관심사가 되었고, 교육과정은 정책 대상이 되었다.

교육과정은 무엇인가

교육과정(curriculum)이라는 말을 들으면 국어, 영어, 수학과 같은 교과를 금방 떠올리기 쉽다. 그렇다면, 교과(subject)는 무엇일까? 교과는 대학에서 연구하는 학문과 매우 깊이 관련되어 있다. 국어 교과는 국문학과 언어학, 과학 교과는 물리학과 화학, 그리고 지구과학과 생물학, 사회 교과는 사회학과 정치학, 지리학과 역사학, 그리고 경제학 등과 떼려야 뗄 수 없는 관계에 있다. 교과는 학문 중심적이다. 근래 민주시민교육이나 생태교육 등 과거에는 없었던 과목을 학교에 개설하려는 움직임이 있다. 이런 과목은 기존 교과만큼 학문 중심적이지는 않지만, 과목의 기본 개념은 역시 학문에서 빌려온 것이 대부분이다.

오늘날 학교에서 공부하는 교과는 16세기부터 만들어지기 시작했다고 한다. 당시 대학에서 여러 학문이 발전하고 있었는데, 상당한 비용을 지불하지 않으면 대학에 들어갈 수 없었다. 이때 라무스(Pierre de la Ramêe)라는 사람이 대학에서 연구하는 여러 학문을 조금씩 모으고, 알기 쉽게 편집하여 가난한 가정의 청소년들도 배울 수 있도록 하였다. 당시 교재는 백과사전과 같은 것이었는데, 그것이 오늘날 교과로 발전하였다.[2]

　그런데 대학에서 연구하는 학문이라고 하여 모든 내용이 학교에 교과로 들어오는 것은 아니다. 살아가면서 배울 필요가 있는 내용들이 많지만, 그것 모두를 학교에서 배우는 것은 아니다. 결국, 여러 학문 또는 배울 가치가 있는 다양한 내용 중에서 일부를 선택하여 학교에서 교과로 배우고 있다. 이처럼 많은 내용 중에서 일부를 추려서 교과를 만들어야 하기 때문에, 어떤 기준을 정할 수밖에 없다. 학생들이 학교에서 보내는 시간이 제한되어 있기 때문에, 그 시간에 배워야 하는 내용을 일정한 기준에 따라 정해야 한다. 그렇다면, 어떤 것이 기준이 될까?

　학교에서 무엇을 배울까 하는 문제를 결정할 때, 가장 먼저 떠올릴 수 있는 기준은 교육목표다. 목표에 잘 들어맞는 내용을 배울 수 있어야 한다. 한국에서 교육과정에 관한 가장 권위 있는 문서는 교육부에서 펴내는「국가교육과정」인데, 이 문서에는 중학교의 교육목표를 다음과 같이 밝히고 있다.

> 심신의 조화로운 발달을 바탕으로 자아 존중감을 기르고, 다양한 지식과 경험을 통해 적극적으로 삶의 방향과 진로를 탐색한다. 학습과 생활에 필요한 기본 능력 및 문제해결력을 바탕으로, 도전정신과 창의적 사고력을 기른다. 자신을 둘러싼 세계에서 경험한 내용을 토대로 우리나라와 세계의 다양한 문화를 이해하고 공감하는 태도를 기른다. 공동체 의식을 바탕으로 타인을 존중하고 서로 소통하는 민주시민의 자질과 태도를 기른다.

그리고 이 목표를 구체화하여 교육의 결과로 길러 내고자 하는 사람을 알기 쉽게 표현하고 있다. 2015 개정 교육과정에서는 자주적인 사람, 창의적인 사람, 교양 있는 사람, 더불어 사는 사람의 네 가지를 교육과정이 추구하는 인간상으로 제시하고 있다. 결국, 교육목표와 교육과정이 추구하는 인간상에 부합하는 내용이 학교에서 배울 교과로 채택될 가능성이 크다.

교과를 결정한 후에는 각 교과에 어느 정도의 시간을 배당할지를 결정해야 한다. 중학교 2학년에서 사회 교과를 주당 몇 시간 가르칠까, 고등학교 1학년에서 공통 과학을 몇 시간 배우도록 할까를 결정한다. 국가교육과정을 운영하는 나라라고 해서 모든 나라가 교과목별 시간 배당표를 만드는 것은 아니다. 영국의 경우는 학교에서 배워야 할 교과를 규정하고 있지만, 각 교과를 주당 몇 시간 배우도록 할지를 결정하지는 않는다. 그러나 한국과 일본 등은 교과별로 교수 시간을 배당해 주고 있다. 이 때문에 한편으로는 전국의 어느 학교를 가나 교육과정을 획일적으로 운영하는 것처럼 보이고, 다른 한편으로는 전국 어느 학교에서도 최소한 평등한 교육을 받을 수 있는 것처럼 보인다.

교육목표와 교육과정이 추구하는 인간상, 교과, 수업 시간 배당 등을 묶어서 교육과정 총론이라고 한다. 총론을 결정한 후에는 교과별로 교육과정을 개발한다. 이를 각론이라고 하는데, 각론에는 교과 목표, 핵심 개념, 내용 요소, 성취 기준 등이 포함된다. 원칙적으로는 총론과 각론이 유기적으로 결합되어야 하지만, 반드시 그런 것은 아니다. 오히려 '총론과 각론의 괴리'라는 말이 널리 쓰이는데, 이는 총론 따로, 각론 따로인 현실을 표현한다.

정리하자면, 교육과정을 만드는 일은 교육목표, 추구하는 인간상,

교과, 시간 배당, 교과 내용 등을 결정하는 일이다.

교육의 핵심 요소, 그리고 정치성

교육의 핵심이 교육과정이라는 데 많은 사람이 동의한다. 교육과정은 학교교육을 이루는 여러 가지 요소와 관련을 맺고 있다. 우선, 교육과정과 교사는 매우 긴밀하게 관련되어 있다. 중학교 2학년 음악 시간이 주당 한 시간에서 두 시간으로 늘어난다면, 음악 교사를 두 배 더 뽑아야 할 것이다. 근래 코딩이 디지털 시대의 새로운 언어로 주목을 받게 되면서, 초등학교에서부터 코딩을 가르쳐야 한다는 주장이 제기되고 있다. 만약 이 주장을 받아들인다면, 기존 교사가 코딩을 배워서 가르치거나, 아니면 코딩을 가르칠 수 있는 교사를 선발하여 학교에 배치해야 한다.

교육과정의 변화는 사범대학이나 교육대학에서의 교원 양성에 직접 영향을 미친다. 영어가 초등학교의 정식 교과가 된 것은 1990년대 후반기부터인데, 이 무렵부터 교육대학에서 초등 영어 교사를 양성하기 시작하였다. 어떤 교과의 교육과정 이수 시간이 줄게 되면, 사범대학의 해당 학과는 양성 인원을 줄여야 한다. 교사가 되기 어려워졌다고 생각하는 학생들이 많아지면 대학입학을 희망하는 학생 수가 자연스럽게 줄어들게 된다.

교육시설도 교육과정과 관련이 깊다. 교실이라는 공간, 학교라는 건물은 결국 교육과정을 위해서 준비된다. 교육과정이 바뀌면 교육시설도 바뀔 수밖에 없다. 예를 들어, 초등학교 실과 시간에 조리를 배우도록 교육과정이 구성되면, 학교는 조리실을 갖추어야 한다. 영어 교과에서 문법보다 듣기와 말하기가 강조되면서, 기존 교실이 아닌 영어 학습실을 별도로 갖춘 학교가 늘었다. 근래 들어 학교에서 지역 또는 마을을 잘 이해하고자 하는 시간을 운영하면서, 학교 공간을 마을까지 확장해야 한다는 주장이 제기되고 있다.

또한 교육과정은 시험과 깊이 관련된다. 시험이 교육과정을 학습한 정도를 평가하는 것이니, 둘 사이의 관계에 관해서는 더 말할 나위가 없다. 근래 고등학교 학점제 정책에 관한 논의가 활발한데, 만약 고등학교에서 개설하는 모든 교과목을 학점제 대상으로 삼는다면, 대학수학능력시험의 틀을 상당히 바꾸어야 할 것이다. 국가가 주관하는 시험은 공통 과목만을 대상으로 할 수밖에 없기 때문이다.

교육과정은 학습자의 생활과 민간 출판 시장에도 상당한 영향을 미친다. 학생들 사이에는 '주요 교과'와 '기타 교과'가 자연스럽게 나뉘고, 대다수 학생은 '기타 교과'에 비하여 '주요 교과'를 더 많이 공부한다. 또한 교과마다 교과서를 제작하고, 학생들의 공부를 돕는 참고서와 문제집 등을 펴내는 출판사가 적지 않다. 어떤 교과의 수업 시수가 늘면, 해당 과목 출판 시장 규모도 커진다.

이처럼 교육과정은 교원, 교원양성대학과 교수, 교육시설 및 기자재 산업, 출판 시장 등과 매우 깊은 관련을 맺고 있다. 교육과정의 변화는 누군가에게는 이롭지만, 누군가에게는 해로운 결과를 빚을 수 있다. 따라서 교육과정 개정에 관심을 가지고, 가급적 자신에게 유리한 방향으로 교육과정을 만들도록 영향력을 행사하는 사람들이 적지 않다. 앞에서 교과를 교육목표와 교육과정이 추구하는 인간상이라는 기준에 따라 합리적으로 결정한다고 말했지만, 사실상 교육과정을 결정하는 일은 매우 정치적이다.

　예를 들어, 도덕(윤리)이 우리나라에서는 교과로 독립되어 있지만, 우리처럼 도덕을 학교의 정식 교과로 가르치는 나라는 찾아보기 어렵다. 여러 해 전 도덕 교과를 폐지하려고 했을 때, 해당 과목 교사들과 교수들이 격렬하게 반대하였다. 사회 교과에서 역사를 독립시킬지 여부도 늘 쟁점이 되고 있다. 수학 교과에서 대수와 기하 부분의 비중을 어떻게 결정할지를 둘러싸고도 다툼이 종종 일어난다. 교육과정을 결정하는 일은 정치적이다.

교과서가 곧 교육과정?

　교과마다 국가교육과정이 존재하지만, 학생들 가운데 국가교육과정 문서를 본 경우는 거의 없을 것이다. 학생들은 교과서를 통해서 국가교육과정을 만난다. 사실 과거에는 교사들 중에도 국가교육과정보다 교과서를 열심히 탐구하는 사람들이 적지 않았다. 자연스럽게 '교육과정=교과서'라는 등식이 만들어졌다.

　교과서에 관한 정책은 국가마다 다르다. 일반적으로는 누가 어떻게 교과서를 만드는가에 따라서 국정 교과서, 검정 교과서, 인정 교과서로 구분한다. 국정 교과서는 국가가 직접 교과서를 만든 것이다. 초등학교 국어, 수학, 사회/도덕, 과학 등의 교과서는 국정이다. 검정 교과서는 민간 출판사에서 제작한 교과서 중에서 국가가 정한 검정 기준을 통과하여 교과서로서의 지위를 부여받은 것이다. 인정 교과서는 민간 집필자나 출판사가 일정한 심사 기준을 자체적으로 검증하여 교과 서로 활용하는 것이다. 인정 교과서 제도는 교과서 자유 발행제라고도 불린다.[3] 과거에는 국정 교과서가 아주 많았지만, 수업 운영의 획일성 을 초래하고 교사들의 교육의 자유를 제약한다는 비판이 거세지면서 검정 교과서와 인정 교과서가 점차 확대되고 있다. 초등학교의 사회, 수학, 과학 교과서도 검정 교과서로 바뀌고 있다. 근래에는 교과서 자 유 발행제를 확대하자는 논의가 거세지고 있다.

우리나라에서는 국정 교과서가 있으면 국정 교과서를, 검정 교과서 가 있으면 그것을, 인정 교과서가 있으면 그것을 사용하도록 법률에 규정하고 있다. 교사에게 교과서 사용 의무를 부과하고 있는 셈이다. 미국의 여러 주에서는 교과서 사용 의무를 규정하지 않고, 교육 자료 로 활용할 수 없는 내용, 예를 들어 인종 차별이나 성 차별을 부추기는 내용이 들어 있지만 않으면 수업 시간에 자유롭게 활용할 수 있도록 허용하고 있다.

앞에서 교육과정 결정이 정치적 성격을 지닌다고 했는데, 교과서를 둘러싼 갈등도 적지 않다. 많은 국가에서 역사 교과서는 종종 갈등의 대상이 된다. 우리나라에서는 일제 식민지배와 박정희 전 대통령에 대 한 평가를 둘러싸고 갈등이 심각하다. 일제 시대에 항구를 통해서 우 리 쌀을 일본으로 내보낸 일을 '수탈'이라고 표현한 교과서도 있지만, '수출'이라고 표현한 교과서도 있다. 박정희 전 대통령이 경제 성장에 기여한 사실을 강조한 교과서가 있는가 하면 그 당시의 인권 탄압에 상대적으로 주목하는 교과서도 있다. 일본에서 보수적 출판사의 교과 서는 일본이 한국 등 아시아 국가를 침략한 일을 서구 열강의 식민 지

배를 받고 있던 아시아 국가들을 일본이 해방시켜 준 것이라고 자랑스
럽게 기록하고 있다.

기독교 전통이 강한 국가에서는 과학 교과서를 둘러싼 갈등도 뜨겁
다. 진화론과 창조론을 교과서에 모두 소개할 것인지, 아니면 둘 중 어
느 하나만 소개할 것인지는 종종 논쟁의 대상이 되고 있다. 사회 교과
서에 기업에 관한 내용은 많이 적혀 있지만, 노동에 관한 내용을 찾아
보기 어렵다는 지적도 있다. 과거 음악 교과서는 서양의 클래식 음악
이 아주 많이 실렸지만, 국악계의 문제 제기에 따라 근래 음악 교과서
에는 국악도 많이 소개되고 있다. 그러나 대중음악은 여전히 교과서에
서 찾아보기가 쉽지 않다.

학문 중심 교과 지식과 역량

교과는 기본적으로 학문에 근거한 것이다. '학문'은 실제 생활과는
거리가 먼, 그래서 전문 연구자들에게만 필요할 뿐, 일반인들과는 큰
관련이 없는 것으로 치부되는 경우도 있다. 그러나 학문은 인류가 오
랜 시간에 걸쳐 쌓아 올린 지적·문화적 활동의 결정체다. 이런 의미
에서 학생이 교과를 통하여 학문 세계에 입문한다는 것은 선현들, 나
아가 온 인류와 접속하는 일이기도 하다.

그런데 학문 중심의 교과를 배우는 일이 쓸모없다는 비판이 강력하
게 제기되곤 한다. 고등학교에서 많은 교과를 공부하지만, 수능시험에
서 좋은 결과를 거두기 위하여 공부할 뿐 수능 시험 후에는 교과 지식
을 활용할 일이 거의 없다는 이야기를 종종 들을 수 있다. 실제로 고등

학교를 졸업하고 취업하거나 인문사회계열 대학에 진학하는 학생이 미분 적분이나 삼각함수 문제를 해결해야 하는 일은 일생 동안 단 한 번도 없을 가능성이 크다. 나아가, 교과를 잘 학습한 경우에도 그것은 지식을 얻은 것에 불과할 뿐이며 인간 행복과는 관련이 없다는 주장도 호응을 얻고 있다. "행복은 성적순이 아니다." 근래에는 컴퓨터 등 정보통신매체와 인공지능이 발전하면서, 지식을 암기하는 일은 기계가 인간보다 잘 할 수 있으므로 굳이 학문 지식을 나열하는 교과를 배울 필요가 없다는 주장마저 제기되고 있다. 학문 중심의 교과와 그것을 성취한 결과로 나타나는 학력이 위기에 처한 셈이다.

이런 배경에서 근래 '역량(competencies)'이라는 개념이 주목을 받고 있다. 교과가 지식에 관한 것이며, 누군가의 학력이 높다는 것은 그가 많이 알고 있다는 의미로 종종 이해된다. 그런데 인간에게 필요한 것은 아는 것을 넘어서 무엇인가를 할 줄 알고, 나아가 자신의 삶을 살아가는 힘을 기르는 것이다. 이런 힘을 역량이라고 부른다.

세계경제협력개발기구(OECD)에서는 '역량'의 개념을 널리 확산하고 있다. OECD는 20세기를 마무리하면서 세계화와 정보화로 상호 의존성이 점점 심화되는 상황에 대응하기 위해서는 환경과 효과적으로 상호작용할 수 있도록 언어나 테크놀로지 같은 도구를 잘 활용할 수 있는 역량, 타인, 특히 이질적인 집단의 사람들과 협력할 줄 아는 역량, 그리고 자신의 삶을 더 넓은 사회적 맥락에 위치 짓고, 자율적으로, 그리고 책임 있게 자신의 삶을 영위할 수 있는 힘을 갖추어야 한다고 주장하였다. 이 세 가지를 핵심 역량(key competencies)이라고 불렀다.[4]

그리고 근래 들어 OECD는 인류의 안녕과 지속 가능성에 대한 회의가 심화되는 상황에서 자신은 물론 타인, 나아가 지구를 바꿀 수 있는 힘, 즉 변혁적 역량(transformative competencies)을 학습자들이 갖출 필요를 강조하고 있다. 변혁적 역량은 새로운 가치를 만들 수 있고, 긴장과 딜레마를 조절할 수 있으며, 책임질 줄 아는 힘이다.[5]

이처럼 '학력에서 역량으로' 또는 '지식에서 역량으로'라는 주장을 근래 종종 들을 수 있다. 말로만 보면, 역량은 학력이 아닌 것, 그리고 지식이 아닌 것처럼 생각된다. 그런데 무엇인가를 알지 못한 채로 어떤 일을 할 수는 없는 법이다. 따라서 지식과 역량은 전혀 다른 어떤 것일 수는 없다. 오히려 역량은 지식을 포함하되, 지식의 어떤 면을 새삼 강조하거나, 다른 어떤 면을 약화시키자는 취지에서 제안된 개념이다.

예를 들어, 수학 교과에서 학습하는 개념 중 하나로 미분을 생각해 보자. 대개 고등학교 수학 시간에는 미분에 관하여 문제를 풀이한다. 수능 시험을 치른 후에 취업하거나 인문사회계열 대학에 진학한 학생이 미분 문제풀이를 하게 될 가능성은 거의 없다. 이런 이유로 수학이 내 삶에 무슨 필요가 있는가 하는 생각을 하는 사람들이 적지 않다. 그러나 미분은 텔레비전이나 세탁기를 제작하는 데에도 활용되며, 주식 투자를 할 때에도 미분 그래프를 이용하는 경우가 있다. 생활 속에서 미분 개념을 활용해야 하는 경우는 매우 많다. 아마도 이런 사례를 통하여 미분 개념을 학습할 수 있고, 미분을 학습한 후에 생활 속의 수학 현상을 이해하고 적용할 수 있게 된다면, 수학 지식을 넘어 수학적 역량을 배양했다고 말할 수 있을 것이다. 요컨대, 문제풀이만 하는 식으로 수학 지식을 학습하는 일은 줄이고, 생활 속에서 수학 개념을 이해하고 적용하는 일을 통해서 역량을 길러야 한다.

교육과정 결정 방식 변화와 교육 혁신

앞에서 든 미분 개념 학습의 예는 거의 모든 교과로 확장할 수 있다. 대학에서 연구자들이 학문을 하는 일과 초 · 중 · 고교 학생들이 교과를 배우는 일은 당연히 같지 않다. 교과는 많은 학문적 개념 또는 지식을 그대로 학생들에게 소개하는 것이 아니라, 학생들이 생활에서 쉽게 접하는 현상 속에서 학문의 핵심 개념을 이해할 수 있도록 하는 것이어야 한다. 이런 점에서 생활 수학이나 생활 물리학이 교과로서 적합하다.

현재 우리나라의 교육과정은 너무 많은 지식으로 가득 차 있다. 교사들은 '진도를 빼는' 일만으로도 버거워한다. 교육과정에 포함된 지식이 너무 많기 때문이다. 반면, 어떤 개념을 다양한 방식으로 이해할 수 있는 내용이나 시간은 충분하지 않다. 과속 카메라나 주식 투자를 통해서 미분을 학습했더라면 수학에 흥미를 가지고 공부를 할 수도 있었을 많은 학생이 의미 없는 문제풀이에 지쳐서 배움으로부터 도주하고 있다. 이런 문제의식에서 국가교육과정, 특히 교과 교육과정을 근본적으로 개혁해야 할 필요가 있다. 우리나라의 국가교육과정 문서는 교과마다 수십 페이지에 이르지만, 핀란드의 교육과정 문서는 한두 페이지에 그치고 있다. 이런 사례를 참조할 필요가 있다.

현재 우리나라는 교육과정에 관하여 무엇을 할 것인가뿐만 아니라 어떻게 할 것인가 하는 문제까지도 소수의 전문가가 결정을 독점하고 있다. 교육목표와 지향하는 인간상뿐만 아니라 교과 교육과정의 내용 요소까지 전문가들이 결정하고 있다. 그런데 민주주의 국가에서 '무엇을'에 관한 결정과 '어떻게'에 관한 결정은 분리되어야 한다. '어떻게'는 전문가들의 결정 영역일 수 있지만, '무엇을'은 시민의 결정 영역이다. 이런 점에서 교육목표와 지향하는 인간상은 가능한 한 많은 시민이 함께 토론하면서 결정하는 편이 옳다.

한편, '어떻게'와 관련해서도 현재처럼 소수의 대학 교수나 교과 전문가가 결정권을 독점하는 일은 옳지 않다. 그들의 결정은 다양한 사람의 다양한 시각에 따라 제한될 필요가 있다. 예를 들어, 어떤 교과의 교육과정을 전문가들이 만들었다고 할 때, 그 교과를 가르칠 교사들의 시각에서, 나아가 그 교과를 학습할 학생의 시각에서, 그리고 학부모와 시민의 입장에서 교과 내용을 검토하고 수정해야 한다. 이런 절차를 거쳐야만 교과 학습의 의의를 살리고 모든 학생의 성장에 의미가 있는 교육과정을 구성할 수 있다.

또 한 가지 개혁 과제는 국가교육과정 체제를 개편하는 일에 관한 것이다. 현재는 국가교육과정이 곧 학교교육과정이다. 예를 들어, 고등학교 국가교육과정은 고등학교 3년간 이수해야 할 단위를 규정하고 있다. 학교 재량으로 운용할 수 있는 단위가 일부 인정되지만, 지금과 같은 교육과정 체제는 학생 특성을 반영하여 학교가 교육과정을 특색 있게 운영하기 곤란한 조건이 된다. 이미 오래전부터 학교를 자율적으로 운영하는 일이 바람직하다는 합의가 이루어지고 있다. 국가교육과정을 대강화하여 학교가 나름대로 특색을 살리는 방향으로 변화해야 한다.

교과 교육과정을 근본적으로 바꾸는 일이나 국가교육과정 체제를 개혁하는 일 모두 교육과정 결정을 민주화하는 일이라고 할 수 있다. 그리고 이런 변화가 시작될 때 교육 혁신의 길이 열릴 것이다.

[2장 후주]

1   나병현(2004). 공교육의 의미. 황원철 외 공저, 공교육: 이념 · 제도 · 개혁. 서울: 원미사. pp. 7-28.

2   White, J. (2016). 중등 교육과정, 그 역사와 철학 (*The invention of the secondary curriculum*). (이지헌, 김희봉 공역). 서울: 학지사. (원저는 2011년에 출판).

3   박창언(2019). 교육과정과 교육법. 서울: 학지사.

4   OECD (2005). *The definition and selection of key competencies: Executive summary*. Paris: OECD.

5   OECD (2018). *The future of education and skills: Education 2030*. Paris: OECD.

3
혁신학교는 교육의 지형을
어떻게 바꾸고 있는가

이인회

우리나라 교육정책과 이슈의 지평(地平)을 살펴볼 때 혁신학교는 빼놓을 수 없는 교육의 지층(地層)이다. 혁신학교에 대한 평가는 '찻잔 속의 태풍'이라고 보는 소극적 또는 부정적인 시각에서부터 근대 교육의 패러다임을 전환한 '교육혁명'으로 바라보는 적극적 관점까지 다양하다. 그러나 혁신학교가 우리나라의 교육과 학교, 그리고 교육정책과 관련한 새로운 지층을 형성하면서 활발히 진화하고 있다는 것은 분명하다.

혁신학교가 교육정책으로 발화되면서 교육운동으로 세간의 눈길을 끈 시기는 2009년이며, 그 진앙지는 경기도였다. 13개로 시작된 혁신학교는 2021년 기준으로 전국 17개 시 · 도에 2,165개 학교로 확산되었다. 이는 12여 년 만에 170배 가까이 증가한 것이며, 우리나라 전체 학교 수의 약 20%에 해당한다. 2017년 정부는 국정과제의 하나로 '교실혁명을 통한 공교육 혁신'을 채택하였고, 전략적 방안으로 혁신학교 확대를 추진함에 따라 그 수는 더욱 확대될 전망이다.

　이러한 정책화와 양적 확산의 과정에서, 혁신학교는 돌출된 여러 가지 쟁점을 헤쳐 나가면서 질적으로 심화해야 할 문제에 직면하고 있다. 그리고 일반학교와의 관계 정립과 미래사회의 변화를 담아낼 새로운 모델(포스트 혁신학교)의 제시를 요구받고 있기도 하다. 혁신학교는 어떻게 우리나라 교육의 지형(地形)을 바꾸고 있는가? 혁신학교가 태동한 배경과 의미, 발전의 과정과 쟁점, 그리고 미래의 방향과 과제를 살펴보자.

혁신학교가 새로운 교육 지층이 되기까지

　교육부는 혁신학교를 "교육공동체의 참여와 협력으로 교육과정 혁신과 학교운영 혁신을 통해 창의적인 민주시민을 기르는 학교혁신의 모델학교"라고 정의하고 있다.[1] 혁신학교를 가장 먼저 도입한 경기도교육청은 혁신학교를 "민주적 학교운영 체제를 기반으로 윤리적 생활공동체와 전문적 학습공동체를 형성하고 창의적인 교육과정을 운영하여 학생들이 삶의 역량을 기르도록 하는 자율학교"로 규정한다.[2] 그러므로 혁신학교는 새롭게 만들어진 학교의 유형이라기보다, 지역의 시·도교육감이 일반 공립 또는 사립 학교에 대하여 교육과정 및 학교운영상의 특례를 인정하여 지정한 법령상의 자율학교이며 실험적 모델학교라고 할 수 있다.

　이러한 혁신학교는 기존의 연구시범학교와 달리 단일 프로그램을 적용하여 변화를 기대하는 방식이 아니라 단위학교의 총체적인 변화를 추구하려는 특성을 지니고 있다. 정리하면 [그림 3-1]과 같다.

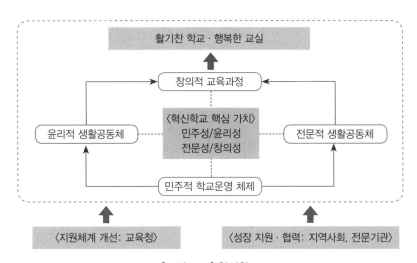

[그림 3-1] 혁신학교

출처: 경기도교육청(2018). 2019 혁신학교 운영 기본 계획. p. 2.

[그림 3-1]에 따르면, 결국 혁신학교는 교육과정을 핵심으로 하여 교원의 자발성과 지원 행정을 중심으로 관련 시스템들이 유기적으로 연계되어 작동하는 자율학교다. 전국에서 운영되고 있는 혁신학교는 지역의 특성에 따라 달리 불리기도 한다. 예를 들어, 경기도와 서울의 혁신학교, 강원도의 행복더하기학교, 광주의 빛고을혁신학교, 충남의 행복공감학교, 경남의 행복학교, 전남의 무지개학교, 제주의 다혼디배움학교 등의 명칭이 존재한다.

혁신학교가 교육정책으로 발화하여 공교육 혁신의 모델로서 새로운 지층을 형성하게 된 배경에는 다양한 측면이 있지만 다음의 세 가지가 중요하다.

첫째, 20세기 말부터 현장에서 발아한 여러 자생적 교육운동을 간과하고는 혁신학교 정책의 출현을 말할 수 없다. 이들 운동의 공통된 관심사는 근대화 과정에서 파생된 대학입시경쟁과 도구화된 학교교육에 대한 탈출구를 찾는 것이었다. 그 출구는 폐교 위기에 직면한 농어촌 지역의 '작은 학교 살리기 운동'으로 나타났고 첫 성공 사례는 남한산초등학교였다. 이러한 맥락을 타고 충남 아산에서 거산초, 전북 완주에서 삼우초, 경북 상주에서 남부초가 뒤를 이으며 '작은 학교 살리기 운동'은 '새로운 학교 만들기 운동'으로 진화하였던 것이다.

둘째, 1995년을 기점으로 파상적으로 전개된 대안교육운동은 해외의 이론과 실천 사례를 소개함으로써 '교육의 본질 찾기'와 '교육의 다른 길 모색'에 불을 지폈다. 오래된 발도르프 학교와 전원학사, 몬테소리, 프레네 학교, 서머힐 학교뿐만 아니라 독일의 혁신학교인 헬레네랑에 학교 등이 소개된 것도 이 당시였다. 이러한 이론과 실천은 신자유주의에 기반한 경쟁교육과 교육 주체에 대한 대상화가 가져온 심각한 교육적 병리현상으로부터 탈출할 방향성을 제시하면서 혁신학교 활동가들에게 큰 영향을 끼쳤다.

셋째, 1991년 교육자치제 부활과 1995년 5 · 31 교육개혁으로 지방교육자치를 중시하는 흐름이 만들어졌다. 2006년 12월 '지방교육자치에 관한 법률' 개정으로 간접선거였던 교육감 선거가 직접선거로 바뀌면서 시 · 도교육청이 국가수준의 교육 방향과 철학으로부터 독자적 공간을 확보할 수 있는 계기가 제공되었다. 2007년 2월 시 · 도교육감 중 처음으로 부산에서 직접선거가 실시되었고, 2009년 4월에는 김상곤 전 경기도교육감이 혁신학교를 교육공약으로 내세우며 당선되었다. 이로써 혁신학교는 정책의제화되었다.

종합하면, 우리나라 교육을 둘러싼 입시 지옥, 경쟁교육, 교실붕괴,

사교육 팽창, 교육의 양극화 등에 대한 문제의식의 흐름과 이를 개선하려고 노력하는 교사단체, 시민사회단체가 결합하였다. 여기에 주민 직선교육감제의 도입이라는 환경이 결합되면서 혁신학교에 관한 정책이 발화되고 마침내 새로운 교육 지층을 형성해 왔다고 볼 수 있다.

다음으로 혁신학교가 우리나라 교육의 새로운 지층으로 축적되고 다져지는 발전과 확장의 과정은 세 가지 차원에서 정리할 수 있다.

첫째, 혁신학교의 넓이의 확장이다. 2009년 경기도에서 시작한 혁신학교는 2010년 6월 교육감 선거를 통해 전국적인 이슈가 되었고, 서울과 경기도를 비롯한 6개 지역에서 진보교육감이 당선됨으로써 핵심 정책화의 계기가 만들어졌다. 2014년 13명 진보교육감의 당선은 혁신학교를 전국적으로 확산시키는 결정적 동력을 제공했고, 대전과 울산 교육청에서 혁신학교를 도입함으로써 그 영토가 국토 전체로 확장되었다. 한편, 2017년 출범한 문재인 정부는 혁신학교 확대를 국정과제에 반영하였고, 그동안 교육부와 시·도교육청 간의 혁신학교에 대한 이념적 대립과 갈등은 정리되었다. 향후 혁신학교의 확장은 또 다른 차원으로 발전될 가능성이 있다.

둘째, 혁신학교의 폭의 확장이다. 혁신학교가 2011년을 기점으로 경기도에서 의정부, 시흥 등 6개 기초지자체가 학교의 교육활동에 참여하는 혁신교육지구로 확장된 것이다. 2019년 기준 226개 지방자치단체 중 167곳에서 혁신교육지구사업을 운영하고 있다. 혁신학교가 학교와 교원 중심의 정책이라면, 혁신교육지구는 교육(지원)청과 지자체라는 양대 행정기관 중심의 정책이라고 할 수 있다. 이러한 혁신학교 폭의 확장은 최근 들어 새로운 국면을 맞고 있다. 교원과 학교를 넘어 학부모와 지역주민, 시민사회 단체 등 민간, 그리고 마을이 교육활동에 적극 참여하고 상생하는 마을교육공동체의 등장이 그것이다. 혁신학교가 혁신교육지구와 마을교육공동체로 발전한 과정은 교육 주체의 확장과 교육 주체 상호간의 협력적 거버넌스의 형성을 의미한다.[3]

셋째, 혁신학교의 깊이의 확장이다. 최근 들어, 혁신학교는 기존의 학생 중심과 현장 중심의 교육을 넘어 학생과 현장이 주도하는 새로운 혁신교육을 시도하고 있다. 배움에서 학생이 주도성(student ownership)을 가지려면 교사 주도의 차별화된 지도나 개인별 지도에서 한 걸음 더 나아가야 한다. 예를 들어, 교육과정 재구성, 프로젝트 수업, 과정 중심 평가의 모든 과정에서 학생이 주도하도록 내용과 형식을 바꾸고 학생이 삶의 주체로서 성장하도록 교사가 협력하고 교육행정이 지원하는 것이다. 이러한 혁신학교 깊이의 확장은 학생 단 한 명의 낙오자도 용인하지 않으며, 모든 학생을 대상으로 하는 학교 안팎의 교육까지 포함하는 것을 말한다.

혁신학교와 일반학교는 어떻게 다른가

그러면 혁신학교는 일반학교와 구체적으로 어떤 차이가 있는가? 무엇보다 혁신학교의 핵심은 교육의 본질로 돌아가자는 것이다. 이를 달성하기 위해 학교 구성원은 끊임없이 질문을 던진다. '교육이란 무엇인가?' '학교란 무엇을 하는 곳인가?' '프로그램과 활동은 학생에게 교육적인가?' 등이다. 따라서 혁신학교는 학생 성장을 도모하는 수업문화의 정착을 핵심과제로 설정하고, 이를 위해 교사들이 수업활동 및 연구활동에 집중할 수 있도록 민주적 학교문화와 행정지원 체계를 구축하기 위해 노력하고 있다. 현재 혁신학교는 초등학교, 중학교, 고등학교의 모든 학교급에서 지정·운영되고 있으나, 초등학교의 비중이 58.2%로 가장 높다. 〈표 3-1〉을 참고하면 혁신학교와 일반학교가 어떻게 다른지 대략적으로 비교할 수 있다.

〈표 3-1〉 혁신학교와 일반학교의 비교

구분	혁신학교	일반학교
학급당 학생 수	25명 내외	대체로 30명 내외
교장과 교직문화	수평적	대체로 교장에게 권한 집중
교사의 전문성	교사 전문성 신장을 위한 전문적 학습공동체가 활성화되어 있음	교사의 역량에 따라 차이 존재
교육과정, 수업 형태	다양화·특성화·맞춤형 학생 중심 프로젝트 운영	교사의 역량에 따라 차이 존재
교육내용 초점	학생 개개인의 행복과 관심 중심	대체로 성적 중심
교원행정업무	행정 전담 실무사 투입과 행정업무 전담팀 운영으로 교원행정업무 경감	일부 과도한 행정업무 발생
교육청 재정 지원	지속적·안정적 지원	획일적인 기준으로 예산 지원
학부모 관계	학부모 아카데미, 학부모 교육 지속적으로 추진	학교나 교사마다 차이 존재
유-초-중-고 연계	혁신학교 클러스터로 묶어 연계 작업 활발히 진행	대체로 특별한 연계 작업 없음
지역사회 네트워크	지역과 함께 하는 마을 축제 등 지역사회 네트워크와 유기적인 연결고리 존재	학교나 교사마다 차이 존재
평가	중간평가, 최종평가를 하며 실적 위주의 평가보다는 성찰과 반성 위주 평가 실시	감사 이외의 평가 기능은 거의 없으나 획일적인 교육청 평가 존재(학교 자체평가 경향)

출처: 이영희, 이수광, 백병부, 김영순, 윤지현, 임재일, 홍섭근(2018). 유·초·중등교육분야 미래 교육비전 및 교육개혁방향 연구. 서울: 대통령직속 국가교육회의. p. 56.

다음은 두 자녀를 혁신학교인 장곡중학교에 보냈던 학부모의 이야
기다.

> "공부를 잘하는 아이든 못하는 아이든 학교를 즐거워하고 행복하게 다닐 수 있
> 는 것은 아이들이 저마다 가진 장점을 사랑해 주고 귀하게 여겨 주는 선생님들이
> 계시기 때문이라고 생각합니다. 각자가 가진 재능으로 서로에게 도움을 주며 자
> 아 존중감을 키워 가는 학교! 수학은 꼴찌이지만 줄넘기는 자기가 전교 1등이라
> 며 큰소리치는 아이 뒤에는 그 모습 그대로를 인정해 주며 늘 격려해 주시는 선생
> 님들이 계실 겁니다."[4]

이러한 교사의 자발성과 헌신 이외에 혁신학교는 학교경영자의 혁
신적 마인드와 교육청의 지원과 응원이라는 삼박자를 통해 다양한 학
교혁신의 모델을 만들고 있다. 전국적으로 학교혁신의 좋은 성공 사례
들이 늘어나고 있지만 곳곳에서 발생하는 갈등의 쟁점들도 살펴볼 필
요가 있다.

혁신학교의 탈지층화로 나타난 쟁점들

혁신학교가 교육의 새로운 지층을 형성해 가는 과정에는 기대와 함
께 우려가 존재한다. 혁신학교를 '하고 싶은 사람들만 하는 학교' '대학
가는 것이 중요한데…… 노는 학교' '교육감이 바뀌고 행·재정적 지원
이 없으면 사라질 학교'로 바라보는 냉소적 시각도 강하다. 비록 혁신
학교에 대한 문제점도 제기되고 있지만 그동안의 실천과 경험, 그리고

역사가 축적되면서 지층이 두터워지고 있는 것은 사실이다. 새로운 지층이 기존의 지층과 부딪치면서 발생한 혁신학교의 '탈지층화(脱地層化)'에 따른 주요 쟁점을 살펴본다.

첫째, 교육에 대한 철학과 관련된 것이다. 혁신학교는 학교현장에서 앎과 삶이 일치하는 교육의 본질을 구현하려는 학교다. 따라서 교사들은 교과서에 제시된 표준화되고 획일적인 지식을 전달하기보다 학생들의 삶과 연계된 주제를 중심으로 교육과정을 재구성하여 지도한다. 학력에 대한 관점도 일반학교와 다르다. 예를 들어, 혁신학교에서는 학력을 수학 문제를 얼마나 더 맞히느냐가 아니라 실제 삶에서 얼마나 유용하게 활용될 수 있느냐를 판단 기준으로 삼는다.

한편, 혁신학교에 대해 긍정적으로 인식하는 경우에도 일부 사회 구성원들은 혁신학교에서 추구하는 교육의 철학과 방향에는 표면적으로 동의하지만, 내면적으로까지 지지하는 것은 아닌 것 같다. 비근한 예로, 혁신학교 일부 학부모들의 '학습'에 대한 관점은 교사들이 추구하는 바와 다르게 나타나기도 한다. 학력에 대해서도 혁신학교에서 이루어지는 체험과 활동 중심의 교육활동들을 '교육'으로 인식하지 않는 경우도 있다.[5] 혁신학교의 철학과 사회적 일상 사이에서 '이상과 현실'의 간극이 큰 것을 확인할 수 있는 지점이다. 이러한 간극을 좁히기 위해서는 기존 학력관과 학부모의 인식변화, 그리고 그 원천이 되는 대입제도와 학벌주의, 학력주의 사회가 전반적으로 혁신되어야 한다. 교사들의 무한한 노력과 헌신에도 불구하고 '학생 중심 앎과 삶이 연계되는 교육'이라는 혁신학교의 철학이 현실을 주도할 때까지 신구(新舊) 지층 간의 충돌과 갈등은 오늘의 숙제로 남아 있다고 볼 수 있다.

둘째, 학업성취와 관련된 것이다. 조선일보는 2017년 10월 "혁신학교, 기초학력 미달 학생 3배 많다."고 보도하였다.[6] 국가수준 학업성취도 평가에서 기초학력 미달 비율이 전국 고교 평균은 4.5%인 데 반해 혁신학교 고교생은 11.9%로 높았다. 혁신학교 중학생의 기초학력 미달 비율은 전국 평균 3.6%보다 높은 5%로 나타났다. 교육부 관계자는 "혁신학교는 '줄 세우기' 교육을 벗어나자는 취지로 도입된 만큼 성적으로 비교하는 것은 타당하지 않다."고 반론을 폈지만, '혁신학교는 학력이 낮다'는 입소문을 잠재우기는 어려웠다.

사실 혁신학교와 일반학교 간의 기초학력 미달 비율을 단순 비교하는 방식은 논란의 여지가 있다. 상대적으로 교육 여건이 취약한 학교들이 혁신학교로 지정되는 경우가 많아 기초학력 미달자가 더 많을 수 있기 때문이다. 따라서 가정 배경 변수 등을 통제하지 않은 상태에서 결과만을 단순 비교하는 방식은 문제가 된다. 학교알리미 자료를 활용하여 계층 배경과 지역 환경이 유사한 혁신학교와 일반학교의 학업성취도를 분석한 결과, 혁신학교가 일반학교에 비해 학업성취도가 떨어지지 않았으며, 오히려 국어와 영어의 학력 미달 비율이 시간이 지나면서 혁신학교에서 감소하고 있는 것으로 나타나기도 하였다.[7]

혁신학교는 교육철학을 바탕으로 기존의 선다형 평가를 지양하고, 논술·서술형 평가라든지 수행평가 등을 중시하고 있다. 그리고 대학수학능력시험과 같이 표준화된 시험체제와 대입제도의 영향이 여전히 큰 상황에서 혁신학교의 평가실험을 불안하게 바라보는 시각은 여전히 존재할 수밖에 없다. 다만, 전통적인 강의식, 교사 중심의 수업에 익숙한 사회 구성원들에게 혁신학교는 '공부를 가르치지 않는 학교' 또는 '노는 학교'라고 인식되는 경향이 있다는 사실은, 혁신학교가 기초학력에서 자유로울 수 없다는 것을 시사한다.[8]

셋째, 혁신학교의 일반화와 관련된 것이다. 이 쟁점의 핵심은 교육부의 정의처럼 혁신학교가 학교혁신의 모델학교로서의 역할을 수행할 것인가 아니면 '그들만의 학교'를 넘어 일반화로 나아갈 것인가 하는 것이다. 혁신학교의 숫자를 제한하여 일정 수 이상 지정하지 않고 모델학교의 역할만 할 경우, 많은 일반학교가 혁신학교의 성과를 공감하지 못하거나 전통적인 학교로 남아 있을 수 있다. 반면에 혁신학교를 일반화할 경우, 혁신학교를 추진하는 주체의 부족 및 일반학교 교원의 준비되지 못한 자발성과 역량 미흡으로 '무늬만 혁신학교'를 양산할 가능성이 크다.

혁신학교의 모델학교화 지지자들은 혁신학교별 역량의 편차가 심한 상태에서 양적 확산의 일반화보다는 개별 혁신학교의 질 관리가 더욱 중요하다고 주장한다. 반면에 혁신학교 일반화를 옹호하는 이혁규는 혁신학교의 가치에 초점을 둔다. 그에 따르면, 혁신학교의 의미는 "위로부터 강요되는 운동이 아니라 교원의 자발성에 터하여 진행되는 운동, 전국적으로 일사분란하게 진행되는 운동이 아니라 지방자치제도라는 조건 속에서 지역 차원에서 전개되는 운동, 교실이나 교수 방법을 바꾸려는 운동이 아니라 단위학교 문화를 바꾸려는 운동"[9]이라는 점에서 일반화의 가치가 매우 크다는 것이다.

그런데 '혁신학교의 일반화'가 '일반학교의 혁신학교화'를 의미하지 않는다면 제3의 방안을 고려할 수 있다. 우리나라의 현 교육체계하에서 혁신학교를 일반화하기 위해서는 해결해야 할 장애물이 많기 때문이다. 교육지원청 단위로 초·중등 5~6개 학교당 1개 정도를 거점학교로서의 혁신학교를 두면 어떨까? 이러한 방안은 일정 수의 학교를 지정하여 양적 확산의 일반화에 따른 문제점을 최소화하면서, 교육지원청 단위에서 지역별 또는 권역별로 교사가 중심이 되는 자발적인 혁신학교 운동을 지속하도록 하는 것이다. 물론 기존 거점학교의 역할 중에서 '혁신학교의 인큐베이터'로서의 역할을 강화하고, 질적 수준에 대한 준거를 분명히 하여 체계적인 질 관리체제 또한 구축할 필요가 있다.

미래를 향한 혁신학교의 재영토화

혁신학교의 1차적 목표가 실험학교로서 잃어버린 학교교육의 원형을 찾는 데 있었고 현재는 학교혁신의 모델학교로서의 역할을 수행하고 있다면, 이제 2차적 목표로 미래 교육을 이끄는 선도학교로서의 역할을 고려해야 할 시점이다.[10] 이는 10여 년 이상의 풍파에도 불구하고 새롭게 형성된 교육 지층의 넓이와 폭과 깊이 위에 혁신학교를 '재영토화(再嶺土化)'하는 길이기도 하다. 여기서는 이러한 방향과 과제를 세밀하게 살펴보기보다는 몇 군데 고려할 영역만을 조망한다.

첫째, 일반학교와의 관계를 정립하는 것이다. 앞의 〈표 3-1〉에서 보듯이 혁신학교와 일반학교의 차이는 교육철학, 교육의 내용과 방법 및 평가에만 있지 않다. 지원되는 예산과 행정인력 및 자율성에서도 차이가 크다. 도시의 경우, 혁신학교가 학급당 학생 수를 줄이면서 인근 일반학교에서는 학생 수가 수용 인원을 넘어서는 풍선 효과를 경험하기도 한다. 학생이 학교를 선택해서 지원할 수 없는데 누구는 혁신학교에 누구는 일반학교에 배정되는 경우도 발생한다. 그러다 보니 일부 학부모들은 혁신학교에 자녀들을 보내기 위해 거주지 이전까지 한다. 반면에 일부 지역에서는 땅값이 떨어지는 것을 빌미로 혁신학교 지정을 반대하는 일도 발생하고 있다.

혁신학교와 일반학교의 관계를 정립하는 것은 쉬운 일이 아니다. 그러나 '무늬만 혁신학교'와 '진짜배기 혁신학교'를 구분하고, 혁신학교의 성과를 공유하고 확산하는 체제를 만들 필요가 있다. 우선 다양한 모습의 혁신학교 유형과 흐름을 체계적으로 범주화해야 하지 않을까? 그리고 앞에서 논의했던 혁신학교의 모델학교화, 거점학교화 및 일반화 방안들을 선택적으로 또는 융합적으로 적용하여 교육청과 혁신학교 및 일반학교 차원의 맞춤형 지원책이 의미 있게 마련되어야 한다.

둘째, 고등학교 단계에서 돌파구를 만드는 것이다. 현재 혁신학교는 초등학교, 중학교, 고등학교의 모든 단계에서 운영되고 있지만, 초등학교의 비중이 60%에 가깝고 상대적으로 고등학교의 비중은 낮은 편이다. 초등학교급에서는 혁신학교가 아니어도 교사와 학교의 노력으로 혁신적인 교육활동을 실천할 수 있는 여지가 많아 혁신학교와 일반학교의 차이가 적은 편이다. 반면에 중학교와 고등학교는 혁신학교 여부에 따라 교육활동과 학교운영 방식의 차이가 크게 나타날 수 있다. 그러므로 고등학교에 초점을 두는 전략은 혁신학교의 양적 확산보다는 초등학교나 중학교의 혁신학교 수준을 끌어올리는 질적 심화의 방향과도 관계가 깊다.

사실 고등학교의 경우 입시 제도와 문화, 진로진학과 대학 관계 등의 관성 때문에 혁신학교가 상당한 어려움을 겪고 있다. 고등학교에서는 초등학교나 중학교와 달리 선택 교육과정의 폭이 훨씬 크기 때문에 수업 혁신을 넘어 교육과정 편성 및 운영의 혁신까지도 고려해야만 한다. 따라서 혁신학교의 철학을 공유하면서 현재 추진되고 있는 고교학점제와 연계하여 초등학교, 중학교와는 다른 고등학교에 적합한 혁신학교의 발전 모형을 모색할 필요가 있다. 성공적인 혁신고등학교를 만들어 가는 것은 혁신교육의 일관성과 지속성, 연계성을 위해서도 중요하다.

셋째, 미래 교육을 선도하는 역할을 수행하는 것이다. 앞의 [그림 3-1]이 시사하듯이 혁신학교가 수행해 온 핵심과제는 교육과정-수업-평가 혁신, 교사학습공동체 실현, 학교 민주주의 구현, 변혁적 리더십, 참여와 소통의 학교문화 형성 등이다. 이러한 과제들은 '학교'라면 당연히 해야 할 본질적인 요소들이다. 그렇다면 혁신학교는 이제 잃어버린 학교교육의 원형을 찾는 '학교혁신의 모델학교'를 넘어, '미래학교의 모델'을 지향해야 하지 않을까? 혁신학교가 그동안 공교육의 정상화에 기여하고 많은 성과를 일구어 왔지만, 교육과정이나 학교운영, 인사에 있어서는 유럽의 혁신학교들은 말할 것도 없고, 유럽의 일반학교조차 누리고 있는 자율성 수준을 확보하지 못하고 있는 것도 사실이기 때문이다.[11]

예를 들어, 미래 사회의 교육은 학생 개인에 초점을 맞추어야 하고 개인의 능력은 각기 다르기 때문에, 각급학교 간의 구분과 이동은 지금과 달리 엄격하지 않을 수 있다. 학년의 개념은 줄어들고 반드시 1년마다 진급할 필요도 없을 것이다. 무엇보다 교육 대상 측면에서 '학급'이 아니라 '학생'이라는 개인에 초점을 맞추면 학급의 의미가 점차 사라지거나 약화될 것이다. 이러한 맥락에서 경기도교육청이 제시한 미래학교의 모델은 시사하는 바가 적지 않다. 네 가지 유형으로 나누어 구안된 모델은 다음과 같다: 재구조화형(미래형 통합운영학교 모델, 숲학교 모델, 유초통합 미래학교 모델), 대안형(자유학교 모델, 글로컬 미래학교 모델), 진로직업형(직업학교 모델, 스마트학교 모델), 마을학교형(마을학교 모델).[12]

넷째, 미래학교의 개인별 맞춤형 학습 시스템을 개발해야 한다. 미래학교는 현재의 교사 중심에서 벗어나 학생자치와 학부모자치가 강화되고 학교헌장에 따른 학교의 자율권이 고도로 보장된 학교로 나가야 한다. 또한 미래학교는 현재의 교육과정 재구성 수준을 넘어 학교의 가치나 철학에 따라 교육내용을 전면적으로 재구성하고, 그 과정을 학생이 주도하고 교사가 조력하는 방향에 서야 한다. 따라서 혁신학교는 그동안 추구했던 공공성 등의 일반적 교육 가치를 넘어 단위학교의 특성화된 가치나 철학을 추구할 필요가 있다.

특히 학습의 측면에서 볼 때, 개인별 맞춤형 학습이 구현되려면 지금의 혁신보다 몇 걸음 더 나아가는 파괴적 혁신(disruptive innovation)이 요구된다. 현재의 혁신학교가 학생과 현장 중심이라고 하지만 아직도 교사에게 무게가 놓여 있다. 이러한 학습 패러다임은 개별 학습자 중심의 학습 관점으로 전환되어야 한다. 학교를 공동의 배움 공간으로 바라보며 모든 학습 프로그램을 학생 개인의 관점으로 전환하여 '학교 내에서 운영되는 개인별 학습 시스템(personal learning systems in school)'을 만들어야 한다. 결과적으로 교육적 의사결정을 학생 중심으

로 해야 하며, 인공지능 등 과학기술을 보조로 활용하여 지능형 협동
학습이 가능하도록 혁신할 필요가 있다.[13]

혁신학교, 교육의 희망봉이 될 것인가

　혁신학교는 처음부터 거창한 목표를 가졌다기보다 교육의 본질로
돌아가 공교육을 정상화하고자 하였다. 교사는 초심으로 돌아가고, 학
생 모두가 학교의 주인이 되며, 학부모의 참여를 보장하는 것이 핵심
이다. 혁신학교는 학교 스스로가 움직일 수 있도록 자발성을 만들어
주어 교육생태계를 복원한 것이다. 이러한 맥락에서 혁신학교는 우리
나라 기존 교육의 지층 위에 새로운 지층을 형성해 왔다. 달리 말하면,
혁신학교는 기존 교육의 지형을 바꾸는 지렛대의 역할을 감당했다고
할 수 있다.

　혁신학교는 중앙집권적인 교육부나 중앙정부의 교육정책과는 대조
적으로 지방교육자치 시대를 맞아 시·도교육청의 자율적인 움직임
으로 지역화에 안착하면서 우리나라 교육의 지형을 바꾸었다. 따라서
혁신학교는 민선교육감 시대의 산물이고 진보교육감의 대표적인 정
책으로 인식되기도 한다. 이는 혁신학교 운동을 가능하게 한 주요 배
경이 되기도 했지만, 지금은 혁신학교에 대한 교육적 접근을 방해하는
요소가 되고 있다.

　이제 혁신학교가 우리나라 학교개혁의 일환으로 이해되고, 진보와
보수의 이념적 갈라치기와 관계없이 혁신의 성과를 유지하고 발전시
키는 '교육의 희망봉'이 되기를 기대해 보면 어떨까. 이를 위해서는 무

엇보다 교사의 집단적 자발성이 지속적으로 유지되고, 학생과 학부모, 그리고 지역사회의 주민이 함께 참여하여 그 성과들을 축적, 재생산, 확산할 수 있도록 하는 사회제도적 기반을 갖추어 나가는 것이 중요하다.

[3장 후주]

1 교육부(2019). 혁신학교(지구) 질적 도약을 위한 혁신학교(지구) 지원 기본계획(안). p. 4.

2 경기도교육청(2018). 2019 혁신학교 운영 기본 계획. p. 2.

3 박수정, 박경희, 한소민(2020). 대전 중구 혁신교육지구 발전모델 개발연구. 대전중구청 정책연구보고서.

4 박현숙(2015). 희망의 학교를 꿈꾸다: 혁신학교 성공 모델, 장곡중학교 4년간의 성장 기록. 서울: 해냄.

5 이예슬(2020). 혁신학교 정책의 패러독스: 정책 확산 과정에서 나타난 교원들의 경험을 중심으로. 고려대학교 대학원 박사학위논문.

6 조선일보(2017. 10. 12.). 혁신학교, 기초학력 미달 학생 3배 많다.

7 배종현, 김주후(2016). 혁신학교와 일반학교의 학업성취도 비교분석. 교육연구논총, 37(1), 27-56.

8 이예슬(2020). 전게논문.

9 이혁규(2015). 혁신학교는 일반화될 수 있을까. 한국의 교육생태계. 서울: 교육공동체벗. pp. 250-374.

10 이인회, 현길아(2021). 제주형 혁신학교의 미래지향적 교육패러다임 모색. 교육과학연구, 23(2), 1-38.

11 이중현(2017). 혁신학교는 지속 가능한가: 혁신학교의 도약을 위한 진단과 제안. 서울: 에듀니티.

12 경기도교육청(2020). 2020 지역 중심 경기미래학교 추진 계획.

13 정제영(2018). 교육의 시대: 디지털 시대와 4차 산업혁명에 대비한. 서울: 박영스토리.

4
교사의 전문성은
어떻게 길러지는가

박수정

　교육의 질에 영향을 미치는 요인은 많지만 '교사'를 제외한다면 이를 설명하기 어려울 것이다. 학생을 대상으로 직접 교육을 담당하는 교사의 전문성은 매우 중요하며, 이들을 어떻게 길러 내고, 교사가 된 후에도 어떻게 계속적으로 능력 계발을 하는가는 중요한 과제다.

　교사와 학교행정가인 교감, 교장을 '교원'이라고 하며, 유치원과 특수학교, 초등학교와 중등학교 교원의 수는 약 50만 명이다. 한국에서 교직의 인기는 매우 높은 편인데, 교육부와 직업능력개발원에서 매년 조사하는 진로현황조사에 따르면, 2010년대에 초·중등학생의 직업 희망 중 교사는 줄곧 1위 또는 2위를 기록하였다. 2020년 조사에서 초등학생은 3위로 떨어졌으나, 중·고등학생은 여전히 1위를 유지하고 있다. 이렇게 교직의 인기가 높은 것은 세계적으로도 흔치 않은 일로 대단히 고무적이다. 그러나 '직업적 안정성'이 교직 선택의 큰 동기로 부상하는 상황에서, 교사의 전문성과 열정, 사명감에 대한 사회적 기대에 과연 부응하는지에 대해서는 의문이 든다.

교사의 '전문성'은 교육에 필요한 지식, 기술, 태도를 의미한다. 교과지도, 생활지도, 진로지도, 학급경영 등 영역별 전문성을 포함하며, 실천과 연결되는 '역량' 개념으로 제시되기도 한다. 교사의 전문성은 어떻게 길러지는가? 교사가 되기 위한 준비에서부터 선발, 교사로서의 배움과 성장에 대한 현황과 쟁점을 살펴보도록 한다.

교사가 되는 길

교사가 되려면 교사가 되기 위한 교육(pre-service education)을 받아야 한다. 이를 '교사양성교육' '예비교사교육' '직전교육' 등으로 부르며, 많은 사람이 알고 있듯이 교사가 되려면 교육대학(교대)이나 사범대학(사대)에 가야 한다. 교직에 대한 희망을 반영하듯이 교대와 사대의 인기는 높은 편이고, 특히 교대에 입학하는 학생들의 성적은 대단히 높은 편이다.

교사가 되기 위해 배우는 것들, 즉 교사양성 교육과정은 교사의 '자격'과 연결되므로 국가적인 지침에 의거하여 운영된다. 초등학교의 모든 과목을 가르치는 교육대학에서는 기본 교과를 모두 배우고, 중등학교에서 가르치는 교과(국어, 수학, 역사 등)와 모든 학교급에서 필요한 비교과(상담, 보건, 사서, 영양)는 해당 교과와 전공을 중심으로 배운다. 유치원 교사와 특수학교 교사도 학교급과 대상에 맞는 교육과정을 이수한다. 모든 교사 자격에서 공통적으로 배우는 '교직과목'이 있으며, 교사에게 필요한 교육의 이론과 실제, 방법을 배운다.

　이러한 교사양성 교육과 체제는 최근 정책적으로 크게 조명을 받았다. 2017년 대통령 공약과제로 '교원양성 교육과정 개편'이 포함되었고, 2020년에는 '교원양성체제 개편'이 국가교육회의 숙의단에서 다루어졌으며, 2021년에는 교원양성체제개편위원회가 발족되었다. 사실, 교육대학교가 고등학교 단계인 사범학교를 시작으로 2년제 교육대학이 되고(1960년대) 4년제 교육대학으로 승격된 것(1980년대), 교육대학원에서 중등교사양성을 허용한 것(1970년대), 국립 사범대학 졸업자의 무시험 임용이 폐지된 것(1990년) 외에는 교사양성체제에 큰 변화나 특별한 시도가 없었다. 갑자기 교원양성이 주요 정책 이슈로 부상하게 된 이유는 무엇일까?

　'교사양성이 중요하다'는 인식은 오래전부터 있었다. 교육환경의 변화에 적응하고 선도하는 학교의 변화, 학습자의 사회적 요구와 수요에 맞는 교육을 위해 '가르치는 사람'이 잘 준비되어야 한다는 점은 분명하다. 1990년대 말 IMF 외환위기 이후로 지적으로 우수한 교사가 교직에 입문하는 상황에서 오히려 '인성과 사명감'에 대한 요구가 커지고, 학교에서 다양한 역할을 수행하면서 변화에 대한 민감성이 높은 학교와 교육의 변화와 미래를 위해서는 '교사를 기르는' 양성 단계의 교육이 대단히 중요하다. 오랫동안 변화되지 않은 교원양성체제와 교육과정의 변화가 이제는 필요하다는 공감대가 형성된 것이다.

　교사양성과 관련된 쟁점들을 대표적으로 체제, 교육, 수급 측면에서 살펴보도록 한다.

　첫째, 교사양성의 '체제'는 예비교사를 기르는 기관과 제도에 대한 것이다. 교대와 사대는 각각 초등교사와 중등교사를 양성하는 가장 대표적인 과정으로 인식되고 있다. 교육대학원과 일반대학 교직과정에서도 중등교사가 양성되고 있지만, 가장 많은 수의 교사를 배출하는 곳은 교대와 사대다. 오랫동안 공고화된 교대와 사대 중심의 교사양성체제는, 초등과 중등의 분리 양성, 독립된 대학에서의 교사양성이 과연 시대적합성이 있는가 하는 문제가 제기되고 있다. 교대의 경우, 초등교사양성이라는 명확한 목적을 가진 대학이라는 의의가 있으나, 다양한 경험과 폭 넓은 시야 측면에서의 우려, 그리고 '전문가'보다는 '기술자'를 기르는 데 적합한 모형이라는 비판이 있다. 지금까지는 우수한 학생들의 입학으로 '학교 효과'(학교에서 배워서 거둔 효과)보다는 '학생 효과'(우수한 학생 자체로 인한 효과)가 더 컸을 수도 있다.

사대의 경우에도 목적형 교사양성으로 사명감 있는 교사를 전문적으로 키운다는 취지가 있다. 그러나 교과 전문성을 키우면서 교사로서 필요한 능력을 갖추기에 기존의 4년 과정으로는 부족함이 있고, 전통적인 교과로 분리된 기존의 교과교육과 체제로는 변화하는 사회적 수요에 맞는 교사양성에 어려움이 있다. 사대의 목적은 중등교사양성이지만 그러한 정체성과 전문성을 제대로 발휘하고 있는가 또한 의문이다. 교원임용시험으로 교사가 선발되는 상황에서 교대든 사대든 교사의 '자격'을 취득하는 것 이상의 의미가 없다는 비판은 교사양성교육 전반에 대한 근본적인 문제로 볼 수 있다.

둘째, 교사양성의 '교육과정'은 예비교사의 교육 내용과 방법에 대한 것이다. 과연 교육현장에서 필요로 하고 교육현장을 선도할 수 있는 교사를 길러 낼 수 있는 교육과정인가? 교사양성 교육과정에서 최근 가장 크게 요구되는 것은 '현장성'으로, 교육현장에서 활용될 수 있는 지식과 방법의 습득을 중요하게 요청하고 있다. 이에 대학에서 배우는 것들이 이론에 치우쳐 있다, 현장과의 연계가 부족하다, 현장 경험이 부족하다는 점 등이 문제로 제기되고 있다. 그렇다고 해서 실무지식과 경험만으로 교육 전문가를 양성할 수 있는가? 교육현장과 연결되는 교사양성 교육과정에 대하여 대체적인 방향은 일치되는 것 같으나, 구체적인 각론에 대한 생각은 하나로 합의되기가 어려운 상황이다.

교대의 경우는 초등학교의 기본교과목별로 모두 동일하게 반복적으로 배운다는 점, 심화전공을 별도로 이수하지만 초등학교 현장과의 연계는 높지 않다는 점이 문제로 지적되고 있다. 또한 학교에서 교육현장을 경험하는 현장교육실습이 중등은 단 4주에 불과하여(초등은 2~4학년에 걸쳐 총 8~10주), 실습 기간 연장 또는 방식 변경 등의 제안이 제기되고 있다. 그러나 학교현장의 부담 등으로 인해 기본적인 틀이 오랫동안 유지되고 있는데, 최근 제안된 '실습학기제'가 과연 도입될 것인지 주목할 필요가 있다.

셋째, 교사양성에서의 '수급'은 교사 수요와 공급을 의미한다. 지금까지 초등은 지역에 따라 다르지만 대체로 2:1을 넘지 않는 교원임용시험 경쟁률로 비교적 수요와 공급이 적절하고, 중등은 수요에 비해 공급이 매우 많은 '과잉공급'으로 인식되었다. 그러나 초등의 경우에도 이제 학령아동 수의 급감으로 경쟁률이 매우 높아질 것으로 예측되고 있다. 특히 목적형 기관인 교대는 초등교사 외에는 준비할 수 있는 직업이 거의 없다는 점에서 중등에 비해 더 큰 타격을 입을 수 있다. 또한 지역 선호가 분명한 상황에서 교육격차에 대한 우려도 제기되고 있다.

중등 교원임용시험은 과목과 지역별로 다르나 2020년 전국 평균 9.22:1로 높은 경쟁률을 기록하고 있으며, 발급된 교사 자격에 비하여 수요는 매우 낮다는 것이 오랫동안 문제로 지적되었다. 그러나 교과별, 시기별 수급의 변동이 심하고, 일단 교사 자격을 '보험'처럼 받아놓지만 정작 교사로 진출하지 않아 교사양성교육의 정체성에 의미가 없는 경우도 있다는 점이 문제다. 대부분 국립인 교대는 정원 감축으로 수급 상황이 조절될 수 있으나 가뜩이나 작은 교대가 더 작은 학교가 될 전망이다. 중등은 2020년 국가교육회의가 권고한 바와 같이 교육대학원과 교직과정의 교사양성 규모 축소로 일단 가닥이 잡혔으나, 그럼에도 불구하고 적절한 수급, 수요에 맞는 탄력적 교원 수급 등이 숙제로 남아 있다.

여러 쟁점이 있지만, 가장 중요한 것은 '어떤 교사를 기를 것인가' 하는 교사양성교육의 목표와 지향점이다. 교사상은 시대에 따라 달라지겠으나 분명한 것은 '교직 사명감을 바탕으로 잘 가르치는 교사'는 기본이며, 사회적 변화와 요구에 부응하고, 학교와 수업의 변화를 만들어 갈 수 있는 '교육전문가'가 되도록 교육하는 일이 중요할 것이다. 그러나 교사양성교육은 준비교육이기 때문에 이 자체로 '완성된 교사'를 만들 수는 없다. 교사의 전문성 개발은 현직교육에서도 계속적으로 이루어지며, 양성 단계와 현직에서 어떻게 분담할 것인가도 고민할 필요가 있다.

〈표 4-1〉은 호주와 싱가포르의 교사 전문성 기준이다.[1] 우리도 이러한 전문성 기준이 필요하다면, 국가적 차원에서 이러한 기준을 종합적

으로 마련할 필요가 있으며, 양성-선발-현직에 일관되게 활용되어야 할 것이다. 시·도교육청에서도 지역 교원의 핵심 역량을 도출하고 생애 단계별로 연결하는 노력도 나타나고 있다. 예컨대, 경기도교육청에서는 교사의 핵심 역량으로 교수 역량(교과 전문성, 수업 설계 및 운영, 디지털 활용 능력), 생활교육 역량(생활교육, 진로교육), 공동체 역량(비전 수립 및 공유, 소통 및 협력, 참여와 책임의식, 네트워크), 자기개발 역량(변화 대응, 학습과 연구, 자기 관리)을 제시하고, 적응기-성장기-성숙기-숙련기를 통해 이러한 역량들을 효과적으로 함양하도록 안내하고 있다.[2]

〈표 4-1〉 호주와 싱가포르의 교사 전문성 기준

구분	영역	자격 기준(호주)/핵심 역량(싱가포르)
호주	전문적 지식	• 학생과, 학생이 어떻게 학습하는지를 앎 • 교육내용을 알고 이를 어떻게 가르치는지를 앎
	전문적 실행	• 효과적인 교수학습을 계획하고 이를 실행함 • 지원적이고 안전한 학습 환경을 유지하고 창출함 • 학생의 학습에 관해 보고하고 환류를 제공하여 평가함
	전문적 참여	• 전문적 학습에 참여함 • 동료와 학부모 및 지역사회와 전문적으로 교류함
싱가포르	전문적 실천	• 아동을 전인적으로 양육함 • 아동에게 양질의 학습을 제공함 • 아동에게 양질의 비교과 교육활동을 제공함 • 지식을 연마함(교과내용, 반성적 사고, 분석적 사고, 주도성, 창의적 교수활동, 미래 활동)
	리더십과 관리	• 마음가짐(환경을 이해함, 타인을 도움) • 타인과 함께 일함(학부모와 소통함, 팀으로 일함)
	개인적 효과성	• 자신과 타인을 앎(자신을 들여다봄, 윤리적 기준과 법적 의무에 충실함, 타인을 이해하고 존중함, 회복탄력성과 적응성)

출처: 박선형, 김혜숙, 함승환, 권도희, 모영민(2019). 미래사회 교원양성기관 질 제고를 위한 국제비교연구(CR 2019-04). 충북: 한국교육개발원. p. 54, 152.

'시험'에 합격하면 교사가 된다

국·공립학교의 교사가 되려면 교사양성 교육기관에서 교사 자격을 취득하고 교원임용시험에 합격해야 한다. 교원임용시험의 경쟁률이 높다는 것은 이미 알려진 사실이며, 중등교사의 경우 졸업 후 임용까지 소요된 기간은 약 4년 정도인 것으로 조사되었다.[3] 앞으로 학령인구 감소와 함께 교원 정원이 줄게 되면 경쟁률과 합격 소요 기간은 상승할 전망이다.

교원임용시험은 언제부터 실시되었던 것일까? 1980년대까지만 해도 국립 교대와 사대 졸업자는 해당 지역의 국·공립학교 교사로 '무시험 임용'되었다. 사립대학 졸업자는 '순위고사'라는 시험을 치르고 국·공립학교 교사가 될 수 있었다. 이러한 정책은 교직을 선호하지 않는 당시 상황에서 우수한 교사를 유치하고자 하는 방안이었고, 국립 교대와 사대의 등록금 면제에 상응하는 '의무 복무' 책임이기도 하였다. 1970년대만 해도 대학 졸업자들의 희망 직장은 급여와 성장 가능성이 높은 기업과 은행이었고, 공무원과 교사는 크게 선호되지 않았다. 그러던 것이 1980년대부터 일부 교과에서 임용 적체 현상이 생겼고, 1990년에 국립 교·사대 졸업자의 무시험 임용에 대하여 위헌이라는 헌법재판소 결정이 나자마자 곧바로 공개경쟁시험이 도입되었다.

교원임용시험이 도입된 지 30년이 넘었고, 그간 시험 방식이 몇 차례 바뀌었으나 기본적인 골격은 비슷하게 유지되고 있다. 1차는 전국 공통의 지필 시험으로 1.5배수를 선발하고, 2차는 시·도교육청별로 수업시연, 면접, 실기실험 등으로 최종 선발하고 있다. 중등의 경우,

1차는 교육학(교직논술) 20점, 전공(교육과정) 80점 배점이며, 2차에서 순위가 바뀔 수 있으나 1차 시험의 영향력은 큰 편이다.

〈표 4-2〉 **중등교원임용시험 개요(2021년 기준)**

1차 시험		2차 시험	
시험 과목 및 유형	유형(문항 수/배점)	시험 과목	시험 시간
교육학 1교시(60분)	논술형(1문항/20점)	교직적성 심층면접, 교수·학습지도안 작성, 수업능력평가 (수업실연, 실기·실험)	시·도교육청 결정
전공 A 2교시(90분)	기입형(4문항/8점), 서술형(8문항/32점)		
전공 B 3교시(90분)	기입형(2문항/4점), 서술형(9문항/36점)		

출처: 한국교육과정평가원 홈페이지(https://www.kice.re.kr/sub/info.do?m=010602&s=kice).

이렇게 '시험'으로 교사를 선발하는 것은 일반적인 방식일까? 외국에서는 계약제 임용이 대부분이며, 학교 혹은 교육청 단위로 교사를 '전형'하여 선발한다. 우리처럼 동일한 지필평가로 교사를 1차 선발하는 나라는 찾아보기 어렵다. 비유를 하자면, 대학입학전형에서 '수능' 성적만으로 학생을 선발하는 것인데, 이렇게 지필 성적 중심으로 교사를 선발한다면 인지적 능력(쓰기로 표현된)은 출중할 수 있으나, 교사로서 갖추어야 할 다양한 능력이나 자질은 확인할 방법이 없다.

현재의 시험 방식으로 교사를 선발하는 것은 암기 중심의 교사 준비, 학원에서 배우는 교사의 양산 우려가 있다. 또한 교대와 사대에서 배우는 것과 관계없는 임용 준비와 선발이 이루어지는 점은 문제다. 평가가 교육활동에 영향을 주는 것처럼, 임용시험만을 대비하는 교육이 되거나, 임용시험과 관계없는 교육이 이루어지는 경우 교사양성교육은 사실상 큰 의미가 없다.

그러나 여느 시험과 마찬가지로 교사 선발에 있어서 '공정성과 객관성'에 대한 요구가 높고 경쟁이 치열한 상황이므로, 시험 방식을 획기적으로 변화시키기는 쉽지 않다. 교육청별로 이루어지는 2차 전형에서 수업시연에서의 토의 도입, 집단토론 방식의 면접을 시도하는 경우가 발견되고 있다. 근본적으로는 1차 전형을 Pass/Fail로 운영하고 2차 전형에서 선발, 2차 전형의 비중 상향, 모든 전형을 교육청별로 실시하는 방안, 다양한 활동 경험 반영(포트폴리오), 대학 성적 반영, 집단토론 도입 등이 제안되고 있으며, 일부 시도가 이루어지고 있다.

또한 교사의 선발은 '적격자' 선발과 함께 '지역을 이해하고 지역에서 거주하면서 근무할 교사'의 확보도 중요하다. 초등의 경우 현재 1차에서 지역 가산점이 있으나 중등은 전무하여 지역과의 연계성이 전혀 없다. 현직교사 응시제한 철폐로 교사의 이동 또한 자유로운 상황에서, '지역을 위한 교사 선발'에도 관심을 가질 필요가 있다.

교사는 계속 배운다

어려운 관문을 뚫고 교사로 임용되면, 교직 적응과 계속적인 전문성 개발이라는 과제가 기다리고 있다. 교사로서 이루어지는 배움(in-service education)을 '교사현직교육'이라고 하며, 현직에서 업무를 수행하면서 교육이 이루어지는 것이다. 현직교육은 '교사 전문성 개발(teacher professional development)' 과정이며, 신임교사 시기에 이루어지는 입직교육/입문교육(induction education)을 포함하여 교직생애 전

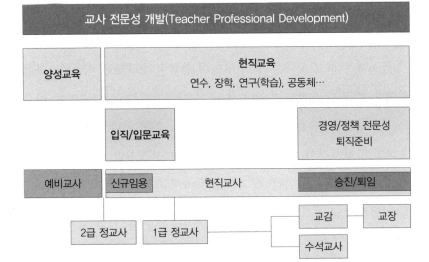

[그림 4-1] 교사 전문성 개발과 교사교육

반에 걸쳐 학습과 성장이 이루어진다.

　현직교육의 가장 대표적인 유형은 연수, 장학, 연구(학습)로 나누어 볼 수 있다.[4]

　연수는 자격연수와 직무연수로 대별된다. 특정 자격을 취득하기 위해 받는 자격연수는 의무연수이며, 1급 정교사 연수는 교직 임용 3년 이상이 되면 3주 내외로 받는 대표적인 연수다. 이 밖에 수석교사, 교감, 교장의 자격을 받기 위한 자격연수가 있다. 교직을 1급 정교사로 마친다면 더 이상의 공식적인 자격연수는 없다. 직무연수는 직무와 관련된 다양한 영역의 연수이며, 개인적으로 선택하여 이수하거나 학교 차원에서 개설하는 연수를 이수하게 된다. 연수의 방식에 따라 집합연수와 원격연수가 있으며, 최근 원격연수가 많아지고 있다.

　장학은 교사의 수업 개선과 전문성 개발을 위해 제공되는 지도 · 조

언으로, 교육기관 고유한 능력계발 방법이다. 기관장학과 교내장학으로 대별할 수 있다. '장학사가 온다' 하여 준비하였던 경험은 교육청에서 학교에 대한 감독과 지도적 차원의 장학을 수행하는 경우다. 교내장학은 학교 단위에서 계획을 세워 수행하는 장학으로, 수업에 집중하는 수업장학, 동료 간에 이루어지는 동료장학, 간단한 방식으로 이루어지는 약식장학 등 다양한 방법이 있다. 실질적인 도움이 되고 현장의 수요에 맞추기 위해, 필요한 교사에게 전문적인 도움을 줄 수 있는 컨설턴트를 연결하는 컨설팅 장학, 학교 차원의 장학과 연수를 활성화하는 방향으로 변화되고 있다.

연구와 학습은 교직 수행을 위하여 개인적·집단적으로 준비하는 모든 활동을 의미한다. 개인적으로 수업을 준비하는 것, 수업과 관련된 독서와 경험을 하는 것, 대학원에서 공부하는 것 등을 포함한다. 최근에는 집단적인 연구와 학습도 중시되고 있다. 교사들이 함께 협력적인 학습을 하는 자생적인 모임을 '교사학습공동체'라 하며, 학교를 교사들이 함께 학습하고 실행하는 공동체, 즉 '전문적 학습공동체(professional learning community)'로 만들기 위한 다양한 시도가 나타나고 있다.[5]

이러한 교사의 현직교육은 교육의 질에 미치는 영향이 크기 때문에 적극적이고 효과적인 현직교육에 대한 요구와 기대가 높아지고 있다. 현직교육과 관련된 몇 가지 쟁점을 살펴본다.

먼저, 신임교사 교육의 강화다. 교직에 있어서 체계적인 입문교육이 부족한 것은 어제오늘의 일이 아니다. 임용 첫날부터 교사로서의 모든 업무를 수행해야 하는 것은 충분히 어려움을 예상할 수 있다. 기업은 신입사원을 대상으로 일정 기간 집중적인 직무교육인 OJT(On the Job Training)를 운영하며, 공무원도 임용 첫 3개월 정도 일하면서 배우는 일종의 수습 기간인 시보제도를 두고 있다. 이와 비교하면, 교직의 입문교육은 매우 미약하다. 교직 임용 첫해에 임용 전 연수가 있고, 교육청과 학교에서 계획을 세워 필요한 연수가 이루어지고 있으나, 교직적응과 역량 강화 측면에서 부족하다는 문제가 계속적으로 제기되고 있다. 이에 외국에서는 일반적으로 시행되는 '수습교사제'의 도입, 교육실습 기간의 확대나 내용적 강화 등이 대안으로 제안되고 있다.[6]

다음으로, 교직생애에서 필요한 역량을 효과적으로 계발하는 것이다. 연수든 연구든 찾아가면서 학습하는 교사라면 문제가 없으나, 그렇지 않은 교사들은 어떻게 하느냐가 문제다. 너무나도 바쁜 경우일 수도 있고, 자기계발 욕구가 낮은 경우일 수도 있으며, 자기계발 동기를 촉진하지 못하는 여러 환경적인 문제일 수도 있다. 따라서 교사의 성장 동기를 촉진하고 자기계발 활동을 더욱 적극적으로 하도록 장려하기 위한 여러 가지 방안이 모색되고 있다. 그 방안으로는 생애 단계별로 필요한 연수와 교육기회를 제공하는 것, 개인별·집단별 맞춤형 학습기회, 실질적으로 운영되는 전문적 학습공동체 지원, 교사들이 필요로 하는 실질적인 연수 내용과 운영 등이 있다.

중요한 것은 전문가인 교사도 교직에서 계속적으로 전문성 개발을 해야 한다는 점이다. 따라서 전문가로서의 자기 규율과 전문가 통제가 요구되고 있다. 학생 교육을 위해 교사가 중요하다는 인식을 하는 교육청일수록 교원연수기관을 매우 중시하고, 이곳에 전문적인 인력을 배치하는 사례가 발견되고 있다. 정책적으로는 '교사의 전문성 개발'을 종합적으로 조망하고 필요한 방법에 효과적으로 접근할 수 있도록 하는 노력이 필요하다. 보다 근본적으로는 훌륭한 교사를 길러 내는 일(양성)과 선발하는 일(선발), 그리고 교사의 직무(현직)가 연결되는 정합성 있는 제도가 필요하다. 교사의 전문성 개발 활동은 '업무'가 아니라 '본질'이 되어야 한다.

교사의 성장을 더욱 촉진하려면

조직행동 연구에서 '몰입(commitment)'이라는 개념이 있다. 이를 '헌신'이라고도 하며, 자신의 직무에 열성을 다하여 노력하는 것을 의미한다. 근무하는 학교와 담당하는 수업에 있어서 교사의 헌신이 필요하다. 그리고 이를 교사 개인의 내적 동기에만 기댈 것이 아니라 외적으로도 환경을 마련해 촉진해 주어야 한다.

2급 정교사로 교직 입문 후 교사의 자격 단계는 1급 정교사 다음으로 교감과 교장으로 이어지는 관리직이 있고, 2010년대 초반 '수석교사제'를 법제화하고 교수직을 위한 트랙이 만들어졌다. 그러나 모든 교사가 관리직과 교수직의 다음 단계로 전환될 수 없고, 1급 정교사로 교직을 마친다면 더 이상 조직에서 자극제가 될 만한 요인이 없다.

교직은 매우 '평평한(flat)' 조직으로, 다수의 교사로 이루어진 수평적인 조직이다. 그러나 공무원 조직으로서 위계적인 구조를 따르고 있으며, 한국 교사의 승진 열망은 높은 편이다. 이에 승진을 위해 노력하는 교사와 그렇지 않은 교사가 자연스럽게 구분되며, 승진을 희망하고 노력하는 교사와 이를 포기한 '교포' 교사 모두 교직사회에 순기능과 역기능을 가져오고 있다. 현재의 승진제도는 교육경력, 연구학교와 근무지 가산점, 연수 가산점(연구대회, 학위 등), 그리고 직전 몇 년간의 근무성적 등이 결합하는 방식이어서, 본연의 교육활동보다 '점수 쌓기'에 치중할 수 있다. 자의든 타의든 승진 대열에서 벗어나는 경우 현실에 안주하는 소극적인 모습을 보이거나 학교 내에서 설 자리가 없어져 곤란을 겪기도 한다.

　교사의 성장을 더욱 촉진하기 위해서는 자격제도와 승진제도의 변화가 필요하다. 사실 교사의 자격, 승진과 같은 인사제도는 경로의존성이 높고 얽혀 있는 이해관계로 인해 변화가 어렵다. 그러나 새로운 교육에 대한 요구는 교원 정책과 제도에 대한 변화 요구로 이어진다. 어떻게 하면 좋은 교사를 기르고, 더욱 좋은 교사가 될 수 있도록 지원하며, 학교공동체를 이끄는 멋진 리더를 양성하는가에 대한 고민은 계속 필요하다.

　특히 교사의 '리더십'에 관심을 가질 필요가 있다. 지금까지 교육리더십의 주된 대상은 학교행정가인 교장과 교감이었다. 그러나 학교에서 교육활동의 구상과 실천, 그리고 민주적인 의사결정에 있어서 전문가인 교사의 참여와 역할은 중요하다. 학생과 학부모의 참여 또한 교직원의 소통과 협력이 그 토대가 될 수 있다. 나의 학급과 교실뿐만 아니라 동료교사와 학교 전체, 그리고 지역사회에 대해 교육적인 영향력을 발휘하는 것은 대단히 의미 있는 일이다.[7]

　좋은 교사가 좋은 교장이 될 가능성이 많지만, 교사가 '자동으로' 교장이 되는 것은 아니다. 교육경력과 함께 교육행정학 석사 학위를 기본적으로 요구하는 미국과 달리, 우리나라는 승진 대상으로 확정된 후 자격연수를 받게 된다. 이러한 '선발 후 양성' 방식에서, 변화를 위한 종합적인 조망 능력, 대인관계 기술, 학교 경영과 변화를 위한 지식과 기술 등을 어느 정도 학습한 후 교감, 교장으로 선발하는 '양성 후 선발'[8]의 관점으로 승진체계를 바꿀 필요가 있다. 또한 교육청과 교육부에서 근무하는 교육전문직원(장학사, 연구사)의 경우에도 학교현장을 위한 전문적이고 효과적인 정책을 추진할 수 있도록 정책 전문성을 위한 학습은 필수적이다.

교사가 희망이다

2020년 2월부터 불어닥친 코로나19의 확산은 교육을 포함한 모든 분야에서 큰 혼란을 가져왔고, 교육 또한 예외가 아니었다. '모든 교사가 신규교사'라는 말처럼, 정상적인 출석수업이 어려운 상황에서 모든 교사는 새로운 도전을 하였다.[9] 원격수업의 방법과 기술을 학습하고, 교육 콘텐츠를 제작하고, 실시간 조·종례와 수업을 운영하였다. 정서적·사회적 측면의 어려움, 심화되는 교육격차 등 많은 문제에 직면하였고, 이를 해결하면서 선제적으로 대응해야 하였다.

급변하는 환경 속에서 학교에서 스스로 결정하고 실행해야 할 일이 많아지고, 교사들은 집단지성을 통해 이를 헤쳐 나가야 한다. 교육과정 운영과 교육방법의 변화를 위하여 교사들이 활발하게 소통하면서 전문적 학습공동체의 위력이 발휘되는 사례가 나타났고, 어려운 상황 속에서도 헌신하는 교사, 변화하는 학교가 많아지고 있음은 희망적이다. 앞으로도 '변화'에 잘 대응하고 '변화'를 새롭게 만들어 가는 학교와 교사를 기대한다.

교사 혼자 교육을 책임질 수 있는 것은 아니다. 교사가 교육활동에 전념할 수 있도록 학교의 업무 분장과 일처리 방식이 바뀌어야 하고, 교육청과 교육부는 학교와 교사를 돕는 행정과 정책을 추진해야 한다. 가정과 학부모의 관심과 지원도 필요하다. 그래도 교육의 희망은 교사에게 있다. 교사는 '성찰하는 실천가(reflective practitioner)'로서, 학생의 학습과 성장을 위한 전문성을 교직생애 동안 계속적으로 발전시켜 나가야 한다. 또한 교육전문가에게 적합하고 충분한 지원이 이루어져야 할 것이다.

[4장 후주] _____

1 박선형, 김혜숙, 함승환, 권도희, 모영민(2019). 미래사회 교원양성기관 질 제고를 위한 국제비교 연구(CR 2019-04). 충북: 한국교육개발원.

2 경기도교육청 교원역량개발과(2021. 1.). 교원 역량강화 정책 추진 방향.

3 김종수, 이재홍, 천세영(2017). 중등교원양성기관 학생의 임용시험대비 사교육비 실태 분석. 교육재정경제연구, 26(4), 215-240.

4 박수정, 김미정(2015). 교원 역량 강화에 대한 교원의 인식 분석: 세종특별자치시교육청을 중심으로. 한국교원교육연구, 32(3), 163-186.

5 최민석, 박수정(2019). 시·도교육청의 전문적학습공동체 정책 실태 분석: 2019학년도 주요업무계획을 중심으로. 학습자중심교과교육연구, 19(22), 1077-1097.

6 박수정, 김승정(2019). 수습교사제의 도입 방향과 운영 모델 검토. 교육행정학연구, 37(1), 145-170.

7 박수정(2021). 사회변화와 교직실무. 송기창 외 공저, 교직실무. 서울: 학지사.

8 나민주, 이차영, 박상완, 김민희, 박수정(2009). 교장공모제의 공모교장 직무수행에 대한 효과 분석. 교육행정학연구, 27(3), 297-320.

9 박수정(2021). 온라인 수업에서 팀 학습 어떻게 할까. 서울: 학지사.

제2부

교육과 교육비

5
교육에는 얼마나 많은 돈이 필요할까

엄문영

　교육과 '돈'은 다소 거리가 멀어 보이지만, 교육에 돈이 필요한 것은 분명하다. 교육재정(education finance)은 교육활동에 필요한 돈에 관한 모든 경제활동을 의미한다. 따라서 우리가 가계의 소득(수입)과 지출을 통해 기본적인 의식주를 해결하고, 사회활동을 원만히 꾸려 나가듯이, 국가 차원에서 교육이라는 공익적 목적을 잘 수행하기 위해서는 벌어들이고, 지출하는 모든 경제활동에 대한 계획과 운용, 평가가 매우 중요한 요소가 된다.

　교육활동에 있어 돈의 중요성은 여러 수사적인 표현을 차치하더라도 모두가 인정하는 것이다. 교육활동에 필요한 돈은 교육을 위한 시설(학교 신설과 증·개축, 보수 등), 인력(교사와 교직원), 책과 학용품, 기자재(대표적으로 컴퓨터 등)를 구입하고, 지출하기 위해 절대적으로 필요하다. 그러나 교육재정은 많은 사람에게 생소한 내용일 수 있는데, 더 좋은 교육을 위해서 교육재정에 대해 전반적으로 이해하는 것은 큰 도움이 될 수 있다.

이 장에서는 우리나라 교육재정의 구조를 알기 쉽게 소개하고, 이해하기 어려운 교육재정에 대한 각종 개념에 대해 설명하도록 한다. 또한 학령기 인구 감소에 따라 교육에 대한 투자는 어떻게 변화될 것인지, 과연 교육활동에 적정한(adequate) 수준의 돈은 어느 정도인지와 관련된 표준교육비(standard cost of education) 개념에 대해 논의하도록 한다.

교육에 필요한 수입과 지출

"국가재정은 모든 국가 업무의 시작이다."[1]라는 말처럼 개인이든 학교든 어떤 조직이든 재정에 대한 이해는 곧 업무의 시작이라고 여겨질 만큼 매우 중요한 개념과 내용을 포함한다. 개인도 모든 개인적·사회적 활동을 위해서는 돈을 벌어들이고, 번 돈을 바탕으로 지출을 해야 하듯이, 국가가 공익적 목적으로 지원하는 교육활동에 대해서도 수입과 지출의 관계를 이해해야 한다.

「헌법」은 교육재정의 중요성을 인식하고, 제31조 제6항을 통하여 교육재정 법정주의를 표방하고 있다. 「헌법」 제31조 제6항에서는 "⑥ 학교교육 및 평생교육을 포함한 교육제도와 그 운영, **교육재정** 및 교원의 지위에 관한 기본적인 사항은 법률로 정한다."고 명시적으로 규정하고 있다. 이는 교육재정에 관한 사항에 대한 공정성과 합리성을 제고하고자 하는 의도를 지니고 있다.

우선, 교육에 필요한 수입은 여타의 영역(예: 복지, 국방 등)과 마찬가지로 조세 수입과 (조)세외 수입(예: 국가 및 공공기관 입장료 수입, 교통 범칙금 수입 등), 적자국채 등으로 이루어질 수 있다. 2020년 코로나19 로 인해 국민기본 소득이 줄어들자 국회는 국채를 발행하여 긴급재난 지원금을 추가경정예산을 통해 편성하였는데, 이와 같이 예상하지 못 한 지출이 생겼을 때, 국가는 국채를 발행하여 빚을 지고 필요한 예산 을 확보할 수 있다. 다시 말해, 일반적으로 교육에 필요한 수입은 교육 을 포함한 사회복지, SOC, 국방 등 16개 분야를 막론하고, 조세수입을 주요 세입 출처로, 그 밖에 세외수입과 적자국채를 통해 추가적인 세 입 출처로 활용하고 있다.

그렇다면 조세수입 등 확보된 재원을 교육에 활용하고자 할 때, 어 떤 흐름으로 돈이 움직이는지를 이해할 필요가 있다. [그림 5-1]은 지 방교육재정 구조에 대한 도식화인 동시에 교육 부문에서의 돈 흐름을 보여 준다. 이 그림은 지방교육재정알리미 홈페이지에서 발췌한 것인 데, 우리나라 교육재정에 대한 많은 정보를 담고 있는 홈페이지로 이 글의 독자에게도 활용할 것을 추천한다. 지방교육재정알리미는 국민

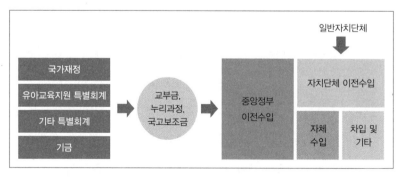

[그림 5-1] 지방교육재정의 구조

출처: 지방교육재정알리미 홈페이지(https://eduinfo.go.kr/portal/main.do, 인출일: 2021. 6. 23.).

들이 지방교육재정의 쓰임새를 한 곳에서, 한눈에 쉽고 편리하게 파악할 수 있도록 17개 시·도교육청의 재정 정보와 자료를 통합 및 비교하여 제공하는 지방교육재정 공시포털 시스템이다.

한국에서 교육에 쓰이는 돈의 수입과 지출을 이해하기 위해서는 우선적으로 지방교육자치제도와 이를 뒷받침하는 재정 관련 법인「지방교육재정교부금법」에 대한 이해가 필요하다.「지방교육재정교부금법」은 지방교육자치를 실질적으로 운영하는 데 필요한 재정에 대해 규정하고 있는 법이다. 해당 법에서 교육 투자는 국가와 지방자치단체(일반 시·도)의 교부금 또는 이전되는 수입을 통해서 마련되고 있다고 규정하고 있다. 1991년부터 시작된 지방교육자치제도에 의해 우리나라는 17개 시·도의 특색에 맞게 국가 또는 지방자치단체가 교부한 금액을 예산으로 편성하여, 집행, 결산(집행한 돈을 확인하는 절차)하고 있다. 또한 우리나라에서는 1995년부터 도입된 학교운영위원회제도와 더불어 2001년부터 단위 학교의 자율적인 예산, 집행, 결산을 도입하기 위해 학교회계제도를 운영 중에 있다.

[그림 5-1]에 따르면, 국가재정, 유아교육지원 특별회계, 기타 특별회계, 기금으로 재원(수입)이 구분된다는 것을 알 수 있다. 이후 이를 시·도교육청에 교부금으로 내려 보내거나, 누리과정에 필요한 돈으로 쓰거나, 국가의 특별한 사업을 시·도교육청이 대신 시행하는 경우 필요한 보조금으로 쓰게 된다. 다시 말해, 맨 왼쪽 다이어그램은 수입을 관리하는 통장이라면, 가운데 원은 돈이 쓰이는 지출처, 오른쪽 다이어그램은 지방교육자치의 제도 아래에서 교육청의 수입이 무엇으로 구성되는지에 대한 간략화를 표현하고 있다. 시·도교육청의 입장

에서는 크게 중앙정부로서 교육부로부터 받는 돈, 해당 지방자치단체로부터 받는 돈, 자체적으로 시·도교육청이 벌어들이는 돈(예: 고등학교 입학금, 수업료 수입[2]), 국채발행처럼 교육채를 발행하여 돈이 부족한 경우 미리 빌려서 마련하는 돈 등으로 구성된다.

 가장 최근 결산 자료인 2019년 회계 자료를 분석한 보고서[3]에 따르면, 교육에 필요한 세입 출처는 국가로부터가 가장 많은 64.6조원(전체 세입의 74%), 다음으로 지방자치단체로부터 14조(전체 세입의 16%), 전년도에 집행하지 못하고 다음 연도로 이월된 금액 7조(전체 세입의 8%) 등으로 구성된다. 자체적으로 교육 분야에서 벌어들이는 수입은 2019년 결산 자료 기준으로 1.6조(전체 세입의 1.8%)에 지나지 않는다. 자체수입은 전형적인 것이 고등학교 입학금 및 수업료였지만, 2021년에 고교 무상교육이 전면 실시됨에 따라 향후 교육 부문에서는 자체수입이 거의 전무해질 전망이다. 정리하면, 교육 부문에서의 수입은 스스로 벌어들이는 수입이 없는 구조이고, 국가와 지방자치단체로부터 이전(transfer)되는 금액이 98%에 육박한다는 것을 이해할 필요가 있다.[4]

 그렇다면, 이렇게 벌어들인 교육 부문의 돈은 어디에 주로 쓰이는 걸까? 다시 말해, 지출의 유형은 어떤 것들이 있을까? 가장 많은 비중은 전국 498,281명(2020년 4월 1일 집계 기준, 출처: 교육통계자료집)의 교원 인건비가 53%로 절반 이상을 차지한다. 다음으로는 교육부, 시·도교육청의 관할하에 있는 부속기관(예: 연구소, 도서관 등)에의 운영에 쓰는, 그러한 기관에 보내 주는 돈(전출금)이 18%, 학교를 신설하기 위한 부지, 시설 건설비 등이 14% 정도를 차지한다. 부지, 시설 등을 마련하는 데 쓰는 돈은 일회성 지출이 아니고, 이후의 여건에 따라서는 재산적 가치를 계속 보유하고 있어서 이를 '자본지출'이라고 표현하기도 한다. 이는 우리가 거주지 마련을 위해 아파트를 구매했을 때 지출하는 돈이 나중에 아파트를 파는 경우에 회수되는 원리와 비슷하다. 일종의 자본, 즉 투자라는 개념인 것이다. 나머지는 기존에 교육을 위해 빌린 채권이 있는 경우에 상환하는 금액으로서 상환지출이 2019년 결산 자료 기준으로 약 7.5%가 존재한다.

예산과 재정은 구분되는 개념!

우리나라 교육 부문에서의 돈을 시·도교육청 기준(입장)[5]에서 어떻게 벌어들이고 어디에 쓰는지에 대해 대략적으로 파악했다면, 일반적으로 쓰이는 용어로서 예산과 재정에 대한 오해를 바로잡을 필요가 있다. 우선, '예산(budget)'이라는 용어에 대한 오해다. 일반적으로 예산을 재정이라는 용어의 뜻으로 쓰는 경우가 있거나, 예산은 아주 적은 규모의 단위학교, 재정은 국가나 지방자치단체 같은 큰 규모의 공적인 개념이라는 오해가 있다. 재정(finance)이라는 개념은 국가와 지방자치단체가 국가를 유지하기 위한 역할을 수행하기 위하여 행하는 모든 경제활동 또는 이들 주체가 행하는 모든 수입과 지출에 관련되는 경제활동으로 이해할 수 있다. 따라서 예산을 재정으로 잘못 이해하는 경우 재정의 일부를 예산의 개념으로 이해하는 문제가 발생한다.

예산이라는 용어가 수입과 지출에 모두 관여되는 것은 사실이다. 그러나 예산의 핵심 개념은 '예산=계획서'라는 점이다. 수입과 관련된 계획서는 세입예산, 지출과 관련된 계획서는 세출예산이 된다. 여기서 세입, 세출의 '세(歲)'는 세금의 '세(稅)'가 아니라 연도를 의미하는 해, 년, 세의 의미다. 여기에서 알 수 있는 것은 회계연도(주로 1년)가 정해진 수입과 지출, 즉 1년 동안의 수입과 지출을 세입, 세출이라고 하고 여기에 예산의 개념이 붙으면 1년 동안의 수입과 지출의 계획서가 바로 세입예산, 세출예산이라는 용어로 사용된다.

예산이라는 용어는 결산과 대비되는 것이 일반적이다. 예산이 계획서라면 결산은 수입과 지출에 대한 최종적인 결과를 집계한 '계산서'라고 할 수 있다. 따라서 세입결산은 1년 동안 벌어들인 돈의 최종적인 결과를 집계한 계산서이고, 세출결산은 1년 동안 쓴 돈의 최종적인 결과를 집계한 계산서로 이해할 수 있다. 따라서 재정이라는 수입과 지출에 관련된 모든 경제활동 중 핵심을 이루는 것이 예산과 결산의 과정이라고 볼 수 있다. 예산은 「헌법」(제54조[6])과 「국가재정법」(제32조[7])에서 규정하고 있는데, 정부가 예산을 편성하여 예산서의 형태로 국회에 제출하면 심의를 국회에서 진행하고 최종 확정된 것이 예산으로 인정된다.

재정 사이클은 1년 단위의 회계연도를 고려할 때, 3년으로 구성된다. 예산을 편성하여 1년 전(y-1년)에 확정하고, 국회에서 확정된 예산을 당해 연도(y년)에 집행하며, 다음 연도(y+1년)에 수입과 지출에 대한 확정된 계산서를 마찬가지로 국회 의결을 통해 확정한다. 따라서 예산과 집행, 결산의 3년 주기로 국가, 지방자치단체, 시·도교육청의 재정 사이클은 계속적으로 순환된다고 이해하면 된다. 〈표 5-1〉은 2021년 현재 확정된 교육부 세출에 대한 계획서다. 교육 분야에서의 총 지출 계획은 70.9조 원이고, 이 중 유아 및 초·중등 교육을 위해 58.6조 원을 지출하고, 이러한 수준은 2020년 확정 계획서와 비교할 때, 전체 규모로는 약 3,000억 원 증가한 규모이고, 유아 및 초·중등 교육 부문만 보면 약 1,700억 원이 줄어든 규모다.

〈표 5-1〉 **2021년 확정 교육부 예산 규모**   (단위: 억 원, %)

구분	'20년		'21년 정부안 (B)	국회 증감 (c)	'21년 예산 (국회 확정) (D=B+C)	증감(D-A)	
	본예산	추경 (A)				금액	%
유아 및 초·중등 교육	604,126	588,112	584,654	1,721	**586,375**	△1,737	△0.3
(지방교육재정교부금)	553,722	535,112	533,221	△921	532,300	△2,812	△0.5
고등교육	108,331	108,286	111,379	76	111,455	3,169	2.9
평생·직업교육	9,383	8,906	10,516	18	10,534	1,628	18.3
교육일반	1,326	1,308	1,345	△2	1,343	35	2.7
교육 분야 총지출	723,166	706,612	707,894	1,813	**709,707**	3,095	0.4

출처: 교육부 보도자료(2020. 12. 2.). 교육부 2021년 예산 및 기금운용계획 국회 확정.

한국은 선진국에 비해 많은 돈을 교육에 투자한다?

교육 예산은 정부 예산에서 얼마나 차지할까? 교육 예산이 20% 정도라고 말하면 생각보다 높은 비중이라는 반응도 있다. 국내에서 교육 부문에 투자되는 돈은 보건·복지·고용 분야 180.5조 원, 일반·지방행정 분야 79조 원 다음으로 세 번째 규모다. 네 번째로 많은 투자가 이루어지는 분야는 국방의 50.2조 원이다. 국내에서는 교육 분야에 매우 많은 투자와 관심이 있다는 것을 알 수 있다.

그렇다면 OECD 국가들과 비교하면 한국의 교육 투자 수준은 어떠할까? 2020년에 발표된 국제통계에 따르면, 연간 학생 1인당 공교육비 수준은 초등학교의 경우 OECD 평균이 9,090달러, 한국은 11,702달러, 중·고등학교의 경우 OECD 평균이 10,547달러, 한국은 13,579달러, 대학의 경우 OECD 평균이 11,234달러, 한국은 8,400달러 수준에 이른다.[8] 이러한 결과를 해석하면 공교육비 수준으로 초등학교와 중·고등학교는 OECD 국가 평균보다 훨씬 상회하는 1인당 교육비가 투자되고 있지만, 대학의 경우는 반대로 약 3,000달러 수준이 차이가 나는 상황이다. 공교육비가 아닌 사부담교육비로 대학이 유지되고 있다는 점을 상기하면 그리 놀라운 결과도 아니다.

공교육비에는 정부가 부담하는 교육비와 민간(대표적으로 학부모)이 부담하는 사부담공교육비(예: 고등학교 수업료, 입학금, 대학 등록금, 초·중·고등학교의 방과후활동비 등)로 구분된다. 즉, 우리나라 초·중·고등학교의 공교육비 수준이 학생 1인당으로 환산했을 때, OECD 국가의 평균을 상회하더라도 정부가 부담하는 비율이 전체 공교육비 수준에서 어느 정도인지를 살펴보아야 한다. 이 기준으로 우리나라 정부 재원의 비율을 OECD 국가들과 비교할 때, 초·중·고등학교의 경우 정부 재원의 비율이 OECD 평균은 90%, 한국은 87%에 이른다. 대학의 경우를 살펴보면, 정부 재원의 비율이 OECD 평균은 68%, 한국은 38%에 그치고 있다.

이처럼 학생 1인당 공교육비 수준과 재원 부담 비율의 질적인 평가를 모두 적용해도 우리나라의 대학교육에 대한 투자가 향후 OECD 국가 평균 수준에 도달하기 위해서는 지금보다 더 많은 투자가 필요하다는 결론을 내릴 수 있다.

사교육비는 교육비에 포함될까

그렇다면 사교육비는 공교육비와 어떤 관계가 있는 것일까? 보통 총교육비라는 개념에서 직접적으로 교육활동에 투자되는 비용을 직접교육비라고 하는데, 직접교육비에는 공교육비와 사교육비가 모두 포함된다. 여기서 공교육비의 개념은 공적인 기관, 대표적으로 학교를 운영하는 데 소요되는 비용을 생각하면 쉽게 이해할 수 있다.

사교육비는 말 그대로 사적인 가계나 민간단체가 사적인 목적으로 사적인 비용을 교육에 투자하는 경우다. 그러나 사교육비도 교육활동에 관련되므로 정확하게는 '사부담교육비'라고 명명할 수 있다. 과외수업, 학원 등을 등록하게 되면 지불하는 금액이 대표적이다. 공교육비는 정부가 부담하는 '공부담공교육비'와 민간(가계 또는 학부모)이 부담하는 '사부담공교육비'로 구성된다. 대표적으로 고등학교 학생을 자녀로 둔 부모가 내는 학교운영지원비, 수업료, 유치원생을 자녀로 둔 부모가 내는 사립유치원 수업료 등이 이에 해당한다. 결론적으로 OECD 국가들에 비해 공교육비가 높다고 해도 사부담공교육비 비율이 높은 형태라면, 유·초·중등교육의 대중화 현상을 고려했을 때 바람직한 투자의 형태는 아니라고 볼 수 있다.

결과적으로 우리가 흔히 이야기하는 "학부모의 지나친 사교육비 부담"이라는 한국의 현상에서 사교육비는 공적인 교육기관에서 활용되는 사부담공교육비, 학원의 등록비와 같이 사적인 교육기관에서 활용되는 사부담사교육비가 혼재되어 있음을 알 수 있다. 문제가 되는 것은 결국 지나친 사부담사교육비가 가계 경제의 큰 부담이 되는 상황이

다. 그러나 사부담공교육비도 유·초·중등교육에 대한 국가 책임을
실현하기 위해서는 지금보다 더 낮아질 필요가 있다. 즉, 향후 5~19
세의 유·초·중등교육은 완전 무상화하는 것이 바람직할 것이다.

통계청과 교육부가 2021년 3월 9일에 발표한 「2020년 초중고 사
교육비조사 결과」[9]를 살펴보면, 참여학생 1인당 월평균 사교육비 수
준은 2019년 43.3만 원에서 0.3% 오른 43.4만 원이고, 고등학교가
64만 원으로 가장 높으며, 이 수준은 전년 대비 5.2% 증가한 결과다.
일반교과에 대한 사교육비는 참여학생 대상으로 보면 43.6만 원으
로 전년 대비 4.4% 증가하였지만, 예체능에 투자하는 사교육비는 참
여 학생 대상으로 볼 때, 2019년 학생 1인당 19만 원에서 2020년 학생
1인당 18.1만 원으로 하락하였다. 종합하면, 사교육에 참여하는 학생
들은 전체적으로 1인당 비용이 상승하였지만, 이는 일반교과를 위한
사교육비 지출의 증가에 기인한 것이고, 예체능 사교육비는 오히려 감
소하였음을 알 수 있다.

학생 수가 줄면 교육비도 줄어야 할까

학생 수가 빠른 속도로 줄고 있다. 이러한 상황은 교육비 측면에서
도 중요한 관심사가 되고 있다. 학생 수가 줄면 교육에 들어가는 돈도
줄여야 하는 것일까?

학령인구 수 감소는 2000년 이후 급격하게 나타났고, 최근 대학 구
조개혁의 핵심적인 근거로 활용되고 있다. 이뿐만 아니라 학생 수 감소
에 따른 교육비 감소 요구가 교육계 외부에서 지속적으로 제기되고 있

다.[10] 1980년 이후 학생 수 급감은 실질적으로는 1990년도부터 시작되어, 2020년까지 30년간 학생 수가 40% 급감하였다(1990년 전체 학생 수 9,965,954명 대비 약 40% 규모인 3,955,940명 감소). 이러한 학생 수 급감이 교육비에도 그대로 비례해 반영되어야 한다는 주장은 꽤나 설득력이 있어 보인다. 반면, 교육계에서는 학생 수 감소에도 불구하고 교육에 대한 수요는 오히려 증가하여, 스마트교육, 다문화 및 글로벌 교육, 특수교육, 영재교육, 누리과정 등 교육비가 더 필요하다는 관점도 존재한다.[11]

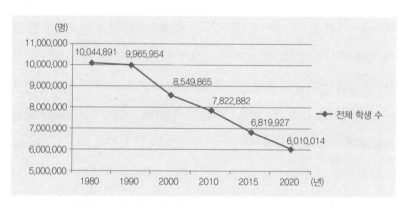

[그림 5-2] 1980년 이후 전체 초·중·고 학생 수 변화
출처: 국가교육통계센터(각 연도). 교육통계연보.

교육비가 학생 수 급감에 비례하여 줄어도 된다는 논리는 교육비 산정의 기본단위가 학생인 경우에 논리적으로 타당한 주장이다. 그러나 교육활동은 학생 수가 줄어드는 것만큼 탄력적으로 학급이나 이미 채용된 교사 등이 곧 바로 없어지거나 줄어들 수 없는, 이른바 '학생 수 감소 대비 비탄력성(inelasticity)'이 존재한다. 앞서 교육비 지출의 가장 큰 비중은 인건비와 시설비 투자 등이라는 점을 확인하였다. 학생 수가 감소한다고 해서 있던 교실을 없앨 수도 없고, 기존의 학생 수를 감안하여 채용된 교육공무원을 퇴직시킬 수도 없는 것이다. 그렇다면, 학생 수 감소에 비례하여 교육비가 줄어야 한다는 것은 단순 비례적이고 직관적인 설득력은 있을지언정, 교육활동의 현실과 주된 교육비 지출단위에 대한 오해에서 비롯된 주장이라고 볼 수 있다.

또한 학령기 인구 감소는 지역적으로 차이가 있다.[12] 여전히 수도권 지역에서의 과밀학급은 존재하고, 이를 위한 학교 신설 수요도 발생하고 있다. 이는 지역 균형 개발이라는 취지에서 이루어지는 신도시 개발, 아파트 대단지 조성과도 무관하지 않다.[13] 실제 2020년 9월 이후 전국에서 새로 개교한 학교가 76개교(초등 27, 중 14, 고 5개교)에 이르고, 이 중 60%가 경기 34개교, 인천 9개교, 서울 3개교 등 수도권에 신설되었다. 학교 신설 수요가 여전히 존재하고, 학급단위(교사단위)로 교육비 투자가 이루어지는 현실을 감안하면, 학생 수 급감으로 여분의 교육비가 생기더라도, 이를 새로운 교육 프로그램(고교 무상교육, 유치원 무상교육, 다문화 및 특수 교육, 미래교육을 대비한 스마트교육 추진 등) 투자 수요에 활용할 필요가 있다.

교육에는 얼마나 많은 돈이 필요할까

그렇다면 과연 교육에는 얼마나 많은 돈이 필요할까? 제한된 재원을 모두 교육에만 투자하자는 의미는 아닐 것이다. 물론 어느 분야에나 돈은 다다익선이다. 낭비 요소가 있으면 안 되겠지만, 돈이 또 다른 수요를 창출한다는 의견도 존재한다. 그렇다면 기준이 되는 교육비 규모가 산출 또는 추정되어야 과도한 낭비도 막고, 부족한 재원에 대한 수요도 정확히 예측하여 국가 전체 예산을 운용하는 데 있어 교육에 대한 소홀함 없이 합리적인 투자가 가능해질 것이다. 이와 관련된 논의가 바로 표준교육비 산출에 대한 연구다.

'표준교육비(standard cost of education)'의 개념은 학교가 교육과정을 정상적으로 운용하기 위해서 필요한 인건비, 운영비, 시설비 중 인건비와 시설비 소요가 더 이상 없는 상태('표준교육조건'이라고 함)를 가정했을 때 필요한 운영비를 의미한다. 방만한 교육과정 운영을 상정하지 않으므로 필요 최소한의 운영비로 이해할 수 있다. 미국에서는 '적정교육비(cost of adequacy)'라는 유사한 개념이 있다. 미국의 적정교육비는 소수민족, 영어를 모국어로 하지 않는 이민자 가족의 학생과 같이 열악한 교육조건에 있는 학생들이 일정한 수준의 성취도 수준을 달성하는 데 필요한 돈의 개념이다. 반면에 우리나라에서 논의되는 표준교육비 개념에는 성취 수준 달성 대비 필요한 비용의 개념이 아니다. 다시 말해, 우리나라의 표준교육비는 그저 교육활동을 원활히 수행하기 위한, 즉 교육과정을 성실히 이행하는 데 필요한 비용만을 계산하여 산출하는 것이다. 특수교육을 위한 추가 비용, 특성화고에서의 기자재 비용 등은 표준교육비를 구하는 과정에서 표준적인 사례 학교를 선정하여 개별적으로 산출에 반영하게 된다.

앞서 학생 수 급감과 교육비 감소에의 비례적 관계가 성립하지 않는 이유를 제시하였다. 표준교육비 산출에 대한 최근의 결과 역시 학생 수 급감이 교육비 감소로 바로 이어지지 않음을 보여 준다.[14] 해당 연구 결과는 전체 학교급의 총 표준교육비 규모가 약 12조 3,654억 원 수준인데 비해, 현재 지출되는 학교기본운영비 규모는 5조 2,384억 원 (42.4%)에 불과한 것으로 나타났다. 표준교육비는 인건비와 시설비를 제외한 운영비 수준에서의 산출이므로 시·도교육청 예산 중 모든 예산 규모가 비교 대상이 될 수는 없고, 단위학교에 학생 수, 학급 수를 기준으로 배부하는 학교기본운영비 규모로 비교해야 한다.

이러한 기준을 따를 때, 우리나라 유·초·중·고, 특수학교의 운영비는 표준교육비 규모 절반에도 못 미치는 수준이다. 향후 학생 수 감소와 교육비 감소 사이에서 합리적인 절충점을 고려할 때, 표준교육비 산출 결과는 중요한 기준이 될 필요가 있다. 교육의 질은 교사의 수준을 넘지 못하고, 교사의 질은 학생 수 대비 적정 수준의 채용 규모와 직결되므로, 교육 투자 중 비중이 가장 높은 인건비 수요는 향후 늘어나게 될 것이다. 결국, 질 높은 교육을 위해서는 '머니머니 해도 Money!'인 것이다.

[5장 후주] _____

1 국가공무원인재개발원 연구센터(2018). 국가재정의 이해. 충북: 국가공무원인재개발원 연구센터.

2 이 수입은 2021년 고교 무상교육 전면 실시로 앞으로 없어질 전망이다.

3 한국교육개발원(2020). 2020 지방교육재정분석 종합보고서(TR 2020-44).

4 전년도의 예상치 못한 사정으로 지출하지 못한 돈의 규모도 2019 결산 자료 기준으로 7조 원에 이르는 많은 금액이나, 이러한 재원 역시 국가 또는 지방자치단체로부터 받은 돈을 모두 집행하지 못한 것이므로, 결국 해당 재원도 국가나 지방자치단체로부터 이전된 것이라고 보아야 한다.

5 교육재정에 대한 설명을 하면서 시·도교육청 관점, 입장, 기준에서 살펴보고 굳이 논의하는 이유는 지방교육자치제가 시·도교육감 직선제를 바탕으로 우리나라에서 실질적으로 운영되고 있기 때문이다. 따라서 교육재정을 지방교육재정이라고 칭하여도 무방하다. 즉, 교육재정에 대한 이해는 곧 지방교육재정에 대한 이해라고 보아야 한다.

6 제54조 ① 국회는 국가의 예산안을 심의·확정한다. ② 정부는 회계연도마다 예산안을 편성하여 회계연도 개시 90일 전까지 국회에 제출하고, 국회는 회계연도 개시 30일 전까지 이를 의결하여야 한다.

7 제32조(예산안의 편성) 기획재정부장관은 제31조 제1항의 규정에 따른 예산요구서에 따라 예산안을 편성하여 국무회의의 심의를 거친 후 대통령의 승인을 얻어야 한다.

8 교육부, 한국교육개발원(2020). OECD 교육지표: Education at a glance OECD indicators. 충북: 한국교육개발원.

9 통계청, 교육부(2021. 3. 9.). 2020년 초중고 사교육비조사 결과.

10 송기창, 윤홍주(2020). 학급규모를 고려한 교육비 배분. 교육재정경제연구, 29(4), 1-20.

11 상게논문.

12 엄문영(2015). 유·초·중등교육 학생수 추계 방법 개선방안 연구. 교육행

정학연구, 33(4), 205-231.

13 경향신문(2021.5. 21.). "학령인구 감소에도 초중고 64개교 증가? 경기서만 34개교 신설".

14 한국교육개발원(2021). 2020년 유·초·중·고 특수학교 표준교육비 산출연구.

6
고등학교 무상교육의 도입과 의무교육

이희숙

"학교종이 땡땡땡 어서 모이자. 선생님이 우리를 기다리신다. ……"
초등학교에 입학하면 가장 먼저 접하는 노래 중 하나인 〈학교종〉은
1948년에 발표되어 초등학교 음악교과서에도 수록되었다. 현재 우리
나라는 높은 취학률과 진학률, 낮은 중도탈락률 등 교육의 양적 확대
와 관련된 지표에서 세계적으로 상당히 우수한 수준을 보여 주고 있지
만 〈학교종〉이 발표되던 당시에는 15세 인구 중 77%가 학교교육을 받
지 못하였다.

　이러한 우리나라 교육의 양적 확대의 저변에는 의무교육제도가 존재
한다. 의무교육(義務敎育, compulsory education)은 일정한 학령기의 취
학을 제도적으로 의무화한 것이다. 이는 교육을 국가의 구성원으로 준
수해야 할 의무의 측면에서 규정한 것으로 볼 수 있다. 「헌법」 제31조
제2항에도 "모든 국민은 그 보호하는 자녀에게 적어도 초등교육과 법
률이 정하는 교육을 받게 할 의무를 진다."고 규정하고 있어 보호하는

자녀가 교육을 받도록 하는 것이 국민의 의무임을 알 수 있다.

다른 한편으로 의무교육은 국민의 교육을 받을 권리를 보장하는 측면으로 볼 수 있다. 의무교육은 근대국가의 성립 이후 교육의 기회균등사상에 입각하여 전 세계적으로 광범위하게 시행되고 있다. 오늘날 대부분의 국가에서 국가 중심의 학교교육제도를 운영하고 최소한의 교육 기간을 의무화하고 있으며, 의무교육 기간에 대해서는 무상교육을 실시하고 있다. 세계적으로 이러한 흐름은 19세기 이후 근대국가의 형성과정에서 등장하였다. 그러나 우리나라에서 의무교육에 대한 본격적 논의가 1946년에 발표된 의무교육 6개년계획을 시작으로 진행되었던 것을 고려할 때, 우리 교육의 양적 확대가 세계적으로 유래 없이 짧은 기간 내에 이루어졌다는 점에서 주목할 만하다.

최근에는 고등학교 무상교육이 실시되면서 의무교육에 대한 내용이 같이 재조명되고 있다. 이에 우리나라의 의무교육과 무상교육이 어떻게 현재와 같은 모습으로 자리 잡게 되었고, 의무교육과 무상교육을 둘러싼 쟁점에는 어떠한 것들이 있는지 살펴보고자 한다.

역사 속의 의무교육[1]

서양교육사에서 교육에 대한 국가의 책임에 대한 구상은 역사를 더 거슬러 올라갈 수 있겠으나, 본격적인 논의는 프랑스 혁명에 앞서 라 샬로떼(La Chalotais)가 1763년에 출판한 『국가교육론』에서 찾을 수 있다[2].

> 나는 감히 프랑스를 위하여, 오직 국가에만 의존하는 교육체제를 확립할 것을
> 주장한다. 그 이유는, 교육은 본질상 국가의 일이라는 데 있으며, 모든 국가는 각
> 각 그 구성원을 가르칠 신성불가침의 권리를 가지고 있다는 데 있으며, 한마디로
> 말하여 국가의 어린이는 국가의 구성원에 의하여 양육되어야 한다.

이처럼 교육에 대한 공공의 책임을 강조한 의무교육제도가 우리나라에서 실제적으로 구현되고 본격적으로 시행된 것은 광복 이후의 일이다. 1946년 1월 조선교육심의회는 초등교육에 관한 사항을 심의하여 '초등교육의 의무교육 실시안'을 가결·채택하였다. 이 제안을 바탕으로 1948년 「제헌헌법」 제16조에 의무교육과 무상교육에 대한 규정이 마련되었다. 이에 정부는 1949년 의무교육 6개년계획을 수립하고, 1950년 6월 1일 「교육법」을 제정·공포한 다음 전국적으로 6년제 의무교육을 실시하였다. 다음의 내용은 「제헌헌법」 제16조의 내용이다.

「제헌헌법」 제16조
모든 국민은 균등하게 교육을 받을 권리가 있다. 적어도 초등교육은 의무적이
며 무상으로 한다.

당시 국가와 지방자치단체에 대해서는 학령아동 전원을 수용할 수 있는 학교를 설치·경영할 것을 의무화하였고, 학령아동의 친권자나 후견인에 대해서는 그가 보호하는 아동들에게 교육을 받게 할 의무를 부과하였다. 한편, 적기에 취학을 못한 아동 등을 대상으로 이들을 위한 공민학교를 설치·운영하도록 하였다. [그림 6-1]의 기사는 의무교육 6개년계획을 보도한 것으로 주요 내용은 다음과 같다.

"금년부터 6년 이내에 의무교육제를 완성하려는 의도 아래 편성된 안이다. 따라서 오는 9월의 신학기까지 만 6세의 아동은 원칙적으로 전부 수용하고 학령을 지난 아동도 지원 아동은 전부 수용할 계획이다. 이렇게 수용을 하기에는 학급 수와 교원 경비 등이 문제인데, 학급은 2부제로 하고 교원은 이후 6년간 매년 만 2천 9백여 명을 양성하며 경비는 국고보조로 하되 시급한 만큼 민간의 지원을 받아 부족액을 충당한다. 군정청뿐만 아니라 도지역에서 읍·면지역에 이르기까지 의무교육제실시추진위원회를 두어 의무교육제 완성에 박차를 가한다."

보도 내용을 볼 때, 당시 초등교육 의무교육 실현에 대한 정부의 의지가 상당했던 것을 짐작케 한다.

그러나 이후 6·25전쟁으로 인해 의무교육제도의 실행이 미루어져오다가 1952년 「교육법 시행령」이 제정되고, 1953년 7월에 '의무교육완성 6개년계획'이 수립되면서 실질적인 초등학교 의무교육이 추진되었다. 이 계획은 1954~1959년에 이르는 6년간 6~11세 학령아동의

[그림 6-1] 의무교육 6개년계획 보도 기사

출처: 동아일보(1946. 1. 25.).

96%를 취학시키는 것을 골자로 하는데, 계획이 끝날 무렵 우리나라의 초등학교 취학률은 96.4%로 당초 계획을 초과 달성하였다. 이 계획의 추진을 위해 정부는 문교예산의 75~81%를 의무교육에 충당하였고, 교육정책의 최우선 과제로서 의무교육의 완성에 역점을 두었다.

이후 취학 대상 인구가 증가함에 따라 그들을 수용하기 위한 시설 확충 및 교육조건의 정비가 새로운 난제로 떠오르게 되었다. 이에 교육 환경의 개선을 위한 교육시설의 확충과 교원 처우 개선을 위한 재원을 확보하고자 1958년 8월에 교육세를 신설하고, 당해 12월에 「의무교육재정교부금법」을 제정·공포하였다. 의무교육확대정책은 1962년부터 시작된 경제개발 5개년계획 안에 의무교육 시설 확충 계획을 포함시켜 지속적으로 시행되었다. 특히 제2차 경제개발계획 기간에는 취학률 중심의 정책에서 벗어나 교육시설 확충, 학급 규모 축소, 교과서 무상 지급 등 교육 여건을 개선하는 정책으로 전환되기 시작하였고, 1967년에는 도서·벽지의 교육 여건을 개선하기 위해 「도서·벽지 교육진흥법」을 제정하여 지역 간의 균형 발전을 도모하였다. 그럼에도 불구하고 인구 증가에 따른 학령아동의 증가와 교육재정의 부족으로 의무교육 환경은 열악하여 다부제수업, 법정규모를 넘는 과대규모 학교, 다인수학급 등의 현상을 면하지 못하였다. 당시의 다부제수업은 오전/오후반으로 진행하는 2부제 수업을 넘어 3부제까지 진행하였고, 한 반에 학생수가 60~70명, 전교생이 5,000~6,000명에 달해 이른바 '콩나물 교실' '콩나물 운동장'과 같은 상황이었다.

1969년에 실시된 중학교 무시험 진학제는 중학교 취학률을 획기적으로 향상시킴으로써 중학교 의무교육 실시를 위한 기반을 조성하는 역할을 하였다. 중학교 의무교육안의 경우 1970년대 의무교육 대상을 중학교 단계로 확대하고자 학교 및 교실 증설, 교원 증설 등에 주력하였으나 재원 부족으로 시행되지 못하였다. 1980년대 들어 과밀학급 완화, 과대규모 학교 분리, 2부제 수업해소를 위해 꾸준히 노력하였고, 1984년 「교육법」에 "모든 국민은 6년의 초등교육과 3년의 중등교육을 받을 권리가 있다."고 규정함으로써 중학교 의무교육 실시를 위한 법적 기반이 마련되었다. 이후 1985년에 도서·벽지 중학교 및 특수학교를 시작으로 중학교 의무교육이 실시되었고, 1994년에는 군지역까지 확대되었다. 그 후 2002년에 중학교 1학년부터 전국적 무상의무교육이 실시되어 2004년에 지금과 같은 모습의 중학교 의무교육이 완성되었다.

제도로 보는 의무·무상교육

앞서 살펴본 바와 같이 「제헌헌법」에는 적어도 초등교육은 의무교육 기간이고 이에 대해서는 무상으로 한다고 명시되어 있다. 의무교육은 학령아동의 완전취학을 근본으로 하기 때문에 교육을 받는 학생에게 경제적 부담을 주지 않고 무료로 실시하는 무상교육이 일반적이다. 국가의 정치·경제·사회·문화에 따라 의무교육의 기간 및 무상화의 정도가 다르지만, 최소한 초등교육에 대한 의무교육 및 해당 기간에 대한 입학금과 수업료의 면제는 전 세계에서 공통적인 현상이다.

우리나라의 현행 의무교육 기간은 6년의 초등교육과 3년의 중등교육이고, 무상교육 기간은 초·중·고등학교 기간이며, 무상교육 범위는 입학금, 수업료, 학교운영지원비, 교과용 도서 구입비다. 「헌법」 제31조에 규정되어 있는 바와 같이 학교교육제도에 대한 기본적인 사항은 법률로 정하도록 하고 있다. 따라서 현재의 의무교육제도와 무상교육제도에 대해 제대로 알아보기 위해서는 법률을 통해 살펴보는 것이 정확한 접근일 것이다.

「헌법」 제31조 제2항에는 의무교육이 국민의 의무임을 밝히고 있다. 따라서 「초·중등교육법」 제68조에는 보호하는 자녀의 취학 의무를 이행하지 않은 자에 대해 100만 원 이하의 과태료를 부과하도록 하고 있다.

「헌법」 제31조

① 모든 국민은 능력에 따라 균등하게 교육을 받을 권리를 가진다.

② 모든 국민은 그 보호하는 자녀에게 적어도 초등교육과 법률이 정하는 교육을 받게 할 의무를 진다.

③ 의무교육은 무상으로 한다.

④ 교육의 자주성·전문성·정치적 중립성 및 대학의 자율성은 법률이 정하는 바에 의하여 보장된다.

⑤ 국가는 평생교육을 진흥하여야 한다.

⑥ 학교교육 및 평생교육을 포함한 교육제도와 그 운영, 교육재정 및 교원의 지위에 관한 기본적인 사항은 법률로 정한다.

「헌법」 제31조에는 의무교육과 무상교육에 대한 개략적인 내용만 제시되어 있을 뿐 구체적인 기간과 범위 등에 대해서는 명시되어 있지 않다. 의무교육 기간이 중학교까지라는 것은 다음에 제시된 바와 같이 「교육기본법」에 명시되어 있다. 특수교육대상자는 유치원·초등학

교 · 중학교 · 고등학교 과정이 의무교육 기간이다.

「교육기본법」 제8조

① 의무교육은 6년의 초등교육과 3년의 중등교육으로 한다.

- -

「장애인 등에 대한 특수교육법」 제3조

① 특수교육대상자에 대하여는 유치원 · 초등학교 · 중학교 및 고등학교 과정의
교육은 의무교육으로 한다.

　무상교육의 범위에 대해서는 「초 · 중등교육법」에 명시되어 있는
바와 같이 입학금, 수업료, 학교운영지원비, 교과용도서구입비다. 특
수교육대상자는 만 3세부터 만 17세까지 의무교육 기간이고, 만 3세
미만과 전공과는 무상교육으로 한다.

「초 · 중등교육법」 제10조의2(고등학교 등의 무상교육)

① 제2조 제3호에 따른 고등학교 · 고등기술학교 및 이에 준하는 각종학교의
교육에 필요한 다음 각 호의 비용은 무상(無償)으로 한다.

1. 입학금

2. 수업료

3. 학교운영지원비

4. 교과용 도서 구입비

② 제1항 각 호의 비용은 국가 및 지방자치단체가 부담하고, 학교의 설립자 ·
경영자는 학생과 보호자로부터 이를 받을 수 없다.

③ 제1항 및 제2항에도 불구하고 대통령령으로 정하는 사립학교의 설립자 · 경
영자는 학생과 보호자로부터 제1항 각 호의 비용을 받을 수 있다.

> [시행일] 제10조의2의 개정규정은 다음 각 호와 같이 순차적으로 시행
> 1. 2020학년도: 고등학교 등 2학년 및 3학년의 무상교육
> 2. 2021학년도 이후: 고등학교 등 전 학년의 무상교육

「초·중등교육법」에 제시된 바와 같이 우리나라는 2021학년도에 고등학교 전 학년 무상교육을 실시하였고, 당시 OECD 36개 회원국 전체가 고교 무상교육을 실시하고 있었으므로 우리나라가 회원국 중에는 가장 마지막으로 고교 무상교육을 실시한 셈이다. 고등학교 무상교육은 초·중·고 교육의 공공성을 강화하여 모든 국민의 교육 기본권을 실현하고 학생·학부모의 교육비 부담을 경감하며 교육격차에 따른 사회적 격차 해소에 그 목적이 있다.

취학기준일은 왜 학기시작일과 다를까

대부분의 국가에서는 취학기준일이 학기개시일과 일치한다. 그러나 우리나라는 학기개시일이 3월 1일임에도 불구하고 취학기준일이 1월 1일이다. 원래부터 취학기준일이 1월 1일이었던 것은 아니다. 2008년 5월에 「초·중등교육법 시행령」이 개정되기 전까지만 해도 우리나라 역시 학기개시일이 취학기준일과 같았다. 그러나 2009학년도에 초등학교에 입학하는 아동부터는 취학기준일이 만 6세가 되는 해의 3월 1일에서 1월 1일로 변경되었다. 따라서 그전까지는 3월 1일부터 2월 28일(29일)까지 출생한 학생들이 같이 입학을 했다면 2009학년도부터는 1월 1일부터 12월 31일까지 출생한 학생들이 같이 입학을

하는 것으로 법이 개정되었다.

> **「초ㆍ중등교육법」제14조(취학 의무의 면제 등)**
> ① 질병ㆍ발육 상태 등 부득이한 사유로 취학이 불가능한 의무교육대상자에 대
> 하여는 취학 의무를 면제하거나 유예할 수 있다.
>
> **「초ㆍ중등교육법 시행령」제15조(취학아동명부의 작성 등)**
> ① 읍ㆍ면ㆍ동의 장은 매년 10월 1일 현재 그 관내에 거주하는 자로서 그 해 1월
> 1일부터 12월 31일까지 연령이 만 6세에 달하는 자를 조사하여 그 해 10월
> 31일까지 취학아동명부를 작성하여야 한다. 〈개정 2008. 5. 27.〉

왜 우리나라에서는 세계적으로 유례없는 이러한 기준, 즉 취학기준
일을 학기개시일과 무관하게 1월 1일로 정하는 것일까? 그 당시의 상
황을 살펴보자. 당시 초등학교 학생들이 취학통지서를 받았음에도 불
구하고 학교를 가지 않는 현상, 즉 취학을 유예하는 현상이 실로 심각
한 상황이었다. 2008학년도에는 이 문제가 사회적 쟁점으로 크게 다
루어지면서 결국 정책의제로 발전하게 되었다. 취학기준일 변경에 대
한 이슈가 가장 심각했던 2008학년도에는 서울 지역의 초등학교 미취
학률이 16.4%에 이르렀다.

당시 언론에서는 초등학교 입학을 유예한 학생들이 연 나이 차이에
따른 우려로 입학을 유예하고 있다는 점이 연일 보도되었다. 앞서 살
펴본 바와 같이 우리나라가 해방 이후 초등학교 의무교육 실시를 위해
상당한 노력을 경주해서 6년 만에 초등학교 취학률을 목표(96%)에 초
과 달성(96.4%)했던 것을 떠올린다면 그로부터 40년 만에 취학률이 급
감한 것은 국제적으로도 이해가 어려운 현상인 것이다. 그러나 개정법

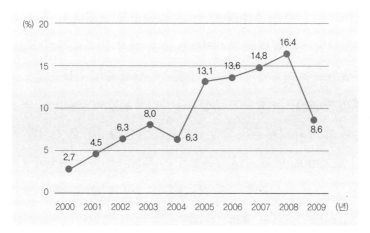

[그림 6-2] 서울 초등학교 미취학률 추이
출처: 서울시교육청(2009). 2000~2009 초등학교 취학자 현황.

이 적용된 2009학년도부터 초등학교 미취학률이 급감하여 '의무교육 완성 6개년계획' 이후 완성된 초등학교 취학률이 다시 제자리를 찾게 되었다.

고등학교 무상교육 도입과 궁금증

최근 들어, 고교 무상교육이 시행되면 반드시 고등학교에 진학해야 하거나 자퇴를 할 수 없는 것인지에 대한 질문이 검색 포털에 속속 등장하고 있다. 사실 고교 무상교육이 의무교육의 개념은 아니다. 그렇기 때문에 고교 무상교육이 시행되어도 반드시 고교에 진학해야 하거나 자퇴를 할 수 없는 것은 아니다. 의무교육 단계인 초등학교, 중학교와는 달리 고등학교는 의무교육이 아니며 무상교육만 실시하는 것이다. 따라서 학업 대신 취업 및 진로 탐색을 희망하는 학생들은 무상교

육 실시 이후에도 고등학교 진학 여부를 결정할 수 있다.[3]

중학교 무상교육과 마찬가지로 고교 무상교육 역시 사립학교라고 해서 모두 무상교육에서 제외되는 것은 아니고 수업료 등을 별도로 정하지 않는 일반 사립학교는 무상교육 대상학교에 해당한다. 그러나 수업료와 그 밖의 납부금을 해당 학교의 장이 정하도록 한 사립학교, 예를 들어 자사고, 일부 사립 특목고 등은 무상교육 적용 대상에서 제외되고, 고교 졸업학력 미인정 고등기술학교 및 각종학교 역시 고교 무상교육 대상 학교에서 제외된다.

고교 무상교육이 시행된다고 하더라도 기숙사비, 특별활동비 등 모든 학비가 지원되는 것은 아니고 학습을 위한 최소한의 기본 사항으로 입학금, 수업료, 학교운영지원비, 교과용 도서 구입비가 지원된다. 정부는 고등학교 무상교육의 실현으로 자녀 1인당 연간 약 160만 원의 교육비 부담이 경감되어 월 13만 원의 가계 소득이 늘어나는 효과가 있을 것으로 발표한 바 있다. 160만 원이라는 경감 금액은 다음을 근거로 산출된 것인데, 고교 무상교육의 범위가 입학금, 수업료, 학교운영지원비, 교과용 도서 구입비라고 할 때, 입학금의 경우 고교 무상교육 시행 이전부터 17개 시·도에서 면제되어 학비산출에 반영되지 않고 수업료는 1인당 12만 7,000원, 학교운영지원비 28만 9,000원, 교과용 도서 구입비 9만 4,000원을 근거로 산출된다.

고등학교 무상교육에 소요되는 재정은 연간 1.9조 원에 이르는데, 정부는 고교 무상교육에 소요되는 비용의 일부(47.5%)를 교육부 예산으로 시·도교육청에 증액교부하고 있고, 나머지 재정은 지자체에서 전출된 교육비특별회계로 부담한다. 다만, 이러한 재정 구조는 2020년

1월 1일부터 2024년 12월 31일까지만 유효한 상황이므로 고교 무상교육의 재원은 안정성이 매우 부족하다고 볼 수 있다. 2024년 이후 고교 무상교육에 대한 정부와 시·도교육청의 분담계획이 불분명한 상황이므로 상당한 갈등이 우려된다. 따라서 이제 출발한 고교 무상교육을 실은 배가 안전하게 항해할 수 있도록 재정적 구조의 뒷받침이 필요하다.

보편적 교육복지 vs. 선별적 교육복지

지금은 무상급식이 당연하게 여겨지지만 시행 초기인 2011년에는 이를 둘러싸고 상당한 논란이 있었다. 소위 "세금으로 부자 급식 지원"이 타당한 것인가에 대한 논란이 일면서 꼭 필요한 학생에게 필요한 지원을 하는 '선별적 복지'에 대한 주장이 부모의 소득 등과 같은 자격이나 조건과는 무관하게 모든 학생들에게 복지 서비스가 제공되도록 하는 '보편적 복지'에 대한 주장과 양립하였다. 이제는 전국 17개 시·도의 초·중·고교에서 친환경 무상급식이 전면 시행되고 있기 때문에 급식과 관련해서는 이러한 논의가 더 이상 쟁점화되는 상황은 아니다. 그러나 고교 무상교육이 실시되고 재원 부담에 대한 논의가 진행되면서 보편적 교육복지에 대한 다양한 생각이 다시 등장하고 있다. 앞서 살펴본 바와 같이 법령에 따르면, 무상교육의 범주에는 입학금, 수업료, 학교운영지원비, 교과용 도서 구입비가 포함된다. 그러나 학교에 다니기 위해서는 급식, 교복 등을 포함하여 다양한 항목에 대해 학부모의 비용 지출이 요구된다. 최근에는 무상교복에 이르기까지 지자체에서 지원하는 무상의 범주가 점점 늘어나자 2011년과 마찬가지로 "세금으로 부자 교복 지원"에 대한 논란이 다시 등장하는 상황이다.

그렇다면 고교 무상교육에 대한 국민들의 생각은 어떠할까? 교육부와 문화체육관광부가 2017년 12월에 학부모 1,510명을 대상으로 조사한 결과, 고교 무상교육 찬성이 86.6%로 압도적이었다. 그러나 10.3%의 반대 의견은 꼭 필요한 학생에게 지원해야 한다는 것과 국가 재정 부담이 늘어난다는 이유 때문이었다. 이처럼 선별적 교육복지에 대해 찬성하는 측의 생각은 세금으로 고소득층을 지원하는 것이 타당한가, 고소득층 지원 확대로 저소득층의 지원액이 축소되는 것이 아닌가 하는 지점에 우려를 둔다. 이뿐만 아니라 고교 무상교육이 실시되면 학비로 지출되던 비용을 어디에 사용할 것인지를 묻는 문항에 대해 자녀 교육비로 지출하겠다는 응답이 많아 결국 사교육비 지출이 확대되는 것에 대해서도 고려를 할 수 있다.

그러나 앞서 의무교육에서도 살펴본 바와 같이 고교 무상교육은 국민의 교육받을 권리를 보장하기 위해 국가가 하는 최소한의 노력이라는 측면에서 보아야 한다는 생각에 무게가 실린다. 송기창 숙명여대 교수가 "무상교육이 세금으로 고소득층을 지원한다는 측면이 분명히 있는 것은 사실이지만 선별적 복지제도 역시 정말 지원이 필요한 사각지대를 제대로 찾아 지원하기 어렵다는 한계가 있다. 고교 무상교육은 이런 사각지대를 해소하는 효과가 있다."고 설명한 바 있는데 그 의미를 이해할 필요가 있다.[4]

교육의 양적 확대와 질적 고민

　앞서 살펴본 바와 같이 우리나라의 의무교육제도는 해방 이후 교육 정책의 최우선 과제로서 역점을 두어 세계적으로 유례없이 단기간 내에 교육의 양적 확대를 이룰 수 있는 근간이 되었다. 2020년 기준 취학률은 초등학교 98.4%, 중학교 95.7%, 고등학교 91.4%에 달하고, 학급당 학생 수, 교사당 학생 수 등 교육의 여건과 관련된 지표에서도 OECD 수준에 가까워지고 있으며, PISA, TIMSS 등 국제적인 학업성취도 평가를 통해 본 교육의 성과 측면에서도 세계적인 이목을 집중시키는 결과를 나타내고 있다.

　그럼에도 불구하고 한국의 교육을 주목하고 벤치마킹하고자 했던 많은 나라는 한국 학생들이 사교육 시장에 매몰되어 있고 학교교육에 대한 만족도가 낮은 점에 대해 오히려 우려를 표하고 있다. 우리 내부에서도 배움의 즐거움이 부족하고 삶에 대한 행복감이 낮은 아이들의 모습에 안타까워하고 있다. 그간의 우리가 교육에 대한 질적 고민을 성과 중심으로 진행해 왔다면 이제는 학교교육의 내면, 교수-학습의 과정, 교사와 학생의 상호작용, 학생의 삶을 중심에 둔 과정 중심의 질적 고민이 필요한 시기로 볼 수 있다. 또한 의무교육 기간 내 학교 밖 청소년, 다문화 학생, 탈북 학생 등 교육에 있어 보다 세심한 관심을 요구하는 대상에 대해서도 개별화된 지원이 필요하다. 같은 맥락에서 의무교육 기간 내 기초학력 부진 및 교육격차에 대해서도 관심을 가져야 할 필요가 있다.

　그뿐만 아니라 의무교육이 '의무'교육으로 제대로 기능할 수 있는 장치 마련이 필요하다. 홈스쿨링이나 미인가 대안학교 등을 통해서 자녀를 교육하는 방법도 존중받아야 마땅하지만, 현 의무교육제도 내에서 아동 교육권이 제대로 지켜지지 않는다는 목소리에 귀를 기울일 필요가 있다. 앞에서 살펴본 바와 같이 현행법(「초·중등교육법」 제68조)에 따르면, 취학의무를 이행하지 않은 보호자에게 과태료를 부과할 수 있는 조항이 있지만, 2016년 기준 취학연령 아동이 학교에 제때 입학하지 않은 경우에 과태료가 부과된 사례는 「초·중등교육법」이 제정된 이래 한 건도 없는 실정이다. 더구나 이러한 과태료 조항도 초등학교 입학 이후 장기 결석 중인 아이의 학부모는 부과 대상이 아니므로 학대 위험에 노출된 아동의 장기 결석 문제, 교육의 사각지대 문제를 해결하기 위한 제도적 보완이 필요한 상황이다.

이를 위해서는 학령인구 수 감소에 비례한 교육재정의 기계적 감축에 대한 접근 방식을 재고해야 한다. 공교육을 내실화할 수 있는 교육 수준을 정하고 그에 맞는 학생 1인당 교육비 수준을 현실화하는 등의 재정적인 지원 노력 역시 필요하다. 그러할 때 우리나라 의무교육의 성장이 가지는 수치적 매력이 교육의 본질적인 발전으로 이어질 수 있을 것이다.

[6장 후주] _____

1   교육오십년사편찬위원회(1998). 교육50년사(1948-1998). 서울: 교육부.

2   Boyd W. (2008). 서양교육사 [(The) history of western education (7th ed.)]. (이홍우, 박재문, 유한구 공역). 경기: 교육과학사. (원저는 1965년에 출판).

3   중학교는 의무교육이기 때문에 자퇴가 없다. 그러나 정원외관리대상으로 학교를 그만둘 수는 있다. 피치 못할 사정이나 질병 등으로 부모님의 동의, 학교의 동의가 있을 때 정원외관리대상이 될 수 있고, 중학교를 90일 이상 결석할 시에도 학교장의 결정으로 정원외관리대상이 된다. 그럴 경우 중졸 검정고시를 통해 중학교 학력을 취득할 수 있다.

4   중앙일보(2018. 2. 18.). 급식 · 보육 이어 고교도 '무상'…재원은 어디서?

7
사교육 현상의
이해와 고민

이희숙

그간 우리나라 국민의 높은 교육열은 교육의 발전과 국가 발전의 견인책으로서의 역할을 톡톡히 해 왔다. 여기에서의 교육열은 본인의 교육에 대한 열의도 있겠으나 대부분 자녀의 교육에 대한 열의로 볼 수 있다. 그리고 자녀교육열은 자녀를 잘 교육하고자 하는 욕구와 함께 자녀를 소위 '일류 학교'에 진학시키고자 하는 욕구로 발전하여 결국 사교육에 대한 높은 의존도로 이어졌다.

사교육 참여 현상이 과열되고 사교육비에 대한 부담이 사회적인 문제로 대두되자 정부는 이른바 과열 사교육 문제를 해결하기 위한 다양한 정책을 시행하였다. 1980년에 발표된 '교육정상화 및 과열과외해소 방안'이 그 대표적인 정책으로, 그해 7월 30일 자정을 기해 모든 형태의 사교육이 법적으로 금지되었다. 그러나 2000년 4월 과외금지에 대한 위헌 결정에 따라 사교육은 전면 허용되었고, 이후의 정부 정책도 사교육을 인정하되 사교육의 수요를 흡수하는 정책으로 변화되었다. 사교육비를 경감하고자 하는 정부의 다각적인 노력에도 불구하고 사교육 수요는 지속적으로 확대되었고 사교육비 지출 규모도 지속적으로 증대되어 왔다. 최근에는 경쟁적인 사교육비 부담이 저출산의 원인으로 지목되고 있고 교육비를 대느라 빚을 내다가 빈곤층으로 전락하는 '에듀푸어(edu-poor, 교육빈곤층)'의 문제도 심각한 사회적 이슈로 대두되고 있다.

이 장에서는 흔히 그림자 교육이라고 불려 오며 영화관 효과, 레드퀸 레이스, 죄수의 딜레마 등으로 그 현상이 해석되는 사교육의 실태와 이슈를 다각도로 살펴보고, 사교육 현상의 원인과 그간의 정부 대책에 대해 파악해 보며 끝으로 사교육에 대한 우리의 자세를 함께 논의해 보고자 한다.

사교육 현상에 대한 설명

사교육 현상을 설명하는 다양한 표현이 있다. 그중 첫째, '그림자 교육'을 소개하고자 한다. 스티븐슨(Stevenson)과 베이커(Baker)[1]에 의해 처음 shadow education이 사교육을 지칭하는 의미로 사용된 이후, 마크 브레이(Mark Bray)[2]가 shadow education system에 대한 포괄적인 개념 규정을 한 후부터 shadow education(그림자 교육)은 세계적으로 사교육을 의미하는 용어로 사용되고 있다. 마크 브레이는 사교육이, 첫째, 공교육이 존재하기 때문에 존재하고, 둘째, 공교육의 형태를 모방하며, 셋째, 공교육에 비해 공적 관심을 덜 받고, 넷째, 공교육에 비해 존재와 특징이 불분명하다는 측면에서 사교육의 '그림자 교육'적인 측면을 강조하였다.

둘째, '영화관 효과'로 사교육을 설명하기
도 한다. '일어나서 영화보기'라고도 하는 이
현상은 영화관에서 맨 앞자리 관객이 일어서
영화를 보기 시작하면, 그 뒷좌석 관객도 줄

[그림 7-1] 영화관 효과

줄이 일어서야 해서 결국 모두가 서서 볼 수
밖에 없는 상황을 의미한다. 사교육 역시 마찬가지로 다 같이 안 할 수
있는데, 일부에서 시작하면 경쟁심리 때문에 누구나 할 수밖에 없는
상황에 빠진다는 것을 의미한다.

셋째, 우리나라의 사교육 과열 현상은 레드퀸 레이스(Red Queen's
Race)로 비유되기도 한다. 장원호 서울시립대 교수는 그의 저서 『레드
퀸 레이스의 한국 교육』에서 동화 〈이상한 나라의 앨리스〉의 속편 격
인 〈거울 나라의 앨리스〉에는 앨리스가 아무리 열심히 달려도 제자리
인 장면이 나오는데, 레드퀸은 앨리스에게 "여기서는 같은 자리에 머
물기 위해 온 힘을 다해 달려야 해."라고 말한다. 장원호 교수는 "우리
나라 학생들은 초등학교부터 선행학습과 반복학습을 되풀이하며 공
부를 하지만 성적은 그대로이고 실력도 그다지 향상되지 않은 최악의
레드퀸 레이스 상황에 빠져 있다."고 설명한 바 있다.

넷째, '죄수의 딜레마 게임'으로 사교육을 설명하는 경우다. 이는 최
적의 대안(모두 사교육을 하지 않음)이 있음에도 불구하고 정보의 비대
칭 상황(누가 사교육을 할지 모름)에서 전체적으로는 불합리하지만 개
인적으로는 합리적인 선택(모두 사교육을 선택함)으로 이어지는 내쉬균
형 게임이론과 같은 맥락으로 이해된다.

다섯째, '공작의 꼬리 경쟁'으로 사교육 현상을 설명하기도 한다. 경제학자 장하준 교수가 2010년 그의 저서 『그들이 말하지 않는 23가지』에서 '공작의 꼬리 경쟁'의 예를 과열 사교육 현상을 비유하는 데 사용한 바 있다. 꼬리깃털이 길면 맹수의 공격을 피하는 데 불리하다. 그럼에도 공작 수컷들이 긴 꼬리깃털 경쟁을 하는 건 암컷의 선택을 받기 위해서다. 어느 날 한 수컷이 "우리 모두 꼬리에 너무 공을 들이고 있다."며 모두 꼬리를 절반으로 줄일 것을 제안하였다. 모두가 이에 동의했지만 결과적으로 아무도 줄이지 않았다. 저마다 '다른 모든 수컷이 꼬리를 절반으로 줄일 때 나는 안 줄여 경쟁에서 앞서겠다. 혹시 다른 공작들이 꼬리를 줄이지 않는 경우를 대비해서라도 줄이지 않아야 한다.'고 생각했기 때문이다. 원래는 냉전시대 미국과 소련의 핵무기 경쟁을 빗댄 예화였으나 장하준 교수는 과열 사교육 현상을 설명하는 예화로 사용하였다.

사교육 실태 이해하기

교육에 대한 사적 투자를 역사적으로 거슬러 올라가면 공교육제도가 형성되기 이전에 진행되었던 교육까지 해당이 되겠지만 교육에 대한 경쟁적 투자는 해방 이후 소위 자녀의 '일류 학교' 진학이라는 부모의 교육목표가 명확하게 설정된 시점부터라고 볼 수 있다. 당시 소위 일류 대학에의 입학은 일류 고등학교 학생들이 거의 독식했고, 일류 고등학교에 입학하는 것은 해당 학교의 진학률이 높은 일류 중학교에 입학하는 것에 의해 결정되었기 때문에 치열한 입시경쟁은 중학교 입시에서부터 시작되었고 명문 중학교에 입학하기 위한 사교육이 뜨거웠다.

1950년대의 과외는 당시 국민학교에서 일과 수업 전/후로 과외수업을 하는 형태로 진행되었고, 과도한 과외수업으로 어린이 건강 문제에 대한 우려가 커지자 1958년에는 국민학교장들이 모여 과외수업을 하지 않겠다고 서약을 하는 상황까지 있었다. 그럼에도 불구하고 국민학교 과외수업은 지속되었고, 1960년대에 들어서는 사설학원도 급속히 늘어나고 가정교사제도 활발해졌다. 요즈음 정의(定義)에 부합하는 형태의 사교육이 늘어난 것이다. 1965년 서울시 교육연구소가 조사한 서울시 국민학생 가정교사 실태조사에 따르면, 지역에 따라 국민학생 81%가 가정교사를 두고 있는 지역도 있었다. 그뿐만 아니라 많은 현직 교사가 가정교사로 활동하고 있었다. 이에 1960년대 후반에도 당국의 과외금지 발표는 지속되었지만 상황은 달라지지 않았고 사설학원은 점차 대형화의 길을 걸었다.

이처럼 사교육이 과열되자 사교육의 실태를 파악하기 위한 조사가 실시되었으나 조사기관에 따라 결과의 차이가 컸다. 이에 통계청에서는 2007년도부터 일관된 기준에 따라 사교육비를 조사하기 시작했고 해당 조사는 계속 진행되고 있다. 2008년부터 통계청과 교육부가 매년 발표하는 「초중고 사교육비조사 결과」에서 정의하는 사교육은 "초중고 학생이 학교의 정규 교육과정 이외에 사적인 필요에 의해서 학교 밖에서 받는 보충교육"을 의미하고, 이를 위해 개인이 부담하는 비용이 사교육비다. 통계청 최초의 조사 시점인 2007년 당시 초·중·고교 학생의 사교육비 총액은 약 20조 원이었고, 2019년 사교육비 총액은 약 20.9조 원으로 전체 규모로 보아서는 큰 변화가 없다. 그러나 초·중·고 학생 수를 고려해 보면 양상이 달리 해석되는데, 학생 수가 2007년에 약 776만 명이었고, 2019년에는 약 545만 명으로 30% 가까이 감소한 것을 고려하면, 학생당 사교육비가 상당히 증가했음을 알 수 있다. 연간 20조 원이라는 돈이 어느 정도의 규모인지를 알아보기 위해 연간 교육을 위해 정부가 쓰는 돈의 규모를 확인해 보면, 2020년 정부예산이 512.3조 원이고 그중 교육 분야 예산은 약 77.3조 원이었다. 이 중 초·중등교육을 위해 지원되는 지방교육재정교부금은 55조 원이다. 이 규모를 보면 초·중등 사교육비 규모가 연간 20조 원이라는 것은 학부모가 자녀교육을 위해 얼마나 많은 돈을 지불하고 있는지를 가늠케 한다.

학생 1인당 월평균 사교육비는 2012년 23.6만 원에서 매년 증가하여 2019년 32.1만 원으로 늘어났다. 같은 기간 초등학생의 경우 21.9만 원에서 29만 원으로, 중학생의 경우 27.6만 원에서 33.8만 원으로, 그리고 고등학생의 경우에는 22.4만 원에서 36.5만 원으로 각각 늘어났다. 사교육비 지출은 소득 수준에 따라 큰 차이가 있다. 2019년 자료로 보면, 월소득 200만 원 미만 가구에서는 사교육비로 월 10만 4,000원을 지출하지만, 월소득 800만 원 이상 가구에서는 월 53만 9,000원을 지출하여 약 5배의 차이를 보인다.

사교육 참여율은 초등학교, 중학교, 고등학교 순으로 높게 나타나는데, 지난 10년간의 추이를 보면, 다른 학교급의 경우는 큰 변화가 없지만 고등학교의 경우에는 지속적으로 증가세에 있음을 알 수 있다. 참여학생 1인당 월평균 사교육비는 〈표 7-1〉에 제시된 학생 1인당 월평

〈표 7-1〉 교육단계별 및 소득 수준별 학생 1인당 월평균 사교육비   [단위: 만 원]

구분		2010	2012	2014	2016	2018	2020
전체		24.0	23.6	24.2	25.6	29.1	28.9
교육단계	초등학교	24.5	21.9	23.2	24.1	26.3	22.1
	중학교	25.5	27.6	27.0	27.5	31.2	32.8
	고등학교	21.8	22.4	23.0	26.2	32.1	38.8
가구소득	100만 원 미만	6.3	6.8	6.6	5.0	–	–
	200만 원 미만	–	–	–	–	9.9	9.9
	100~200만 원 미만	10.3	11.0	10.2	9.8	–	–
	200~300만 원 미만	17.0	16.8	15.9	15.4	15.6	15.2
	300~400만 원 미만	24.0	23.0	21.2	21.1	22.2	19.6
	400~500만 원 미만	29.8	28.8	27.2	26.5	27.9	25.7
	500~600만 원 미만	36.2	33.2	31.9	31.0	32.9	31.0
	600~700만 원 미만	40.4	36.7	36.7	36.5	37.3	35.7
	700만 원 이상	48.4	42.6	42.8	44.3	–	–
	700~800만 원 미만	–	–	–	–	42.2	42.5
	800만 원 이상	–	–	–	–	50.5	50.4

출처: 통계청(각 연도). 초중고 사교육비조사 결과.
주석: 1) 2017년부터 가구소득 구간이 조정되었고, 진로·진학 학습상담 비용이 사교육비에 포함됨.
　　 2) 2020년은 연간화 미적용으로 연간이 아닌 조사대상월(3~5월, 7~9월) 기준 통계이고, 사교육비 범위에서 진로·진학 학습상담 비용이 한시적으로 제외됨.

균 사교육비와는 차이가 크다. 참여학생 1인당 월평균 사교육비는 초등학교보다는 중학교, 고등학교로 갈수록 지출이 크고, 지난 10년간 추세를 보면 모든 학교급에서 참여학생 1인당 월평균 사교육비는 증가하였는데, 그 기울기는 고등학교 > 중학교 > 초등학교 순으로 나타났다.

초·중·고교 사교육비 규모가 20조 원이라는 것은 단순하게 보아도 사교육 산업 규모가 최소 20조 원에 이른다는 것을 의미한다. 학원

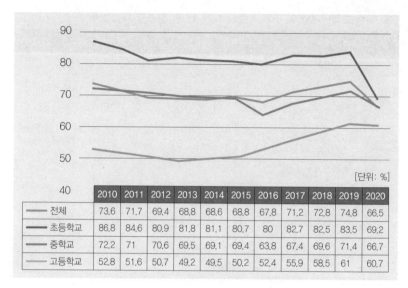

	2010	2011	2012	2013	2014	2015	2016	2017	2018	2019	2020
전체	73.6	71.7	69.4	68.8	68.6	68.8	67.8	71.2	72.8	74.8	66.5
초등학교	86.8	84.6	80.9	81.8	81.1	80.7	80	82.7	82.5	83.5	69.2
중학교	72.2	71	70.6	69.5	69.1	69.4	63.8	67.4	69.6	71.4	66.7
고등학교	52.8	51.6	50.7	49.2	49.5	50.2	52.4	55.9	58.5	61	60.7

[단위: %]

[그림 7-2] 사교육 참여율

출처: 통계청(각 연도). 초중고 사교육비조사 결과.

수강, 과외, 방문학습지, 인터넷 강좌 등 다양한 사교육 관련 산업이 그 자체로 관련 종사자들의 일자리를 제공하는 것도 간과할 수 없는 사실이다. 교육부와 한국교육개발원에서 매년 발표하는 '사설학원 개황' 자료를 보면, 학원은 전국에 8만여 개가 존재한다. 사교육 분야 종사자 수는 60만 명 정도로 추정하고 있으나, 사교육 분야는 개인 활동을 하는 종사자들의 비중이 상대적으로 높아 정확한 규모를 추정하기에 어려움이 있다. 대략적으로 사교육 분야의 기업 수는 전체 산업체의 약 4%, 사교육 분야 종사자 수는 전체 산업체의 약 2.7% 정도다.[3]

　통계청의 사교육비 조사는 초·중등학생들을 대상으로 한 것으로 유아 및 대학생 사교육비는 포함되지 않는다. 대입을 위한 경쟁적 사교육은 유아기에서부터 시작된다고 보았을 때 사교육비 규모는 더욱

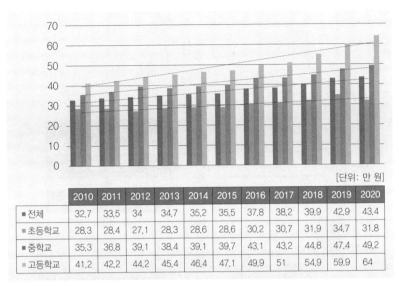

	2010	2011	2012	2013	2014	2015	2016	2017	2018	2019	2020
▪전체	32.7	33.5	34	34.7	35.2	35.5	37.8	38.2	39.9	42.9	43.4
▪초등학교	28.3	28.4	27.1	28.3	28.6	28.6	30.2	30.7	31.9	34.7	31.8
▪중학교	35.3	36.8	39.1	38.4	39.1	39.7	43.1	43.2	44.8	47.4	49.2
▪고등학교	41.2	42.2	44.2	45.4	46.4	47.1	49.9	51	54.9	59.9	64

[그림 7-3] 참여 학생 1인당 월평균 사교육비

출처: 통계청(각 연도). 초중고 사교육비조사 결과.

커질 수 있다. 그뿐만 아니라 대학에 들어가서도 취업을 위한 사교육이 지속된다고 보았을 때, 인간의 평균 수명이 80세이고 첫 취업 평균 연령이 30세라면 자녀가 태어나서 경제적으로 자립하기까지 30년의 기간 동안 부모는 자녀교육비를 부담한다고 볼 수 있다. 가계 소득에서 지출로 이어지는 항목 중에서 사교육비 지출만큼 상당액을 상당한 기간 동안 단절 없이 '단단하게' 지출되는 항목은 찾기 어려울 것이다.

사교육의 원인은 무엇일까

통계청의 「초중고 사교육비조사 결과」를 보면, 대개 교과 관련 사교육의 수강 목적은 학교수업 보충(50%), 선행학습(23%), 진학 준비

(15%), 불안심리 등(12%) 등으로 구분된다. 사교육의 원인을 좀 더 구조적으로 살펴보면, [그림 7-4]와 같다.[4]

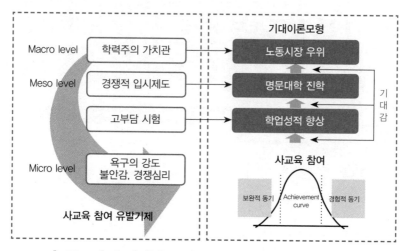

[그림 7-4] 사교육 참여 유발기제에 따른 참여 목적 간의 구조도

출처: 이희숙(2010). 사교육에 투자할 만한가?. 이종재 편저, 사교육: 현상과 대응. 경기: 교육과학사. p. 194.

첫째, 제도적 요인으로는 학력주의 가치관과의 긴밀한 연계와 경쟁적 입시제도를 들 수 있다. 우선, 학력주의 가치관은 학력과 사회적 가치 간의 긴밀한 연계를 의미하고 이러한 측면에서 볼 때 졸업 후 고소득 유망직종이 보장되는 명문대학 인기학과에 대한 경쟁이 치열하고 이러한 경쟁에서 우위를 점하기 위한 사교육 수요가 유발되는 것으로 볼 수 있다. 다음으로 경쟁적 입시제도는 아시아권에서 국제 수준의 높은 학업성취를 보이는 국가에서 학교 성적이 높은 학생들이 과외 참여율도 높은 것으로 보아 '긴밀한 연계(tight-linkage)'와 '고부담 시험(high stake testing)'이 사교육 수요를 유발하는 측면을 의미한다.

둘째, 공교육 체제 학교운영의 특성을 사교육 유발기제로 볼 수 있다. 사교육을 유발하는 학교교육의 특성은, 먼저 학교가 수직적으로 서열화, 계층화되어 있는 정도 및 수평적으로 다원화되어 있는 정도, 다음으로 학교에서의 평가와 입학자 선발이 시험 성적에 의하여 결정되는 정도, 끝으로 학교교육의 발전 수준을 들 수 있다.

셋째, 개인적 차원의 요인은 사회, 경제, 심리적 요인으로 볼 수 있다. 개인적 차원에서는 사교육 참여에 따른 성적 향상과 명문대 진학이라는 결과에 대한 기대감, 심리적인 불안감, 경쟁심리 등을 들 수 있다.

우리나라 학생들은 높은 학업성취 수준에도 불구하고 사교육 참여율이 낮은 핀란드 등의 국가에 비해 학습에 대한 불안심리가 상당히 높은 것으로 나타났다. 또한 성적이 낮은 과목을 보충하고자 하는 보완적 동기(remedial strategy)에 의한 사교육 참여보다 성적이 높은데도 사교육 참여를 선택하는 경쟁적 동기(enrichment strategy)에 의한 사교육 참여가 높았다.[5] 통계청의 「초중고 사교육비조사 결과」를 보더라도 우리나라 학생들은 성적이 높을수록 사교육 참여율이 더욱 높은 측면, 즉 경쟁적 동기에 의한 사교육 참여의 측면이 큰 것을 알 수 있다.

그렇다면 사교육 선택이 그 효과에 대한 경험적 증거에 기반하여 이루어지는 것인가? 이에 대해 김희삼 광주과학기술원 교수는 '생존자 편향(survivorship bias)' 개념을 활용하여 흥미로운 해석을 제시한 바 있다.[6]

제2차 세계대전 중에 폭격 임무로 출격한 전투기들이 기지로 돌아왔을 때 곳곳이 총구멍으로 뚫려 있는 경우가 많았다. 주로 어디에 구멍이 났는지를 조사해 보니 [그림 7-5]처럼 특정 부위에 집중되어 있

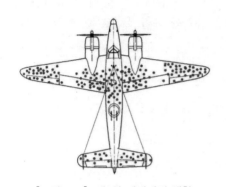

[그림 7-5] 제2차 세계대전 생환
전투기의 총구멍 분포

출처: 김희삼(2018). 사교육만 더 시켰더라면!?.
KDI 경제정보센터 11월호, p. 38.

었다. 이 보고서를 바탕으로 사령관은 구멍이 많이 난 부분에 보강재를 입혀서 전투기의 내구성을 높일 것을 지시하였다. 이러한 지시는 타당한가? 이것은 행태경제학에서 생존자 편향을 설명할 때 흔히 드는 예다.

여기에서 간과하고 있는 중요한 사실은 조사보고서가 살아서 돌아온 전투기만을 관찰한 결과에 불과하다는 것이다. 다른 곳에 총탄을 맞아서 격추된 전투기들은 조사 대상에 포함되지 못하였다. 총구멍이 생겼는데도 생환한 전투기들은 오히려 그 부위가 치명적이지 않다는 것을 보여 줄 뿐이다. 따라서 조종사들의 안전을 위해 전투기를 보강하려면 오히려 총구멍이 발견되지 않은 부위에 초점을 맞춰야 한다는 결론에 도달하게 된다. 이러한 생존자 편향은 사교육 시장에도 존재한다. 사교육 실패담보다는 바늘귀 경쟁을 뚫은 극소수의 명문대 합격생들의 사교육 성공담이 사교육의 위력에 대한 증거가 되는 전형적인 생존자 편향이라는 것이다.

사교육에 대한 대응

초기의 사교육은 근절의 대상이었다. 아이를 힘들게 하고 가정 경제를 휘청이게 하는 요소로서 정부는 어떻게든 사교육을 근절하고자 하는 각고의 노력을 기울였다. 그럼에도 불구하고 사교육은 더욱 과열

되었고, 결국 정부는 입시 부담을 완화시키는 방법으로 사교육 문제를 해결하고자 하였다. 그 일환으로 시행된 것이 1968년의 '중학교 무시험 진학제도'와 1973년의 '고교 평준화 정책'이다. 앞서 살펴본 바와 같이 사교육 수요를 유발하는 요인으로 '학력에 따라 수직적으로 서열화된 학교체제'와 '우수학교 입학을 위한 고부담 입학시험'이 있음에 주목하여 학교체제를 평준화하고 입학시험을 폐지하는 정책을 고려한 것이다. 이에 대해 선행 연구에서는 '학교 평준화형' 사교육 대책으로 규정한 바 있다.[7]

1968년 7월 15일, 중학교 입학 무시험 추첨제도가 발표되었을 때 이 날을 '7·15 어린이 해방'이라고 부를 만큼 당시 중학교 입시 대비 사교육 과열은 상당하였다. 그러나 중학교 입학시험을 폐지하고 학군별 추첨 배정을 하는 것은 이후 입시 과열 과외가 초등학교에서 중학교로 옮겨진 데 불과하다. 1973년 고교 평준화 정책 이후 입시 과열 과외가 중학교에서 고등학교로 옮겨졌으나 대학체제를 평준화하는 것은 불가능하였다. 이에 정부가 꺼낸 카드는 바로 과외 전면 금지였다.

당시 국가보위비상대책위원회는 1980년 7월 30일 '교육정상화 및 과열과외 해소 방안'을 확정 발표하면서 재학생을 대상으로 학교 교육과정을 가르치는 개인 및 학원의 과외교습을 불법 또는 위법으로 규정하고 행정력을 동원하여 규제하고자 하였다. 이러한 사교육 대응을 '사교육 규제형'이라고 한다. 그러나 2000년 헌법재판소의 과외금지 위헌 결정으로 과외는 전면 허용되었고, 더 이상 사교육을 규제의 대상으로 보지 않게 되었다.

그럼에도 불구하고 과열 사교육 자체가 가지는 문제가 해소된 것은

[그림 7-6] 7.30 교육개혁 보도 기사

출처: 조선일보(1980. 7. 31.).

아니기 때문에 정부는 사교육비 경감을 위한 다양한 방안을 지속적으로 모색하였다. 그 결과로 등장한 정부의 대책을 '공교육 내실화형' '사교육 제공형'이라고 불린다. '공교육 내실화형'은 그간의 사교육 대책이 임시방편적인 것이었고 결국은 공교육을 강화함으로써 사교육에 대한 수요를 감소시키는 것이 효과적이라는 취지에서 시행된 정책이다. '사교육 제공형'은 공교육 내실화형과 마찬가지로 사교육을 규제하기 곤란한 대상으로 보지만, 공교육 내실화형처럼 사교육 수요 유발 요인을 근절함으로써 사교육 수요를 감소시키려는 정책이 아니라 사교육 수요를 공교육 체제 안으로 끌어들여서 공교육 체제 안에서 사교육 수요를 충족시키고자 하는 대책이다. 이 유형에는 EBS 수능강의, 방과후 교육활동 등이 해당된다.

그렇다면 이러한 방과후 교육활동, EBS 수능강의 등의 사교육 제공형이 사교육 대책으로 효과가 있었을까? 우리나라의 사교육비 지출 규모는 IMF의 여파로 일시적으로 감소한 것을 제외하고는 지속적으로 증가해 왔고, 앞서 사교육 실태에서 살펴본 것처럼 지난 10년간은 학생 수 감소에도 불구하고 총 규모에 등락이 없다. 이것으로 비추어 보면, 정부의 사교육 대응책으로서의 제공형 대책은 그 효과에 의문이 들 수 있다. 사교육 정책이 참여 학생들에게 변화를 가져왔는지를 분석한 연구는 분석 대상과 연구 방법에 따라 결과가 분분하다.

방과후학교 도입 초기 사교육비 경감 효과를 분석한 연구에 따르면, 방과후학교 운영 이후 사교육 참여율 및 월평균 사교육비 감소가 뚜렷하게 나타났고 이러한 효과는 초등학교에서 가장 높았다.[8] 그러나 이러한 결과는 주로 시범학교나 연구학교를 대상으로 했기 때문이라는 비판이 있고, 방과후학교와 EBS 수능강의의 사교육비 경감 효과에 대한 상반된 연구 결과도 다수 있다.[9] 이 연구들은 방과후학교와 EBS 수능강의가 사교육의 수요를 흡수하기보다는 자신의 자녀를 다른 가정의 자녀보다 한발이라도 앞서게 하기 위해 이루어지는 '미래투자적 성격'의 측면으로 존재함을 강조한 바 있다. 따라서 사교육 보완대책으로서 방과후학교와 EBS 수능강의 모델의 실효성 여부를 재검토할 필요가 있음을 시사한 바 있다.

사교육기관 운영의 법적 근거는 2001년에 개정된 「학원의 설립·운영 및 과외교습에 관한 법률」에 있다. 동법에 따르면, 학원은 "학습자에게 30일 이상의 교습과정에 따라 지식·기술·예능을 교습하거나 30일 이상 학습장소로 제공되는 시설"을 의미하고, 교습소는 "과외교습을 하는 시설로서 학원이 아닌 시설"을 의미한다. 현행 사교육 대책

의 법적 근거는 2014년에 제정된 「공교육 정상화 촉진 및 선행교육 규
제에 관한 특별법」이라고 하는 소위 「선행학습금지법」이다. 2014년
에 제정되어 당해 시행된 동법은 학교에서 이루어지는 선행교육 및 선
행학습을 유발하는 교육이 공교육 정상화를 저해하고 사교육 수요를
유발하는 요인이 된다고 보고, 초·중·고교의 정규 교육과정과 방과
후학교 과정에서 선행교육을 금지하는 것은 물론 선행학습을 유발하
는 평가를 하지 못하도록 하는 것을 골자로 한다.

〈표 7-2〉 **사교육의 법적 근거 및 대책**

관련 법적 근거		
1961년	「사설강습소에 관한 법률」	• 사설강습소의 설립 및 감독에 관한 사항 규정
1982년	「사회교육법」	• 학원을 중요한 사회교육기관으로 인정
1984년	「사설강습소에 관한 법률」	• 학원이 「사회교육법」에서 분리
1989년	「학원의 설립·운영에 관한 법률」	• '강습소'에서 '학원'으로 용어 개칭 • 사회교육의 진흥에 이바지
2001년~현재	「학원의 설립·운영 및 과외교습에 관한 법률」	• 평생교육의 진흥에 이바지 • 과외교습에 관한 사항 규정
사교육 대책		
1969년	중학교 무시험 진학제도	• 학교 평준화형 대책
1974년	고교 평준화 정책	
1980년	「교육정상화 및 과열과외 해소 방안(7. 30 교육개혁)」	• 사교육 규제형 대책
2004년	2. 17. 공교육 정상화를 통한 사교육비 경감대책	• 공교육 내실화 및 사교육 제공형 대책
2009년	6. 3. 공교육 경쟁력 향상을 통한 사교육비 경감대책	
2014년	12. 18. 사교육비 경감 및 공교육 정상화 대책	

사교육, 우려의 지점

유엔인구기금(UN Population Fund: UNFPA)에서는 매년 세계 인구 변환 보고서를 발간한다. 2021년 4월에 발간된 보고서에 따르면, 우리나라의 출산율은 1.1명으로 전년도에 이어 198개국 중 198위에 그쳤다. 전체 인구에서 0~14세의 비율도 12.3%로 최하위를 차지하였다. 문화체육관광부 국민소통실이 2019년 7월에 발표한 '저출생 고령화'에 대한 빅데이터 분석 결과에 따르면, 출산을 고민하는 사람들은 '교육비'에 대한 고민이 큰 것으로 나타났다. 2019년 한국보건사회연구원의 보고서 「자녀 출산 실태와 정책 함의」에서도 현재 배우자가 있는 여성의 출산 계획이 없는 이유로 '자녀교육비 부담'이 가장 큰 것으로 나타났다.

그렇다면 실제 자녀가 있는 가구주의 자녀교육비에 대한 부담은 어떠할까? 통계청의 보고서 「2018년 사회조사 결과」에 따르면, 소득에 비춰볼 때 자녀교육비가 부담된다고 응답한 가구주의 비율이 64.4%에 달하였다. 이처럼 교육에 대한 비용 부담, 특히 경쟁적으로 지출하는 사교육비에 대한 부담이 저출산 현상으로부터 자유롭다고 하기에 어려운 상황이다.

일찍이 토머스 맬서스(Thomas Malthus)는 인구성장론을 주장한 바 있다. '식량은 산술급수적으로 성장하지만 인구는 기하급수적으로 증가하기' 때문에 그로 인해 인류는 커다란 재앙을 피하기 어려울 것이라는 내용이다. 그러나 인구는 맬서스의 예측처럼 기하급수적으로 증가하지 않았다. 그 이유에 대해 경제학자들은 가구의 소득은 늘지만 경제적 여유가 생긴 만큼 자녀에게 더 많은 투자를 하고 싶은 마음이 생겨 자녀의 양육비용이 더 크게 증가하기 때문에 결과적으로 가구당 자녀 수는 더욱 더 감소한다는 해석을 한 바 있다. 1992년 노벨경제학상을 수상한 시카고 대학교 게리 베커(Gary Becker) 교수는 이러한 현상을 '자녀의 양과 질 간의 대체 현상'으로 표현한 바 있다. 즉, 적은 수의 자녀에게 더 많은 교육 투자를 하고자 한다는 것인데, 이러한 맥락에서 보면, 우리나라의 상황은 적은 수의 자녀에게 집중적으로 투자하는 것을 넘어, 자녀의 질에 대한 고민 때문에 자녀의 양을 포기하는 현상으로까지 전개된 것이 아닌가 하는 우려가 된다. 즉, 경쟁적 교육비 지출의 부담 때문에 자녀 출산을 포기해서 결과적으로 인구소멸론의 상황에 직면한 것이 아닌가 생각해 본다면 사교육비 부담은 사교육에 대한 지출 그 이상을 넘어서는 문제로까지 해석이 된다.

교육비를 대느라 빚을 내다가 빈곤층으로 전락하는 '에듀푸어'의 문제도 간과하기 어렵다. 에듀푸어(edu-poor)는 교육을 뜻하는 에듀케이션(education)과 가난한 사람들을 뜻하는 푸어(the poor)를 합성한 말로, 과도한 교육비 지출로 인해 생활이 궁핍해진 사람들을 의미한다. 에듀푸어는 2011년에 탄생한 신조어다. 현대경제사회연구소에서는 2015년 말을 기준으로 에듀푸어, 즉 도시에 거주하는 2인 이상의 가구 중 빚이 있고 적자 상태인데도 평균 이상의 교육비를 지출하는 가구가 자녀교육비 지출이 있는 전체 가구의 9.9%에 이른다고 발표한 바 있다. 이들 에듀푸어 가구의 수입은 전체 가구 평균보다 28% 적었지만 교육비로 85% 이상 더 투자하였다.

2017년 방송된 SBS 스페셜 〈사교육딜레마〉 편에서는 당시 6세, 4세 자녀를 둔 『88만원 세대』의 저자인 우석훈 경제학 박사가 사교육 기관에서 상담을 한 후 다음과 같은 결론을 도출한 바 있다. 우리나라 중산층 4인 가구의 평균소득 월 450만 원으로 30년간 근무할 경우 15억 원의 소득이 발생하는데, 자녀 1인당 교육비 지출이 2억 원으로 2명이면 4억 원이고 당시 주택 구입비가 5억 원가량임을 고려할 때 9억 원의 기본 소비가 발생하므로, 15억 원에서 9억 원을 뺀 6억 원을 경제활동을 하는 30년으로 나누면 연간 2,000만 원이 남는데, 이 돈으로는 저축은커녕 생활비도 빠듯하다는 것이다. 즉, 정상적인 중산층 부부가 평생 15억 원을 벌어도 한 푼도 저축하지 못한다는 것이고, 이는 곧 노후 설계를 할 수 없다는 의미다. 이런 맥락에서 본다면 에듀푸어가 '은퇴 빈곤층(retire-poor)'으로 전락할 가능성이 크다는 우려도 일면 타당하다. 에듀푸어는 40대가 가장 많고 대졸 학력 중산층이 대다수를 이루고 있는데, 과다한 자녀교육비 때문에 노후 준비를 하지 못한 에듀푸어가 은퇴 후에 빈곤층으로 전락할 것이라는 우려다. 2016년 취업포털 잡코리아가 자녀가 있는 직장인 1,202명을 대상으로 조사한 결과 중·고생 자녀가 있는 직장인 중 약 60%가 스스로를 에듀푸어라고 답한 점은 간과하기 어려운 현실이다.

현명한 선택이 필요한 때

앞서 살펴본 바와 같이 한국 교육에서 사교육 문제는 오랫동안 해결의 대상이었다. 정부는 사교육을 원천적으로 금지해 보기도 했지만 사교육을 억제하기 위해 방과후학교나 EBS 등을 중심으로 한 '사교육 제공형'의 사교육 대책으로 선회한 상태다.[10] 사교육이 엄연한 교육 산업으로서 일자리 창출 및 고용 등의 측면에서 긍정적인 영향을 가지고 있음에도 불구하고, 정부가 사교육을 '해결의 대상'으로 본 것은 학부모의 입장에서 사교육비는 상당히 부담스럽고 청년의 입장에서는 결혼과 출산을 기피하게 만드는 기제로까지 작용하기 때문이다.

정부 입장에서 사교육은 투자의 효과가 있어도 고민이고 없어도 고민이다. 만약 투자의 효과가 있다면, 이는 교육의 형평성의 문제와 무관하지 않다. 즉, 소득에 따라 5배 이상의 차이가 나는 사교육비의 격차가 바로 학업성취 및 대입성과의 격차로 이어진다면 정부는 교육기회의 불평등 문제해결을 위해 노력해야 할 것이다. 그러나 만약 투자의 효과가 없다면, 이는 교육의 효율성의 문제로 연결된다. 즉, 가구구성원으로서는 가계 소득의 상당 규모에 해당하는 돈을 밑 빠진 독에 물 붓는 격으로 쏟아 버리는 셈이다. 물론 이 돈으로 경제활동이 이루어지는 사교육 산업을 고려하면 국가 전체적으로 경제적 성과가 없다고는 할 수 없으나 상당한 규모의 돈을 수십 년간 단절 없이 '단단하게' 지출하는 가정경제를 국가적으로 그냥 두고 볼 수는 없는 노릇이다.

입시경쟁에서 우위를 점하기 위해 지출하는 사교육은 그 끝이 보이지 않는 게임이다. 더 오랜 시간, 더 많은 돈을 지불할수록 더 좋은 결과가 있을 것이라는 막연한 기대(the more & the longer, the better)와 불안감에 근거한 투자는 재고가 필요하다. 아무리 '불완전한 정보에서의 개인의 합리적 선택'으로 포장한다 하더라도 합리적이라고 볼 수 없다. '생존자 편향'에 기대기보다 사교육에 투자한 바로 그 직접적인 경험에 근거한 현명한 판단이 요구된다.

  사교육에 대한 부담은 정부 입장에서 공교육 내실화를 통한 사교육 수요 흡수, 입시경쟁 완화, 저소득층 학생의 교육기회 보장과 학부모 교육비 부담 경감을 위한 교육급여 및 교육비 지원 등 다양한 정책을 마련하는 것도 의미 있지만, 사교육에 끌려가지 않고 주체적으로 사교육을 활용할 수 있는 현명함이 무엇보다 중요하다. 이는 결국 가계 소득의 규모에 맞게 소비활동을 하고 저축을 통해 미래를 대비하는 어쩌면 건전한 소비활동이라는 경제의 가장 근본이 되는 원칙이 바로 서는 것과도 일맥상통한다.

  그리고 학교에서는 교과의 내용을 가르치는 것도 중요하지만, 교과를 공부하는 방법, 공부 그 본연에 충실할 수 있도록 지도하는 것이 요구된다. 자기주도적으로 본인의 학업 역량에 맞는 맞춤형 계획을 세우고 계획에 따라 꾸준히 공부하며 그 결과를 확인하고 결과에 따라 추가로 필요한 부분을 도출하며 공부할 수 있는 역량을 기를 수 있도록 개별화 지도가 필요하다. 사교육이 필요한 부분도 있지만, 소모적으로 지출되는 비용에 대해서는 공부하는 방법에 대한 이해와 스스로의 노력에 의한 작지만 성공적인 경험에 바탕을 둔 공부 습관이 형성될 때 충분히 대체가 가능하다.

[7장 후주]

1　Stevenson, D., & Baker, D. (1992). Shadow education and allocation in formal schooling: Transition to university in Japan. *American Journal of Sociology, 97*(6), 1639-1657.

2　Bray, M. (1999). *The shadow education system: Private tutoring and its implications for planners*. Paris: International Institute for Educational Planning.

3　박명희, 백일우(2020). 사교육 이해. 서울: 학지사.

4　이희숙(2010). 사교육에 투자할 만한가? 이종재 편저, 사교육: 현상과 대응. 경기: 교육과학사. pp. 191-224.

5　이희숙(2019). 초·중등 사교육 실태와 관련 요인 분석 연구 –한국, 중국, 일본, 싱가포르를 중심으로–. 청소년학연구, 26(5), 469-488.

6　김희삼(2018). 사교육만 더 시켰더라면!?. KDI 경제정보센터 11월호.

7　이종재, 장효민(2008). 사교육 대책의 유형에 관한 분석적 연구. 아시아교육연구, 9(4), 173-200.

8　김홍원, 진미경(2007). 2006 방과후학교 성과분석연구. 충북: 한국교육개발원.

9　채재은, 임천순, 우명숙(2009). 방과후학교와 수능강의가 사교육비 및 학업성취도에 미치는 효과 분석. 교육재정경제연구, 18(3), 37-62.

10　상게논문.

제3부

학교교육 체제와 방향

8
유치원과 어린이집,
그리고 누리과정

엄문영

유치원이나 어린이집을 다니는 것이 지금은 일상적이지만, 1960~ 1970년대에 태어나 유아기를 보낸 40~50대의 상당수는 유치원을 다녀 본 경험이 없다. 1980년까지만 해도 전국의 유치원 수는 901개였고, 취원율은 불과 7.3%였으며, 이는 1960년대 초 취원율 1%와 비교해도 20년 동안 고작 6% 정도 늘어난 정도였다. 그 당시 유치원은 부유한 가정의 아이들이나 갈 수 있는 특별한 곳으로 여겨졌다.[1] 먹고살기 바쁜 와중에 그 당시 초등학교인 국민학교에 들어가기 전부터 교육을 시킨다는 것은 일부 부유층에서나 가능한 일이었다. 따라서 일반 국민들에게는 유아교육의 개념 자체도 전무했다고 볼 수 있다.

그러나 1970년대 이후 경제성장, 생활 수준 향상과 함께 유아교육에 대한 관심은 지속적으로 증대되었다. 또한 5공화국 정부가 유아교육을 선진국 수준까지 향상시킨다는 계획을 발표하였고, 그 일환으로 사립유치원의 설립이 국가적 차원에서 장려되었다. 일례로, 1986년 유치원 수는 1980년보다 11배 이상 늘어나서 전국에 1만여 개, 취원율은 54% 수준으로 양적인 비약이 나타났다.[2] 그 이후 우리나라가 선진국의 반열에 오르면서 유치원과 어린이집은 만 3~5세가 되면 당연히 부모의 선택에 따라 거치는 기간학제처럼 여겨지고 있는 것이 사실이다.

이 장에서는 우리나라 유아기 교육과 보육에 대한 전반적인 정책에 더하여, 국가표준 교육과정으로서 누리과정의 중요성을 감안하여 이를 자세히 살펴보도록 한다. 마지막으로, 향후 우리나라에서 유아교육의 발전을 위해 필요한 정책과 이슈에 대해 살펴본다.

유아기 교육이 중요한 이유: 페리 유치원 프로젝트

2000년 노벨 경제학상을 수상한 제임스 헤크먼(James Heckman) 시카고 대학교 경제학과 교수는 영유아기 때의 과감한 교육과 보육이 다른 어떤 투자보다 경제적이고 바람직한 투자임을 입증하였다. 구체적으로, 영유아기에 대한 투자가 성인기에 대한 투자보다 16배나 효율적이며, 시간이 지남에 따라 교육 수익률은 낮아진다고 주장하였다.

그는 3~4세 흑인 아이들을 대상으로 일명 '페리 유치원 프로젝트'를 실시하였다. 조사 대상은 1962년생 빈곤한 가정의 흑인 아이 123명이었고, 이 중 58명이 제대로 된 교육을 받는 실험 대상으로 선정되었다. 나머지 흑인 아이는 일반 교육을 받는 비교 대상 집단으로 구분되었고, 40년 넘게 그 결과를 추적하였다. 실험 결과는 유치원 교육의 효과가 지속되는 것으로 나타났고, 고용과 연소득은 물론 범죄율에서도 두

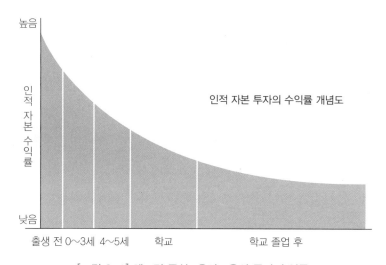

[그림 8-1] 헤크먼 곡선: 유아교육의 투자 수익률

출처: 헤크먼 The Economics of Human Potential 홈페이지(https://heckmanequation.org/
resource/the-heckman-curve).

집단 간에 큰 차이가 발생하였다. 반면, IQ 같은 인지 능력의 효과는 단기적이었고, 졸업을 한 후 1~2년 사이에 실험군과 비교군의 차이는 거의 없어지는 것으로 나타났다. 오히려 장기적으로 인생을 바꾼 요인은 성실함, 사교성 같은 비인지 능력이었다.

이렇듯 유아교육의 투자가치는 형평성 관점에서도 그 중요성이 인정된다. 헤크먼 교수는 불평등 해소 차원에서도 유아교육을 강조하였는데, 가난한 가정의 0~5세 영유아 교육을 위해 투자하는 것이 빈곤의 대물림을 막는 데 효과적이라고 보았다. 그는 소외된 계층의 아이들에게 조기 교육을 하는 것이 결과적으로 국가 재정을 튼튼히 할 뿐만 아니라, 사회적 유대감을 높여서 미래를 발전시키는 원동력이 될 수 있다고 강조하였다. 청년에 대한 투자는 일시적인 소비 증가로 분배를 개선할 수 있지만, 소외받는 가난한 유아에 대한 무상교육은 단순한 소비 차원이 아니라 미래에 더 큰 수익을 가져다주는 투자라는 점을 입증한 것이다.

상식적으로 생각해도 가난한 영유아에 대한 투자는 이들이 성인이 되었을 때 올바른 가치관을 함양하고, 건전한 사회인으로 살아갈 수 있는 힘이 될 것이다. 반대로, 불우한 환경에 놓인 영유아들이 부모와 교육 및 보육 기관으로부터 제대로 보살핌을 받지 못하면 인지 능력, 사회·정서적 능력이 모두 부족하여 인생에서 실패할 확률도 높아지게 된다.

헤크먼 교수는 편부모 가정, 저소득층 가정의 영유아 교육에 정부 정책 우선순위가 주어져야 한다고 강조하였다. 그는 삶(life)이란 것도 결국은 '할 수 있다'는 마음가짐, '끈기(grit)'와 같은 태도가 중요하다고 보았다. 학창 시절 시험 문제를 잘 푸는 것을 넘어서, 음악을 즐기고 사람들과 제대로 교제하며, 스스로 분노를 조절할 수 있는 능력을 종합적으로 완성시키는 데 있어 유아교육의 중요성을 강조한 것이다. 이에 따라 교육학 분야에서도 유아교육 연구가 활발하게 이루어지고 있으며, 유아교육은 이제 세계적으로도 보편화된 상황에 이르고 있다.

유치원과 어린이집은 무엇이 다를까

만 3~5세 아동들은 부모의 상황과 선택에 따라서 어린이집 또는 유치원에 다니게 된다. 학부모들은 특히 초등학교 입학 전 만 5세가 되면 어린이집과 유치원을 두고 많은 고민을 하기도 한다. 일반적으로 유치원이 교육에 더 강조점이 있다고 생각하기 쉽지만, 2013년부터 전면 실시된 누리과정으로 유치원과 어린이집의 교육은 큰 차이가 없게 되었다.

예를 들어, 어린이집과 유치원에 다니는 만 3~5세 아동들은 동일한 교육을 받도록 누리과정이 적용되고, 유치원과 어린이집마다 교재는 자유롭게 선택하지만, 3월 '봄', 4월 '나의 친구들' 등과 같이 똑같은 주제로 교육활동이 구성된다. 다만, 전통적으로 어린이집은 교육보다는 보육의 목적으로 설립·운영되어 왔고, 놀이방과 유희실 등이 있으며, 낮잠 자는 시간을 따로 두고 있다는 차이가 있다.

비용은 일반적으로 유치원이 어린이집보다 더 많이 소요된다. 유치원에서는 원복을 비롯해서 관련 물품을 구매해야 하고, 누리과정 외의 프로그램 참여 비용, 현장학습 비용 등이 추가적으로 발생하게 된다. 맞벌이 부부는 어린이집을 좀 더 선호하는데, 어린이집 반일반은 오전 9시~오후 3시, 종일반은 오전 7시 30분~오후 7시30분까지 운영한다. 유치원은 오후 2시까지 운영되는데, 그 시간 이후에도 돌봄 서비스를 원하는 경우에는 추가 비용을 내고 신청해야 한다. 따라서 워킹맘에게는 유치원보다 어린이집이 더 편할 수 있다. 어린이집은 유치원과 달리 야간보육도 가능하고 방학이 없다는 특징이 있다.

영아는 신생아부터 만 2세까지를 의미하고, 이 연령대는 보호자의 세심한 보살핌이 필요한 시기다. 한편, 만 3세 이후부터는 신체 및 언어 능력이 어느 정도 발달되어 교사의 지도로 교육이 충분히 가능한 연령이다. 어린이집과 유치원을 구분하는 가장 큰 차이점은 대상 연령이다. 어린이집은 만 0~5세, 유치원은 만 3~5세를 대상으로 등록이 가능하다.

〈표 8-1〉 어린이집과 유치원 비교

구분	어린이집	유치원
대상	영유아(만 0~5세)	유아(만 3~5세)
소속	보건복지부	교육부
목적	보육 중심	교육 중심
교사	보육교사(보육교사 자격증)	교사(유치원 정교사 자격중)
수업 일수	연중무휴(공휴일 제외)	180일 이상
운영 시간	종일제(12시간), 야간보육	반일제(3~5시간), 시간 연장(5~8시간), 종일제(8시간 이상)

출처: 장석환(2014. 3.). 유아교육 · 보육 통합 추진 현황 및 방향. 육아정책포럼, 39, 40.

다음으로, 어린이집과 유치원은 소속 정부기관이 다르다는 점에서 차이가 있다. 운영 목적에 따라 어린이집은 보건복지부에서 관할하고, 유치원은 교육부에서 관리하면서 재정적인 지원을 하고 있다. 어린이집은 운영하는 주체에 따라 국 · 공립보육시설, 민간보육시설, 직장보육시설, 가정보육시설 등으로 구분되며, 가정보육시설은 ○○가정어린이집, 나머지 보육시설은 ○○어린이집이라는 명칭으로 구분된다. 한편, 유치원은 크게 국 · 공립과 사립유치원으로 나뉘고, 국 · 공립에는 병설유치원과 단설유치원이 있으며, 사립유치원은 개인이나 법인이 운영하는 일반 사립과 사립대학 부설유치원, 종교재단 설립 유치원 등이 존재한다.

어린이집과 유치원은 수업 일수와 운영 시간 등에서도 차이가 존재한다. 유치원은 법적 운영 일수인 180일만 채우면 나머지는 원장의 재량으로 운영이 가능하다. 반면에 어린이집은 일요일 및 공휴일을 제외하고 연중무휴로 운영된다. 이러한 운영 일수의 차이는 어린이집이 아이들의 보육이 중심이고, 사회복지적 성격을 강하게 띠고 있기 때문이다. 유치원은 공식적인 방학이 있지만, 어린이집은 방학 중에도 문을 열고 교사가 교대로 근무를 한다. 어린이집의 운영 시간은 오전 7시 30분~오후 7시 30분의 전일제 운영하는 것이 원칙(월~금 기준, 영유아 및 보호자에게 불편을 주지 않는 범위에서 운영 시간 조정 가능)이고, 어린이집에 따라서는 최대 밤 10시까지 야간보육반을 운영하는 경우도 있다. 이에 따라 유치원도 맞벌이 가정을 위해 반일제(3~5시간)를 기본으로, 시간연장제(5~8시간), 종일제(8시간 이상)를 운영하는 곳이 늘고 있다.

유치원은 어린이집에 비해 기본 수업 시간이 짧기 때문에 반일제 수업 이후에는 방과후수업을 실시하여 추가 비용이 발생하는 경우가 있다. 유치원과 어린이집 모두 시설에 대한 평가인증 통합지표가 있는데, 어린이집의 경우에는 영아들이 있으므로 건강·안전 항목 기준이 좀 더 세밀하다.

누리과정: 국가수준 공통 교육과정

'누리과정'은 2010년대에 새롭게 등장하여 많은 사람에게 보편화된 용어지만, 개념적으로는 생소할 수 있다. 누리과정이란, 만 3~5세의 유아들에게 적용하는 공통 교육과정으로서 국가표준 교육과정을 의미한다. 2012년 3월에 도입한 만 5세 누리과정에 이어 2013년 3월에 만 3~4세까지 누리과정이 확대 적용되었다.[3] 누리과정은 이원화되어 있는 유치원 교육과 어린이집 보육 내용을 통합하여 하나의 공통과정으로 제시함으로써 유아기 교육·보육의 질을 제고하기 위한 목적으로 실시되었다. 2011년 '만 5세 공통과정'이라는 이름으로 처음 발표되었고, 명칭공모를 통해 누리과정이라는 이름으로 확정·공포되었다. 이후 2019년 7월 개정 누리과정이 고시(교육부 고시 제2019-189호; 보건복지부 고시 제2019-152호)되어 2020년 3월부터 현재까지 개정 누리과정을 유치원과 어린이집에서 운영하고 있다.

개정 누리과정은 문재인 정부 국정과제 '학생 중심의 교육과정 개편'의 일환으로 유아교육 혁신방안(2017. 12.)에서 제시한 유아·놀이 중심 교육과정 개편을 실현하는 것이다. 이는 미래 핵심 역량을 반영한 교육과정으로의 전환을 의미한다.[4]

개정 누리과정의 주요한 특징은 다음과 같다. 첫째, 유아 중심·놀이 중심 교육과정으로 개선하였다. 교사 주도 활동을 지양하고, 유아가 충분한 놀이 경험을 통해서 몰입과 즐거움 속에서 자율·창의성을 신장하도록 돕는다. 이를 통해 유아의 전인적 발달과 행복을 추구할 수 있도록 하였다.

둘째, 국가수준 교육과정으로서 구성체계를 확립하였다. 누리과정의 성격을 국가수준 공통 교육과정으로 명시하였다. 구체적으로, 미래 사회 핵심 역량을 반영한 인간상으로서 건강한 사람, 자주적인 사람, 창의적인 사람, 감성이 풍부한 사람, 더불어 사는 사람을 제시하였고, 이를 달성하기 위한 목표[5]를 구체적으로 명시하여 교육과정으로서 구성체계를 확립하였다.

셋째, 내용 구성의 간략화를 통해 현장 자율성을 확대하였다. 교육과정의 5개 영역(신체운동·건강, 의사소통, 사회관계, 예술경험, 자연탐구)은 유지하되, 연령별 세부 내용(369개)을 연령 통합 59개로 간략화하였다. 이를 통해 유치원과 어린이집에서 다양한 교육방식이 발현될 수 있도록 자율성을 확대하였다.

넷째, 교사의 누리과정 실행력을 지원하였다. 교사의 과다한 일일 교육계획 작성을 경감하고, 주제와 유아놀이를 일치시켜야 하는 부담감을 완화하였다. 이를 통해 교사의 자신감 회복을 도우며, 자율성과 책무성을 강조하여 누리과정 실행력을 지원하고자 하였다.

유치원 선생님과 어린이집 선생님

유치원과 어린이집 선생님은 소속 정부기관이 다르기 때문에 교사 자격증과 자격증을 발급하는 기관에서 차이가 있다. 유치원 선생님은 교육부장관이 수여하는 유치원 정교사 자격증을 취득해야 하고, 어린이집 선생님은 보건복지부장관이 수여하는 보육교사 자격증을 취득해야 한다.

유치원 정교사 자격증은 대학에서 유아교육과를 전공하고, 관련 학점을 이수해야 하며, 봉사 시간을 채우고 어린이집과 유치원 양 기관에서 실습을 하면 자격증이 발부된다. 보육교사 자격증은 보육교사교육원, 평생교육원, 사이버대학 등 보건복지부가 지정한 교육시설에서 학점을 이수하고, 어린이집 실습을 이수하면 주어지게 된다. 한편, 유치원 교사는 대학에서 보건복지부가 지정하는 학점을 이수하면 보육교사 자격증을 발급하기 때문에 대부분의 유치원 교사는 유치원 정교사 자격증과 보육교사 자격증을 모두 보유할 수 있다.

〈표 8-2〉 어린이집과 유치원 교사 자격기준 비교

구분	어린이집	유치원
근거법	「영유아보육법」 제21조	「유아교육법」 제22조
소관 부처	보건복지부	교육부
자격증	보건복지부장관이 자격증 검정 수여	교육부장관이 자격증 검정 수여
자격취득 최소학력	고등학교 졸업(이상)	전문대학 졸업(이상)
자격 구분	3급 · 2급 · 1급 보육교사	준교사, 2급 · 1급 정교사, 수석교사

출처: 임승렬(2019). 영유아 교육분야 교사교육 성찰. 한국교원교육학회 편저, 한국 교사교육: 성찰과 미래 방향. 서울: 학지사. p. 165.

교사양성 교육과정은 교사의 전문성에 영향을 미치므로 교사의 정체성과 전문성을 확보할 수 있는 양질의 체계화된 자격기준과 교육과정 조직화가 매우 중요하다. 그러나 교육대학 중심으로 양성되는 초등교사, 사범대학 중심으로 양성되는 중 · 고등학교 교사와는 달리, 영유아 교사는 매우 다양한 경로를 통해 양성된다. 수업연한이 다를 뿐 아니라 교육과정상의 과목과 영역별 비중도 다르며, 내용까지 다른 실정이다.

결론적으로 유치원 교사와 보육교사 자격기준과 양성과정은 제도적으로 이원화되어 있고, 다양한 경로와 구조를 갖고 있어 유아기 아동과 학부모의 선택의 결과가 크게 나타나는 점이 문제라고 볼 수 있다. 특히 보육교사의 자격기준이 유치원 교사의 자격기준보다 낮아 보육교사의 전문성과 서비스의 질적 차이에 대한 문제 제기가 있어 왔고, 유치원 교사 집단 내에서도 전문성 수준에 편차가 있다. 따라서 누리과정의 실시는 이루어졌지만, 교육과정 운영의 실질적 형평성이 유아들에게 담보되고 있지 못하는 문제가 있다.

유보통합은 왜 필요할까

유보통합이란, 교육부 소관인 유치원과 보건복지부 소관인 어린이집을 일원화하는 정책을 의미한다. 1920년대 후반 탁아소의 등장으로 우리나라에서 유아기의 교육과 보육은 유치원과 탁아소라는 기관의 분리에서 시작되었다.[6] 그간 우리나라의 유아교육과 보육 정책은 장기적이고 종합적인 정책이었다기보다는 근시안적이며 단기적인 미봉책에 그치는 정책이었다고 평가된다.[7] 최근까지 유아교육에서는 무상공교육화 실현을, 유아보육은 민간 의존적인 보육의 탈피와 전문성을 지향하는 것으로 각각 공공성을 지향하고 있었다면 유보통합은 공교육 체계 확립이라는 관점에서 함께 협력하고자 하는 노력이라고 할 수 있다.

송치숙은 우리나라 유아교육과 보육의 역사를 4단계로 구분하였다.[8] ① 1945~1960년까지는 유치원과 탁아소가 공존하였으나, 법률상 유치원만 교육기관으로 규정된 '유아교육 일원화 체제', ② 1961~1990년까지는 서로 다른 법적 체제에 속한 유치원과 어린이집의 공존뿐만 아니라 그 밖에 두 법적 체제에 속하지 않는 여러 유형의 유아교육 관련 기관들이 혼재하는 '다원적 이원화 체제', ③ 1991~2003년까지는 「영유아보육법」 제정으로 우리나라의 유아교육과 보육이 법적으로 완전한 이원체제를 이루게 된 '유보 이원화 체제', ④ 2004년~현재까지는 정부 주도 육아정책연구소 설립, 누리과정 시행, 영유아 교육·보육 통합 추진단 출범 등 유보통합이 구체적으로 추진되고 있는 '유보통합 추진기'로 구분하였다.

그렇다면, 현 시점에서 유아교육과 보육의 최대 과제는 유보통합이
라는 결론에 이르게 된다. 과연 유보통합은 무엇 때문에 추진되는 것
일까? 이와 관련하여 유보통합은 다음과 같은 이유에서 추진될 가치
가 있다. 첫째, 유아교육과 보육에는 격차가 존재하고, 유보통합을 통
해 유아기(만 3~5세) 아동들이 보다 수준 높은 양질의 교육 및 보육 서
비스를 차별 없이 받을 수 있다. 둘째, 이원화된 행·재정적 문제를 해
결하여 유보 행정·인력·예산에서의 불균형을 해소할 수 있다. 셋째,
유보통합으로 어린이집과 유치원 교사들의 자격 및 처우를 일원화하
여 결과적으로는 영유아에게 양질의 균등한 교육 및 보육 서비스를 제
공받도록 하며, 학부모에게는 신뢰를 확보할 수 있다. 결과적으로 유
보통합은 두 기관 간의 환경과 운영의 차이를 없앰으로써 수요자 중심
의 만족도를 높일 수 있게 하는 데 의의가 있다.[9]

유아교육 및 보육의 향후 쟁점과 이슈들

앞으로 관심을 가져야 할 유아교육 및 보육에서의 향후 쟁점과 이슈
들은 어떤 것이 있을까?

엄문영과 최예슬은 우리나라 유아교육 체제를 분석하여 향후 유아
교육 공교육화 진전과정에서의 발전 과제를 탐색하는 연구를 진행하
였다.[10] 유아교육이 향후 기간학제화 단계로 나아가는 데 있어 실현되
어야 할 정책 과제를 다음과 같이 제시한 바 있다. 구체적으로는 유아
교육의 신뢰성 제고, 거버넌스 영역의 과제로서 유보통합, 교사양성체
제 일원화 및 교사 전문성 질적 제고, 국·공립유치원 취원율 확대, 재

정 지원 강화 등을 향후 주요한 쟁점과 이슈들로 보았다.

이러한 쟁점과 이슈를 해결하기 위한 과제는 다음과 같다. 첫째, 학부모 부담 비율 축소 및 실질적인 무상화가 필요하다. 2012년부터 모든 계층에 유아교육비를 제공하는 누리과정의 추진으로 학부모 재정부담 경감 측면에서 획기적인 정책적 개선이 이루어졌고, 사회적 취약계층에 대한 추가적 지원도 강화되어 재정적 측면에서 공교육화의 기반을 조성하는 데 크게 기여하였다. 다만, 대다수의 아동이 국·공립유치원에 비해 상대적으로 비용이 높은 사립유치원에 취원하고 있는 상황이다. 2021년부터 누리과정 단가가 종전 24만 원에서 26만 원으로 전년 대비 2만 원이 인상되었지만, 여전히 학부모의 기본교육과정 추가부담금을 완전히 지원하는 규모로 인상되지 못하였다. 따라서 유아교육의 실질적인 무상화를 이루기 위해서는 국가 재정 수준을 고려하되, 사립유치원의 학부모 재정 부담 비율을 단계적으로 감소시킬 수 있는 방안이 필요하다.

둘째, 유치원 K-에듀파인(국가관리회계시스템) 적용 정착이 필요하다. 사립유치원 K-에듀파인의 도입은 2018년 국회에서 공개된 사립유치원 회계비리 고발로 촉발된 사회적 요구에 의해 규제가 강행된 측면이 있다. 정책의 추진이 대상자인 사립유치원 주체와의 충분한 합의와 논의를 통해 이루어지지 못한 면이 있기 때문에, 제도의 안정적인 정착을 위해서는 에듀파인 행정 사항들을 지원할 수 있는 인력과 연수 등 추가적인 지원이 필요할 것으로 보인다. 구체적으로 사립유치원에 K-에듀파인 사용을 지원하는 콜센터를 운영한다거나, 찾아가는 컨설팅단, 1개원 1멘토 지정이나, 이해하기 쉬운 매뉴얼 개발 보급 등을 통한 다양하고 효과적인 회계교육과 K-에듀파인 기능교육을 병행할 필요가 있다.

셋째, 유치원운영위원회의 활성화가 필요하다. 학교운영위원회는 학부모의 학교교육 참여 보장이라는 민주성 원리를 실현하기 위한 제도다. 이 제도는 1995년 12월 개정된 「지방교육자치에 관한 법률」에 근거하여 도입되어 초·중등학교에서는 25년이 넘는 역사를 가지고 있다. 이에 반해, 유치원운영위원회는 2011년 시범운영을 시작으로 2012년 9월부터 본격적으로 시작되었기 때문에, 초·중등학교에 비해 활성화되지 못한 측면이 있다. 따라서 운영지침에 대한 매뉴얼 제공, 유치원운영위원회에 대한 구성, 선출, 기능, 회의 운영 등에 대한 충분한 정보 제공, 학부모의 실질적 참여를 보장할 수 있는 홍보 강화, 탄력적 시간 운영으로 참여 기회 보장 및 유치원운영위원회 현장 지원 컨설팅 실시 등의 구체적인 정책 실행이 필요할 것이다.

넷째, 국·공립유치원 취원율 40% 정책 목표의 이행이 요구된다. 많은 학부모는 비용 부담이 적으면서도 신뢰할 수 있는 국·공립유치원을 선호하지만, 그 기회가 제한적인 상황이므로 국민의 국·공립유치원에 대한 수요를 향후 합리적으로 충족할 필요가 있다. 사안의 시급성을 고려하여 2018년 교육부는 국·공립유치원 취원율 40% 정책 목표 시한을 2022년에서 2021년으로 앞당기는 구체적인 실행 방안을 발표하였다. 중·고교 부지 내 병설형 단설유치원 설립, 사립유치원 매입을 통한 국·공립유치원 학급 추가 등을 통해 현재의 27% 취원율을 40%까지 확대한다는 것이다. 이러한 정책 목표를 신속히 추진하는 동시에 공공형 사립유치원의 확대를 통해 국가지원금 제공과 더불어 사립유치원의 공공성을 보장할 수 있는 정책적 융통성이 요구된다. 또한 국·공립유치원이 취원율 제고 외에도 교육의 질을 높이고 수요자의 요구를 충족시킬 수 있도록 지원과 노력이 필요할 것이다.

이상과 같은 정책적 과제 이외에도 장기적 관점에서 정책의 안정적인 수행의 전제 조건이자 성공의 지표가 되는 유아교육에 대한 사회적 인식이나 교사 및 학부모의 태도, 관점 등의 전환과 같은 노력이 필요하다. 이를 통해 교사양성체제의 일원화 및 교사 전문성의 질적 제고, 유보통합의 실현, 유치원의 기간학제화 실현, 유아교육의 공공성에 대한 대국민 신뢰 제고 등의 장기적 과제들이 차근차근 이행될 수 있을 것이다.[11]

[8장 후주]

1 중앙일보(1994. 3. 13.). 〈심층취재〉 과열 유아교육―능력개발보다 기능 치중.

2 같은 기사.

3 배윤진, 강은진, 엄지원(2020). 누리과정 효과성 분석 연구(Ⅲ): 유아관찰앱 개발 및 적용(연구보고 2020―21). 서울: 육아정책연구소.

4 교육부 보도자료(2019. 7. 19.). 2019 개정 누리과정 확정·발표: 유아가 중심이 되고 놀이가 살아나는 3~5세 공통 교육과정.

5 누리과정의 목표는 다음과 같이 5개로 구성된다. ① 자신의 소중함을 알고, 건강하고 안전한 생활 습관을 기른다. ② 자신의 일을 스스로 해결하는 기초 능력을 기른다. ③ 호기심과 탐구심을 가지고 상상력과 창의력을 기른다. ④ 일상에서 아름다움을 느끼고 문화적 감수성을 기른다. ⑤ 사람과 자연을 존중하고 배려하며 소통하는 태도를 기른다.

6 이유미(2016). 유아교육과 보육의 통합 방안에 대한 보육 교사의 선호도 분석: 보육 교사를 중심으로. 중앙대학교 대학원 석사학위논문.

7 임승렬(2019). 영유아 교육분야 교사교육 성찰. 한국교원교육학회 편저, 한국 교사교육: 성찰과 미래 방향. 서울: 학지사.

8 송치숙(2020). 역사적 관점에서 본 유보통합의 동향과 과제. 동국대학교 대학원 박사학위논문.

9 상게논문.

10 엄문영, 최예슬(2021). 공교육의 관점에서 본 한국 유아교육체제 분석. 교원교육, 37(2), 389-415.

11 상게논문.

9
고등학교 체제의
이해와 개편 논의

차성현

　초등학교, 중학교와 달리 고등학교부터는 학생과 학부모가 진학 여부를 선택할 수 있다. 2011~2020년 동안 고등학교 진학률은 99.7%로 거의 모든 중학교 졸업자가 고등학교에 진학하고 있다. 학력이 중시되는 우리나라에서는 오랫동안 '좋은 고등학교 진학=명문대학 진학=좋은 직장=성공'이라는 등식이 사회적 통념으로 자리 잡고 있다. 어느 고등학교를 진학하느냐는 대학 진학과의 관련 속에서 미래 개인의 삶을 결정할 수 있는 중요한 선택이 될 수 있다.

　우리나라는 2010년 고등학교 체제 개편 이후 일반고등학교, 특성화고등학교, 특수목적고등학교, 자율고등학교의 4개 유형으로 구분된 고등학교 체제를 유지하고 있다.[1] 명문대학 진학률을 보면, 특수목적고, 자율형 사립고의 비율이 높다. 예컨대, 2021학년도 서울대 입시에서 합격자를 많이 낸 상위 30개 고교 가운데 일반고는 단 3개교뿐이다. 명문대학 진학률을 기준으로 보면, 우리나라의 고등학교는 특목고, 자사고, 일반고 순으로 고등학교가 서열화되어 있다.

따라서 일반고보다는 특목고나 자사고에 진학하기를 원하고, 이러한 고교에 입학하기 위해 경쟁하며, 중학생 10명 중 7명 이상이 사교육을 받는다. 고교 서열화에 대해 과도한 고입 경쟁을 유발하여 학생들의 학업 스트레스를 증가시키고, 가계의 사교육비 부담을 가중시킨다는 비판이 적지 않다. 또한 중학교 성적이 우수한 학생들이 주로 이러한 학교에 진학하여 일반고 교육이 황폐화되고 있다고 지적하기도 한다. 특히 과학고, 외고, 국제고는 전공계열과 동일하지 않은 계열의 학과로 대학을 진학하는 학생들이 적지 않아 학교가 설립 취지에 맞지 않게 운영되고 있다고 비판한다. 이러한 입장에 있는 사람들은 고교서열화에 따른 사회적 폐해를 줄이기 위해 외고, 국제고, 자사고를 폐지하고 고교 유형을 단순화해야 한다고 주장한다. 이와는 달리, 학생의 소질과 적성, 수준에 맞는 교육기회를 제공하기 위해 현행 고교 유형을 유지하거나 보다 다양화해야 한다고 주장하는 사람들도 있다.

우리나라 고등학교 체제에 대한 당신의 입장은 어느 쪽인가? 이 장에서는 우리나라 고등학교 체제에 대한 전반적 이해를 위해 고교 유형, 고교체제의 변화, 고교 지정 및 취소, 학생 선발에 대해 살펴보고, 미래 고교체제 개편 방향에 대해 논의하도록 한다.

고등학교 유형 이해하기

우리나라 고등학교 교육의 목적은 "중학교에서 받은 교육의 기초 위에 중등교육 및 기초적인 전문교육"을 하는 것으로 포괄적으로 규정하고 있다(「초·중등교육법」제45조). 이에 따라 2015년 개정 교육과정에서는 "바른 인성을 가지고 인문학적 상상력과 과학기술 창조력으로 새로운 지식을 창조하고 다양한 지식을 융합하여 새로운 가치를 창출할 수 있는 사람"을 기르는 것을 목표로 하고 있다.

이러한 교육 목적의 실현을 위해 우리나라의 고등학교는 교육과정 운영 및 학교의 자율성을 기준으로 일반고, 특목고, 특성화고, 자율고로 나뉜다.[2] 〈표 9-1〉에 제시된 것처럼, 2020년 우리나라 전체 고등학교 수는 2,367개교이며, 이 중 일반고가 1,573개교(66.5%)로 가장 많고, 전체 고등학생의 71.6%(958,108명)가 일반고에 다닌다. 그다음으로 특성화고(489개교, 20.7%), 특목고(160개교, 6.8%), 자율고(145개교, 6.1%) 순이다. 한편, 2020년 2월 28일에 있었던 「초·중등교육법 시행령」 개정에 따라 2025년 3월 1일부터 자율고가 폐지되며, 특목고에 속한 외고와 국제고, 자율고에 속한 자사고는 일반고로 전환된다.

우리나라 고교 유형이 어떻게 정의되고 구분되는지 관련 법령인 「초·중등교육법」 및 「초·중등교육법 시행령」을 중심으로 살펴보자.[3]

먼저, 일반고는 "특정 분야가 아닌 다양한 분야에 걸쳐 일반적인 교육을 실시하는 고등학교"라고 하여 다소 포괄적으로 정의하고 있다. 즉, 특목고, 특성화고, 자율고가 아닌 학교가 일반고다.

특목고는 "특수 분야의 전문적인 교육을 목적으로 하는 고등학교"를 말한다. 여기에는 과학 인재 양성을 위한 과학계열의 학교, 외국어에 능숙한 인재 양성을 위한 외국어계열의 고등학교와 국제 전문 인재 양성을 위한 국제계열의 고등학교, 예술인 양성을 위한 예술계열의 고등학교와 체육인 양성을 위한 체육계열의 고등학교, 산업계의 수요에

〈표 9–1〉 **고등학교 유형별 학교 수(1970~2020년)** [단위: 교, %]

연도	계	일반고	비율	특목고	비율	특성화고	비율	자율고	비율	일반계	비율	전문계	비율
2020	2,367	1,573	66.5	160	6.8	489	20.7	145	6.1	–	–	–	–
2019	2,356	1,555	66.0	158	6.7	489	20.8	154	6.5	–	–	–	–
2018	2,358	1,556	66.0	157	6.7	490	20.8	155	6.6	–	–	–	–
2017	2,360	1,556	65.9	155	6.6	491	20.8	158	6.7	–	–	–	–
2016	2,353	1,545	65.7	152	6.5	497	21.1	159	6.8	–	–	–	–
2015	2,344	1,537	65.6	148	6.3	498	21.2	161	6.9	–	–	–	–
2014	2,326	1,520	65.3	143	6.1	499	21.5	164	7.1	–	–	–	–
2013	2,322	1,525	65.7	138	5.9	494	21.3	165	7.1	–	–	–	–
2012	2,303	1,529	66.4	128	5.6	499	21.7	147	6.4	–	–	–	–
2011	2,282	1,554	68.1	120	5.3	499	21.9	109	4.8	–	–	–	–
2010	2,253	–	–	–	–	–	–	–	–	1,561	69.3	692	30.7
2000	1,957	–	–	–	–	–	–	–	–	1,193	61.0	764	39.0
1990	1,683	–	–	–	–	–	–	–	–	1,096	65.1	587	34.9
1980	1,353	–	–	–	–	–	–	–	–	748	55.3	605	44.7
1970	889	–	–	–	–	–	–	–	–	408	45.9	481	54.1

출처: e–나라지표(http://www.index.go.kr/potal/main/EachDtlPageDetail.do?idx_cd=1541) 자료 재구성.

직접 연계된 맞춤형 교육과정을 운영하는 고등학교(산업수요 맞춤형 고등학교)가 포함된다. 흔히 과학고, 외고, 국제고, 예술고, 체육고, 마이스터고가 특목고에 해당한다.

특성화고는 "소질과 적성 및 능력이 유사한 학생을 대상으로 특정 분야의 인재 양성을 목적으로 하는 교육 또는 자연현장실습 등 체험 위주의 교육을 전문적으로 실시하는 고등학교"를 말한다. 이에 따라 특성화고는 특정 분야의 기술인력을 양성하는 직업교육 특성화고와 체험위주의 교육을 실시하는 대안교육 특성화고로 구분된다. 2020

년 기준 489개의 특성화고가 운영되고 있으며, 이 중 464개교가 직업교육, 25개교가 대안교육 특성화고다. 직업교육 특성화고에는 농업, 공업, 상업, 수산 및 해양, 가사 및 실업 계열의 분야가 있다. 2018년의 경우, 공업계열이 42.0%, 상업계열이 37.9%로 공업 및 상업 계열이 전체의 80% 이상을 차지하고 있다.[4] 과거에 실업계고 또는 전문계고라고 불리던 학교들이 여기에 속한다.

한편, 학교에 부적응하거나 학업을 중단하는 학생들이 증가함에 따라 중도탈락 학생들을 대상으로 인성교육, 노작교육 등 자연친화적 교육활동을 실시하는 대안교육 특성화고가 지정·운영되고 있다. 1996년에 교육부는 '학교 중도탈락자 예방 종합대책'에서 대안학교 설립을 제시하였으며, 1998년에는 「초·중등교육법 시행령」을 개정하여 교육감이 자연현장실습 등 체험 위주 교육을 전문적으로 실시하는 고등학교를 지정할 수 있도록 하였다. 이에 따라 1998년에는 6개교가 대안교육 특성화고로 지정되었으며, 2004년 18개교, 2020년에는 25개교가 운영 중에 있다. 〈표 9-2〉에 제시된 것처럼, 2019년 기준 특성화고 졸업생의 54.6%가 취업하고, 42.5%는 대학에 진학하였다.

자율고는 자율학교에 속하며,[5] 교육과정을 자율적으로 운영할 수 있는 학교다. 자율고는 설립 주체에 따라 자율형 사립고(자사고)와 자율형 공립고(자공고)로 구분된다. 자사고라고 해서 교육과정을 완전히 자율적으로 운영할 수 있는 것은 아니며, 교육부장관이 정한 교육과정 운영 기준을 충족해야 한다. 또한 자사고는 교육과정운영비, 인건비 등 학교운영에 필요한 예산을 스스로 충당해야 한다. 즉, 공립학교와 달리 자사고는 국가 또는 지방자치단체로부터 교직원인건비, 학교운

영비, 교육과정운영비를 지급받지 않으며, 학교운영을 위해 교육부장
관이 정한 법인전입금기준을 충족해야 한다.

〈표 9-2〉 고등학교 유형별 학교 수, 학생 수, 진학률 및 취업률(2018~2020년)

[단위: 교, 명, %]

구분		2018	2019	2020
학교 수	계	2,358	2,356	2,367
	일반고	1,556	1,555	1,573
	특수목적고	157	158	160
	특성화고	490	489	489
	자율고	155	154	145
학생 수	계	1,538,576	1,411,027	1,337,312
	일반고	1,096,331	1,001,756	958,108
	특수목적고	66,693	65,244	64,493
	특성화고	252,260	230,098	212,294
	자율고	123,292	113,929	102,417
진학률	계	69.7	70.4	-
	일반고	77.7	77.0	-
	특수목적고	57.7	57.5	-
	특성화고	36.0	42.5	-
	자율고	72.6	71.7	-
취업률	계	30.7	24.9	-
	일반고	9.7	8.9	-
	특수목적고	53.9	53.0	-
	특성화고	65.1	54.6	-
	자율고	3.5	3.5	-

출처: e-나라지표(http://www.index.go.kr/potal/main/EachDtlPageDetail.do?idx_cd=1541).

고등학교 체제의 변화

　1990년대 중반까지 고등학교는 크게 일반계와 실업계로 구분되어 운영되었다. 일반계고는 인문계고, 실업계고는 전문계고와 같은 용어로 통용되었다. 보통, 일반계고와 실업계고 진학은 주로 성적과 졸업 후 진로목표에 의해 결정되었다. 즉, 일반계고는 고교 졸업 후 대학 진학을 목표로 하는 학생들이 진학하였으며, 실업계고는 졸업 후 취업을 희망하는 학생들이 주로 진학하였다. 이러한 일반계고와 실업계고의 이분화된 고교체제는 1990년대 중반까지 유지되다가 1998년부터 특목고, 특성화고 등의 학교 유형이 도입되기 시작하였다. 실업계고는 산업 분야에 필요한 기능 인력을 양성하여 우리나라 경제 발전에 기여하였다. 그러나 1990년대 후반 산업 구조가 변화하면서 학생들의 진학 기피가 심화되었고, 대규모의 획일적인 교육체제에 적응하지 못하고 중도탈락하는 학생들이 증가하면서 새로운 고교체제의 수립이 요구되었다.

　이러한 요구는 1996년, 1997년 두 차례에 걸쳐 발표된 「신교육체제 수립을 위한 교육개혁 방안(5 · 31 교육개혁안)」에 반영되었다. 즉, 고등학교설립준칙주의를 도입하여 학생 개개인의 소질과 적성을 충족시킬 수 있는 다양하고 특성화된 고등학교를 설립할 수 있도록 하였다. 예컨대, 정부는 1998년 「초 · 중등교육법 시행령」을 제정하여 과학계열 등 특수 분야의 전문적인 교육을 목적으로 하는 특수목적고, 특정 분야의 인재 양성을 목적으로 하는 교육 또는 자연현장실습 등 체험 위주의 교육을 전문적으로 실시하는 특성화고를 교육부장관이 지정·고시할 수 있도록 하였다. 한편, 실업계고는 농업·공업·상업·임업, 정보·통신, 수산·해운, 가사·실업 등의 전문교육을 주로 하는 고등학교라고 정의하여 특목고, 특성화고와 교육 분야가 명확하게 구분되지 않았다. 1998년에 마련된 일반계고, 전문계고, 특목고, 특성화고의 고교체제는 이후 큰 변화 없이 2008년까지 유지되었다.

이후 우리나라의 고교체제는 〈표 9-3〉에서 볼 수 있는 것처럼, 2010년, 2020년에 주목할 만한 개편이 있었다. 이명박 정부(2008~2013년)에서 이루어진 2010년 고교체제 개편에서는 그동안 복잡하고 법적 근거가 미약했던 고등학교 유형을 일반고, 특목고, 특성화고, 자율고의 4개 유형으로 단순화하였다. 특목고는 국가 인재 양성이라는 설립 목적이 뚜렷한 과학고, 외고 및 국제고, 예술고 및 체육고, 산업수요

〈표 9-3〉 **고교체제 변화**

I. 「초·중등교육법 시행령」 〈개정 2009. 3. 27.〉

학교 구분		법적 근거
일반계고		없음
전문계열	전문계고	없음
	특성화고	제91조
	마이스터고	제91조의2
	특목고 중 농·공·수산·해양	
특목고	과학고 외고 국제고 예고 체고	제90조
자율계열	자율형사립고	제105조의3
	자율형공립고	없음

II. 「초·중등교육법 시행령」 〈개정 2010. 6. 29.〉

학교 구분		법적 근거
일반고		제76조의2
특성화고		제76조의2, 제91조
특목고	과학고 예고·체고 마이스터고	제76조의2, 제90조
	외고·국제고	
자율고	자율형사립고	제76조의2, 제91조의3
	자율형공립고	제76조의2, 제91조의4

III. 「초·중등교육법 시행령」 〈개정 2020. 2. 28.〉

학교 구분		법적 근거
일반고		제76조의2
특성화고		제76조의2, 제91조
특목고	과학고 예고·체고 마이스터고	제76조의2, 제90조
일반고		제76조의2

맞춤형고(마이스터고)의 4개 계열로 정비하였으며, 전문계열 특수목적고(농업·공업·수산·해양), 전문계고 및 특성화고는 특성화고로 일원화하였다. 자율고는 자율형 사립고와 자율형 공립고를 포함하는 새로운 유형으로 설정하였다.[6]

다음으로 문재인 정부(2017~2022년) 시기인 2020년에 이루어진 고교체제 변화에서는 외고, 국제고, 자사고를 일반고로 전환하는 것이 핵심 내용이었다. 그동안 특목고, 자사고, 일반고로 고교체제가 서열화되어 과도한 입시경쟁 및 사교육비 부담, 일반고 침체를 초래하였다는 문제를 해소하고, 모든 학생에 대한 맞춤형 교육을 위해 일반고 중심으로 고교체제를 개편하였다. 그 시행 시기는 고교학점제가 전면적으로 시행되는 2025년으로 정하였다.

고등학교의 지정 및 취소, 입학전형

우리나라 초·중등학교는 설립 주체에 따라 국가가 설립·경영하는 국립학교, 지방자치단체가 설립·경영하는 공립학교, 법인이나 개인이 설립·경영하는 사립학교로 구분된다. 국립학교의 설치·폐지는 국가(교육부장관), 사립학교의 설립·폐지는 교육감의 인가를 받아야 한다.[7] 사립학교를 설립하려면, 교실, 운동장 등 대통령령으로 정한 교육시설 및 설비 기준을 충족해야 하며, 사립학교를 폐교하려면 학교폐교인가신청서를 제출하고 교육감으로부터 인가를 받아야 한다. 다만, 일부 특목고, 자사고를 지정·고시하려면 교육감은 미리 교육부장관의 동의를 얻도록 하고 있다.[8]

일반고를 제외한 특목고, 특성화고, 자율고는 교육감이 법령에 정한 절차와 방법에 따라 지정, 평가, 취소할 수 있다. 특목고, 특성화고, 자율고의 지정·운영, 평가, 취소에 관한 사항을 심의하기 위해 교육감 소속으로 특수목적고등학교지정·운영위원회, 특성화고등학교지정·운영위원회, 자율학교지정·운영위원회를 두고 있다.[9]

특목고, 특성화고, 자율고로 지정받으려는 법인 또는 학교의 장은 신청서를 국립학교는 교육부장관에게, 공립 및 사립 학교는 교육감에게 제출해야 한다. 신청서에는 보통 학교운영에 관한 계획, 교육과정 운영에 관한 계획, 입학전형 실시에 관한 계획, 교원배치에 관한 계획 등이 포함된다.[10] 신청서를 제출한 학교는 해당 학교 지정·운영위원회의 심의를 거쳐 교육감이 지정한다. 일반고와 달리 특목고, 특성화고는 5년 주기로 학교운영 성과에 대해 평가를 받도록 되어 있으며, 그 결과에 따라 재지정 또는 취소될 수도 있다.[11] 또한 특목고, 특성화고, 자사고가 회계 부정을 저지르거나 부정한 방법으로 학생을 선발하는 경우 지정이 취소될 수 있다.[12] 특목고 및 자사고를 지정 및 취소하려는 경우 「초·중등교육법 시행령」 제90조, 제91조의4에 따라 교육감은 미리 교육부장관의 동의를 받아야 한다. 또한 교육부장관이 지정 또는 지정 취소에 대한 동의 여부를 결정하려는 경우에는 특목고 등 지정위원회의 심의를 거치도록 되어 있다.

한편, 학생 선발을 위한 고교 입학전형을 실시할 수 있는 권한은 학교의 장과 교육감에게 있다. 보통의 경우 고교 평준화 지역에 있는 후기학교인 일반고의 입학전형은 교육감이 실시한다. 학교장이 입학전형을 실시하는 학교는 특목고, 자사고, 고교 비평준화 지역의 일반고가 해당된다. 이 경우, 입학전형 방법 등 입학전형에 관하여 필요한 사항은 교육감의 승인을 얻어 해당 학교의 장이 정한다.[13] 고등학교 신입생 선발 시기는 전기와 후기로 구분하여 실시된다. 2020년 2월 「초·중등교육법 시행령」 개정에 따라 전기 선발 학교에는 특목고(외고 및 국제고 제외), 특성화고, 일반고 중 예체능계 고교 등이 해당된다. 후기 선발학교는 전기에 해당되지 않는 학교이며, 일반고, 자사고, 외고, 국제고 등이 해당된다.

2010년 6월 고교체제를 단순화하면서, 특목고, 자사고 등 전기 선발 학교는 '자기주도 학습전형'으로 학생을 선발하도록 하였다. 고교 입학을 위한 과도한 사교육비 및 선행학습 부담을 완화하고, 학교생활기록부, 학교장 추천서, 인성 면접 등을 통해 학생의 소질과 적성, 인성, 잠재력 등을 종합적으로 고려하여 학생을 선발하도록 하였다. 또한 2017년 12월, 외고, 국제고, 자사고의 우수 학생 우선 선발에 따른 일반고의 침체 및 고교 서열화를 해소하기 위해 정부는 2019학년도 입학전형부터 이들 학교의 고교 입시를 일반고와 함께 후기에 실시하도록 하고, 기존처럼 자기주도 학습전형을 통해 학생을 선발하도록 하였다. 한편, 외고, 국제고, 자사고에 지원했다가 불합격한 학생들은 거주지 인근 학군의 일반고에 배정받거나 추가 선발을 진행하는 비평준화 지역 일반고에 재지원할 수 있도록 하였다.

고등학교 체제 개편의 방향

우리나라에서 어느 유형의 고등학교를 진학하느냐는 대학 및 전공계열의 선택, 졸업 후 취업에까지 영향을 미치는 생애의 중대한 결정 사항이다. 따라서 고교체제를 어떻게 개편하는가는 사회적 관심의 대상이 된다.

그동안 고교체제 개편은 특정 분야 인재 양성의 국가적 필요, 교육적 수요, 교육의 형평성 등을 종합적으로 고려하여 이루어졌다. 2010년 이후의 고교체제 개편은 복잡하고 법률적 근거가 불명확했던 고교 유형을 정비하고, 학생의 소질과 적성에 따른 학교 선택이 가능한 고교 체제를 마련하는 데 초점을 두었다. 이 과정에서 특히 외고, 국제고, 자사고의 존폐를 둘러싼 크고 작은 사회적 논란이 끊이지 않았다.

이들 학교에 대해 학생들의 교육적 필요와 수요를 반영한 다양한 교육활동을 제공하여 명문대학 진학률이 높고, 학생 및 학부모의 교육만족도가 높다는 긍정적 평가가 있다. 반면, 학교 설립 취지 및 목적을 달성하지 못하고, 입시 중심의 교육과정 운영, 사교육비 부담 등 고교를 서열화하고 교육기회의 불평등을 초래한다는 부정적 평가도 있다. 예컨대, 외고와 국제고는 외국어 및 국제 분야 전문 인재 양성이라는 본래의 설립 목적과 달리 다양한 전공계열로 대학을 진학하여 설립 취지와 목적에 맞지 않게 학교가 운영되고 있다는 비판이 제기되었다. 한편, 자사고는 특색 있는 교육과정 운영을 통해 사학의 건학 이념을 구현하고 학생·학부모의 학교 선택권을 확대하였다는 긍정적 평가가 있는 반면, 비싼 수업료로 인해 교육기회의 불평등을 유발하고 일반고의 침체를 초래하였다는 비판도 있다. 이러한 논란을 해소하기 위해 정부는 2020년 2월 법령 개정을 통해 외고, 국제고, 자사고를 일반고로 전환하고, 2025년 3월부터 시행하도록 하였다.

　이처럼 교육에 대한 신념, 가치 지향, 이해관계 등에 따라 고교체제의 문제 진단 및 개편 방향이 달라질 수 있다. 특히 고교체제 개편에 따른 대입의 유불리, 학력의 사회경제적 가치가 클수록 이해관계가 첨예하게 대립하며, 사회적 갈등은 증폭될 수밖에 없다. 실제로 외고, 국제고, 자사고 지정 및 취소, 평가를 둘러싸고 교육부와 시·도교육청, 시·도교육청과 해당 학교, 학생 및 학부모 단체 간에 적지 않은 갈등과 다툼이 있었다.

　우리나라 교육제도의 목적은 「헌법」 제31조 제1항에 명시된 "모든 국민은 능력에 따라 균등하게 교육받을 권리를 가진다."는 헌법 정신을 구현하는 데 있다. 이에 따라 고교체제 개편은 능력에 따른 교육 기회를 균등하게 보장하기 위해 획일보다는 다양, 통제보다는 자유, 개인보다는 공동체, 차별보다는 평등, 타율보다는 자율의 보편적 사회 가치를 존중하고 실현하는 방향으로 추진되어야 할 것이다. 이 과정에서 교육의 자주성, 전문성, 정치적 중립성, 교육제도의 안정성을 보장하고, 고교체제 개편에 따른 사회적 갈등을 최소화할 수 있는 방안도 함께 논의되어야 할 것이다.

[9장 후주]

1 2020년 고교체제 개편에 따라 2025년 3월 1일부터는 자율고가 폐지되고, 일반고, 특성화고, 특목고의 세 유형으로 운영될 예정이다. 이하 일반고등학교는 일반고, 특성화고등학교는 특성화고, 특수목적고등학교는 특수목적고, 자율고등학교는 자율고, 과학고등학교는 과학고, 외국어고등학교는 외고, 자율형 사립고등학교는 자사고 또는 자율형사립고 등 일상적으로 사용되는 축약 명칭을 사용하였다.

2 「초・중등교육법 시행령」 제76조의3.

3 일반고는 「초・중등교육법 시행령」 제76조의3, 특목고는 「초・중등교육법 시행령」 제90조, 특성화고는 「초・중등교육법 시행령」 제91조.

4 박근영(2018). 특성화고와 마이스터고 지정 현황 및 분포. **교육정책포럼 통권 제305호**, 44-47.

5 학교 및 교육과정 운영의 특례를 규정한 「초・중등교육법」 제61조 및 동법 시행령 제105조에 따라, 교육감은 학교 또는 교육과정을 자율적으로 운영할 수 있는 자율학교를 지정・운영할 수 있다. 자율학교는 대통령령으로 정하는 바에 따라 교장 및 교감의 자격, 학년도, 학년제, 수업연한, 학교운영위원회, 교과서 등에 관한 규정을 한시적으로 적용하지 아니하는 학교 또는 교육과정을 운영할 수 있다.

6 교육과학기술부 보도자료(2010. 6. 22.). **고교체제 개편과 학교자율화를 위한 「초・중등교육법 시행령」 개정.**
교육부 보도자료(2019. 11. 7). **고교 서열화 해소 및 일반고 교육역량 강화 방안.**

7 「초・중등교육법」 제4조.

8 특목고는 2001년 3월 2일, 특성화고는 2001년 10월 20일 「초・중등교육법 시행령」 개정을 통해 지정・고시 권한이 교육인적자원부장관으로부터 교육감으로 변경되었다.

9 특수목적고등학교지정・운영위원회에 관한 사항은 「초・중등교육법 시행령」 제90조의2, 특성화고등학교지정・운영위원회는 「초・중등교육법

시행령」 제91조의2, 자율학교지정·운영위원회는 「초·중등교육법 시행
령」 「초·중등교육법」 제105조의4에 규정되어 있다.

10 「초·중등교육법 시행령」 제90조.

11 「초·중등교육법 시행령」 제105조에 따라 자율고는 5년 이내로 지정·운
영하며, 교육감이 정하는 바에 따라 연장 운영할 수 있다. 자율형사립고를
일반고로 전환하도록 한 2020년 2월 시행령 개정 이전에는 자율고도 5년 주
기로 시·도 교육규칙으로 정하는 바에 따라 해당 학교운영 성과 등을 평가
하여 지정 목적의 달성이 불가능하다고 인정되는 경우 취소될 수 있었다.

12 특목고, 특성화고, 자사고는 다음의 경우에 취소될 수 있다. ① 거짓이나
그 밖의 부정한 방법으로 회계를 집행한 경우, ② 부정한 방법으로 학생을
선발한 경우, ③ 교육과정을 부당하게 운영하는 등 지정 목적을 위반한 중
대한 사유가 발생한 경우, ④ 지정 목적 달성이 불가능한 사유의 발생 등
으로 인하여 학교의 신청이 있는 경우, ⑤ 교육감이 5년마다 시·도 교육
규칙으로 정하는 바에 따라 해당 학교운영 성과 등을 평가하여 지정 목적
의 달성이 불가능하다고 인정되는 경우의 다섯 가지 항목 중에서 특목고는
1~5항의 어느 하나에(제90조), 특성화고는 5항에(제91조), 자사고는 1~4
항의 어느 하나에(제91조의3) 해당하는 경우 지정이 취소될 수 있다.

13 「초·중등교육법 시행령」 제77조.

10
영재교육은 어떻게
이루어지고 있는가

한은정

    2021년 1월, 영재학교를 졸업한 대학생이 국내 의대 6곳에 합격한 사실과 공부 비법이 방송되면서, 영재교육과 관련한 논란이 뜨거웠다. 과학기술 영재 양성을 위해 국민의 세금으로 운영되는 영재학교가 그 본연의 목적을 이루지 못하고, 개인의 대입 성공이나 출세를 위한 교육기관이 된 것이 아니냐는 비판이 거세게 제기된 것이다. 이와 더불어 영재학교나 과학고등학교에 입학하기 위하여 초등학생 시기부터 사교육을 통해 입학시험 준비를 해야 하는 현실, 즉 과도한 입학경쟁 및 사교육 유발, 교육기회 불균형 심화 문제가 발생하고 있다는 지적도 지속적으로 제기되고 있다. 이처럼 영재학교는 입학부터 대학 진학에 이르기까지 사회적으로 많은 이슈를 낳고 있는 것이 현실이다.

    그렇다면 이러한 논란이 되는 영재교육은 무엇을 위한 교육인가? 영재교육이 본연의 목적을 살리지 못하고 있다는 비판이 제기되고 있다면, 과연 영재교육의 목적은 무엇인가에 대해 생각해 볼 필요가 있다. 또한 이와 관련하여 먼저 영재교육의 대상이 되는 영재란 어떤 사람을 의미하는지, 이들을 대상으로 하는 영재교육을 국가적 차원에서 지원해야 한다면 그 이유는 무엇인지에 대해 생각해 보아야 할 것이다. 이에 앞서 최근 이슈가 되어 온 영재학교가 우리나라에서 이루어지고 있는 영재교육의 전부는 아니라는 점, 영재교육의 분야가 수학 · 과학뿐만 아니라 음악 · 미술 등의 예술 분야, 인문 · 사회 분야를 포괄한다는 점도 고려할 필요가 있다.

누가 영재인가: 영재는 타고나는 것인가 길러지는 것인가

영재교육의 대상이 되는 '영재'가 누구인지, 어떤 범위까지 영재로 볼 것인지, 그들이 갖고 있는 영재성을 어떻게 볼 것인지에는 다양한 관점이 존재하며, 학자의 관점이나 시대의 흐름에 따라 변화되어 왔다. 이와 관련하여 영재성은 '가치와 정책, 선택의 문제'이지, '변화의 가능성이 적은 정태적 개념'이나 '절대적 기준을 설정할 수 있는 개념'은 아니라고 보는 입장도 있다.[1]

일반적으로 '영재'라고 했을 때 대다수의 사람은 멘사 회원과 같이 지능이 높은 사람들을 떠올리거나, 특정한 과제에 몰두하고 집착하는 사람을 생각한다. 이러한 관점은 영재는 본질적으로 태어날 때부터 남과 다른 특별한 능력을 갖고 태어난다고 보는 입장으로, 영재성이 '타고난 능력(giftedness)'이라는 관점이다. 대표적인 예로, 루이스 터만(Lewis Terman, 1877~1956)은 IQ 135 이상을 영재라고 보았고, 조셉 렌

줄리(Joseph Renzulli, 1978)는 영재성을 지능 이외에 여러 요인의 복합적인 작용으로 보아 '평균 이상의 지능, 높은 과제 집착력, 높은 창의성'을 영재성으로 설명한 것을 들 수 있다.[2]

그러나 이와 달리 영재성을 개인의 타고난 능력과 외적 환경과의 상호작용에 의해 '체계적으로 계발되는 능력(talent)'으로 보는 관점도 있다.[3] 즉, 영재성은 개인 내적 요소만으로 발휘되거나 유전적으로 결정되는 것만이 아니라는 것이다. 앞서 영재성을 타고난 능력으로 보았던 렌줄리도 1990년대 후반에는 영재성이 환경과의 상호작용 속에서 발달하는 것으로 관점을 전환하고, 학교 차원의 재능 계발 모델(Schoolwide Enrichment Model: SEM)을 제안하기도 하였다.[4]

정리하면, '영재가 누구인가?'라고 했을 때, 과거에는 주로 높은 지능과 같이 '타고난 특출한 능력'을 가진 사람을 의미하였지만, 2000년을 전후로 하여 영재성을 환경과의 상호작용을 통해 '계발되는 능력'으로 보게 되면서, 개인의 내적인 요소와 외적인 환경과의 상호작용, 즉 교육의 측면이 강조되고 있음을 알 수 있다.

무엇을 위한 영재교육인가

그렇다면 타고난 우수한 능력—지능과 그 외의 다양한 요소—을 지닌 '개인'을 위해, 이들의 능력을 계발하기 위해 영재교육을 하고 있는 것일까? 물론 국가가 공교육을 제공하면서 학습자가 지닌 개별성과 특수성을 고려하여야 하므로, 장애 아동을 위한 특수교육과 마찬가지로 영재 아동을 위한 별도의 교육이 제공될 필요는 있다. 영재 아동의 경우, 일반 아동과 같은 수준의 교육을 받게 되었을 때 학습 흥미도가 현저히 떨어져 수업에 집중할 수 없을 가능성이 높기 때문이다. 이로 인해 영재교육에서는 영재 학생들에게 또래에 비해 보다 '심화'된 교육 내용을 제공하거나, '속진(速進)' 교육과정을 제공하는 것을 일반적인 교육방식으로 활용한다.

그러나 이러한 이유 외에도 '국가'적인 차원에서 우수 인재를 양성하기 위한 목적으로 영재교육이 이루어져야 한다고 보는 입장이 있다. 이는 교육부의 자료에서도 "세계를 선도할 수 있는 우수한 이공계 인재를 육성"하는 것이 영재학교·과학고를 운영하는 이유로 명시되어 있는 점을 보아도 알 수 있다.[5] 즉, 국가 경쟁력 강화를 위하여 뛰어난 능력을 가진 인재를 발굴하여 육성할 필요가 있다는 것이다.

「영재교육진흥법」 제1조에서도 "이 법은 「교육기본법」 제12조 및 제19조에 따라 재능이 뛰어난 사람을 조기에 발굴하여 능력과 소질에 맞는 교육을 실시함으로써 개인의 타고난 잠재력을 계발하고 개인의 자아실현을 도모하며 국가와 사회의 발전에 이바지하게 함을 목적으로 한다."고 명시되어 있어, 우리나라의 영재교육이, ① 개인의 타고난 잠재력 계발을 통한 자아실현, ② 국가와 사회의 발전에 기여하기 위한 인재 양성을 목적으로 하고 있음을 알 수 있다.

영재교육의 역사

앞서 영재의 개념을 살펴보았지만, 초기의 지능 중심의 관점과 달리 환경과의 상호작용을 통해 계발되는 것으로 영재성을 보는 관점에 따르면, 다시금 영재가 누구이며, 어떤 사람을 영재교육의 대상으로 삼을 것인지에 대한 논란이 제기될 수 있다. 물론 이러한 혼란은 지능 중심의 관점으로 본다고 하더라도 그 기준점이 학자마다 다른 이상 쉽게 해소될 수 있는 문제는 아니다. 이러한 영재성에 대한 개념상의 모호성은 영재가 어떤 사람을 의미하는지를 분명하게 정의해 주지 못하고, 이로 인해 영재교육 대상으로 선정된 학생들을 영재라고 부를 수 있는지에 대해서도 알 수 없게 한다. 이러한 혼란은 우리나라 영재교육의 역사가 25년이 된 지금 시점에도 여전히 문제가 되고 있다.

우리나라의 영재교육은 박정희, 전두환 정부에서도 시도했으나 본격적으로 도입되지 못하였다.[6] 1985년에 영재 발굴 및 육성을 위한 프로젝트로 진행되어 선발된 3~5세의 신동 144명은 정권이 바뀌면서 제대로 된 교육을 받지 못하였다. 그 결과, 이들 중 "초 · 중 · 고교에서 학업에 대한 뜻을 잃은 영재가 전체의 39%"나 되었고, "획일적인 교육에 매몰되면서 타고난 재능마저 무뎌"지게 되는[7] 결과를 가져오기도 하였다.[8] 이는 영재들에게 제대로 된 교육이 이루어지지 못했을 때 개인적인 측면에서의 잠재 능력 계발과 성장이 저해될 뿐만 아니라, 국가적인 측면에서도 국가와 사회에 기여할 수 있는 능력 있는 인재를 잃을 수 있음을 보여 주는 사례다.

우리나라에서 영재교육이 본격적으로 도입된 시기는 2001년 「영재교육진흥법」, 2002년 「영재교육진흥법 시행령」이 발표되면서부터라고 볼 수 있다. 영재교육진흥종합계획 수립 시기별로 살펴보면, 「영재교육진흥법」 제정을 통한 법적 기반 마련과 영재학급-영재교육원-영재학교의 영재교육 체계를 확립한 '도입기'(1차, 2003-2007), 영재교육의 양적 성장과 교사 관찰을 통한 영재성 중심 선발제도를 도입한 '발전기'(2차, 2008-2012), 영재교육의 질적 수준 제고에 초점을 둔 '도약기'(3차, 2013-2017)를 거쳐 왔으며 현재 제4차 종합계획이 추진 중에 있다.[9] 제4차 종합계획에서는 '재능 계발 영재교육 기회 확대를 통한 창의융합 인재 육성'을 비전으로 삼아, 학생 수요 중심의 영재교육을 통한 재능 계발, 영재 선발의 다양성 제고, 영재교육의 연계성 확보, 영재교육 담당교원의 전문성 강화, 영재교육 지원체계 구축의 5대 분야를 설정하여 추진 중에 있다.[10]

   제4차 영재교육진흥종합계획의 특징적인 내용을 살펴보면, 첫째, 영재교육의 기회를 확대하고, 학생 중심의 관점에서 선발 및 프로그램을 운영한다. 이에 국가나 교육기관이 설정한 기준으로 영재를 선발하기보다는 '희망하는 모든 학생에게' 영재교육의 기회를 제공하는 학생 수요 중심의 관점으로 전환하면서, 학생 개인에게 맞는 '맞춤형 영재교육 프로그램' '다양한 선발체계 정립' '영재교육 진입의 유연성 확보'에 초점을 맞추고 있다. 둘째, 영재교육의 연계성 확보에 초점을 두고 있다. 그간 문제로 지적되었던 영재교육기관이나 교육과정 간 연계성을 확보하기 위하여 (가칭)영재교육종합포털 시스템을 확대·개편하고, 이를 통해 재능 발굴부터 성과 관리까지 영재교육의 전 단계를 온라인상에서 지원하고, 영재교육의 성과 분석을 위한 한국영재교육종단연구를 총 25년간(2017-2041) 추진하고 있다.

영재교육의 현황

현재 우리나라의 영재교육은 제1차 영재교육진흥종합계획(2003-2007)이 수립된 이후로 만들어진 영재학급, 영재교육원, 영재학교의 체계가 유지되고 있다. 이들 체계를 살펴보면, 영재학급과 영재교육원은 초·중·고등학교 단계에서 '비정규 교육과정'으로 이루어지는 것이 특징이다. 영재학급은 각급학교에서 방과후나 지역 공동 운영 체제로 운영하며, 영재교육원은 교육청, 대학 등에서 주 1회, 방과후, 주말, 방학 중 집중 프로그램으로 운영하고 있다.

영재학교는 고등학교 단계에서의 '정규 교육과정'으로, 현재 우리나라에는 과학과 과학·예술을 공부하기 위한 총 8개교가 설립, 운영되고 있다. 과학영재학교에는 한국과학기술원 부설 한국과학영재학교, 서울과학고등학교, 경기과학고등학교, 대구과학고등학교, 대전과학고등학교, 광주과학고등학교의 총 6개교가 있으며, 과학예술영재학교로는 세종과학예술영재학교, 인천과학예술영재학교의 총 2개교가 있다. 참고로, '과학고등학교'는 과학 분야에 능력이 뛰어난 학생을 대상으로 하고 있어 교육내용상으로는 영재교육에 해당하지만, 교육체제상 '영재학교'가 아닌 '특수목적고등학교'로 분류된다. 과학고등학교는 1983년 경기과학고등학교를 시작으로 각 시·도에서 공립고등학교 형태로 설립·운영되어 왔으며, 영재학교로 전환된 서울, 경기, 대구, 대전, 광주, 부산과학고등학교를 제외한 20개교가 운영되고 있다.

이상의 영재교육 운영체제를 나타내면 [그림 10-1]과 같다.

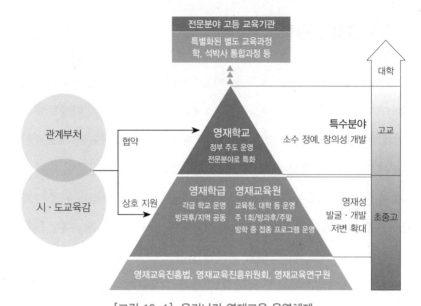

[그림 10-1] 우리나라 영재교육 운영체제

출처: 영재교육종합데이터베이스(GED) 홈페이지(https://ged.kedi.re.kr/index.do).

이들 영재교육기관에서 교육을 받고 있는 학생 수는 전국 초 · 중등 학생 수와 비교하여 2003년 0.25%(19,974명)를 시작으로 매년 조금씩 증가하여 2017년 1.91%(109,266명)로 가장 높아졌다가, 2020년 현재 1.53%(82,012명)를 보이고 있다.

〈표 10-1〉에서 영재교육기관의 유형별 기관 수를 살펴보면, 정규 교육과정인 영재학교 · 과학고가 28개, 비정규 교육과정인 영재학급 이 1,391개, 영재교육원이 337개다. 기관별 영재교육대상자 수를 그 비율로 살펴보면, 영재학급(40%)과 교육청 주관 영재교육원(38.36%) 이 가장 많고, 대학부설 영재교육원(13.23%), 영재학교 · 과학고(8.4%) 의 순으로 나타남을 알 수 있다.

〈표 10-1〉 영재교육기관 유형별 기관 수와 영재교육대상자 수(2020년 기준)

[단위: 개, %]

구분		영재학교·과학고	영재교육원		영재학급	계
			교육청	대학부설		
기관	수	28	255	82	1,391	1,756
	비율	1.59	14.52	4.67	79.21	100
영재교육대상자	수	6,892	31,457	10,852	32,811	82,012
	비율	8.40	38.36	13.23	40	100

출처: 영재교육종합데이터베이스(GED) 홈페이지.

　　우리는 흔히 '영재교육'이라고 하면 '수학'이나 '과학' 분야에 재능을 지닌 학생들을 떠올린다. 국악이나 미술, 체육에 재능이 있는 학생들도 상당수 있고, 이 학생들을 위한 특수목적고등학교(예: 국악고등학교, 미술고등학교, 체육고등학교)가 존재하지만, 아직 우리나라의 교육체제하에서 이들 학교는 영재학교로 분류되지 않고 있다.

　　이러한 점들을 고려하여, 현재 영재교육 운영체제하에서 이루어지고 있는 영재교육 수혜 학생 비율을 영역별로 살펴보면 〈표 10-2〉와 같다. 수·과학(39%), 과학(14.86%), 수학(12%)이 두드러지게 높게 나타나 수학과 과학 분야에 영재교육이 상당히 편중되어 있음을 알 수 있다. 그 외 분야에서는 융합(11.26%), 인문사회(5.50%), 정보과학(5%), 체육(4.31%), 발명(2.07%), 음악(2.06%), 미술(0.54%)의 순으로 나타난다.

〈표 10-2〉 **영재교육 운영 영역 및 수혜 학생 비율(2020년 기준)** 　[단위: 명, %]

구분	수학	과학	수·과학	정보과학	인문사회	외국어	발명	음악	미술	체육	융합	기타	계
학생 수	9,839	12,189	31,588	4,076	4,514	1,462	1,699	1,691	444	3,531	9,237	1,742	82,012
비율	12.00	14.86	39	5	5.50	1.78	2.07	2.06	0.54	4.31	11.26	2.12	100
	65.38					34.62							

출처: 영재교육종합데이터베이스(GED) 홈페이지.

영재학교와 과학고는 어떻게 다른가

영재교육기관과 관련하여 영재학교와 과학고의 차이가 무엇인지 궁금해하는 사람들도 많다. 한국과학영재학교나 세종과학예술영재학교와 같이 설립 단계에서부터 영재학교로 설립된 곳이 있는 반면, 서울과학고등학교 등 기존에 과학고였다가 영재학교로 전환된 경우도 있기 때문에 이러한 혼란이 있을 수 있다.

이들 두 기관은 근거 법령, 설립 주체 및 목적, 교육과정, 학생 모집 단위에 있어서 차이가 있다. 영재학교는 「영재교육진흥법」에 근거를 두고 교육부장관이 이공계 분야 우수 인재 양성을 목적으로 설립한 학교로, 교육과정상 '무학년제' '학점제'를 운영하기 때문에 조기졸업이 불가능하며, 전국 단위로 학생을 모집한다. 반면, 과학고는 「초·중등교육법」에 근거하고 시·도교육감이 교육부장관의 동의를 얻어 과학 분야 우수 인재 양성을 목적으로 설립한 학교로, 교육과정상 학년제를 운영하여 2년 조기졸업이 가능하고, 광역 단위로 학생을 모집하는 것이 특징이다.

〈표 10-3〉 국내 영재학교와 과학고의 운영 개요

구분		영재학교	과학고등학교
운영 현황		8교(공립 7교, 법인 1교*) * KAIST 부설 한국과학영재학교 (KSA, 부산 소재)	20교(공립 20교)
'20년 재학생 수 ('20. 4. 1. 기준)		2,505명 (입학정원: 789명)	4,419명 (입학정원: 1,638명)
근거 법령		「영재교육진흥법」	「초·중등교육법」
학교 설립 지정	설립 목적	이공계 분야 우수인재 양성	과학 분야 우수인재 양성
	지정(취소) 권한	교육부장관 (중앙영재교육진흥위원회 심의)	시·도교육감 (교육부장관 동의)
	재지정 평가	평가제도 없음	5년 주기 평가
교육 과정 운영	교육과정 편성·운영	학칙으로 정함	국가교육과정(교육부 고시)에 따름
	졸업제도	무학년제, 학점제 운영	학년제, 총 이수단위제 운영 ※ 2학년 조기졸업 가능
	교과용 도서	영재학교장이 필요한 도서 또는 교재 채택	교육부장관 검·인정 교과용 도서
	학교생활 기록	영재학교장이 별도 작성·관리	교육행정정보시스템(NEIS) 의무 사용
학생 선발	입학자격	• 중학교(각종학교 포함) 졸업자 • 동등 이상 학력을 인정받은 자 • 중학교(각종학교 포함) 재학생	• 중학교(각종학교 포함) 졸업자 • 동등 이상 학력을 인정받은 자
	모집 단위	일반	전국단위 모집	소재지 시·도 학생(광역단위 모집) ※ 과학고가 없는 세종·광주는 인근 시·도 과학고 지원 가능
		사회 통합	정원외 선발(권장)	정원내 20%(의무)
	전형 방법	• 학교별로 상이하나, 대체로 다음 과 유사한 형태임* －1단계: 학생기록물 또는 서류 평가 －2단계: 영재성 검사 또는 창의 적 문제해결력 검사 －3단계: 영재성 캠프 또는 영재 성 다면 평가	• 자기주도적 학습전형 • 과학창의성 전형 －학습계획서, 추천서, 생활기록부 를 통한 서류 평가+과학 창의성 평가 ※ 사교육을 유발할 수 있는 올림피 아드, 각종 경시대회, 영재교육원 등 의 실적 미반영, 내신만으로 선발

* 영재학교 전형 방법은 2022년 이후 시행 예정인 방법을 요약함(에듀진, 2021. 2. 23.).[11]

출처: 교육부(2020. 11.). 영재학교·과학고 입학전형 개선방안.

〈표 10-4〉 한국과학영재학교의 교육과정 편제표(2021학년도)

영역	구분	교과	핵심(필수)	심화(선택)	융합	합계
교과	인문	국어	9	19	8	60
		사회	12			
		영어	12			
		체육	4			
		음악 · 미술	4			
		소계	41	19		60
	자연	수학	16	34		76
		물리	6			
		화학	6			
		생물	6			
		지구과학	4			
		정보과학	4			
		소계	42	34		76
합계			83	53	8	144
창의 · 연구 활동	창의 기초 연구		6			30
	소집단 자율 연구 및 국내외 위탁교육		16			
	졸업연구		8			
역량 중심 리더십 활동	자기계발 활동		최소 60시간 이상			총 300 시간 이상
	협업 활동		최소 60시간 이상			
	세계시민 활동		최소 60시간 이상			
합계						30
총계						174

출처: 한국과학영재학교 홈페이지(https://www.ksa.hs.kr/Home/Sub/131).

  영재학교의 교육과정은 어떻게 이루어지고 있을까? 과학고등학교 는 '국가교육과정 고시'에 따르고 있는 반면, 영재학교는 교육과정 편성과 운영을 '학칙'으로 정하고 있다는 것이 특징이다. 한국과학영재학교를 예로 들어 살펴보면, 영재학교의 교육과정은 ① 교과, ② 창의ㆍ연구활동, ③ 역량 중심 리더십 활동으로 편성되어 있다. 교과는 총 144학점으로 인문계열 교과(60학점), 자연계열 교과(76학점), 융합과목(8학점)으로, 창의ㆍ연구 활동은 창의기초연구(6학점), 소집단 자율연구 및 국내외 위탁교육(16학점), 졸업연구(8학점)로 구성되어 있다. 역량 중심 리더십 활동은 학생들의 공동체 의식 및 건전한 인격과 가치관을 형성할 수 있도록 자기계발 활동, 협업 활동, 세계시민 활동으로 편성하여 3년간 총 300시간 이상 이수하도록 하되, 영역별로 최소 60시간 이상 이수하도록 규정되어 있다. 구체적인 내용은 앞의 〈표 10-4〉와 같다.

영재교육, 그 미래는?

  영재성의 개념이나 기준도 분명하게 합의가 되지 않은 상황에서, 영재교육대상자의 선발 기준이나 특정 집단에 대한 영재교육 프로그램 지원 등은 지금과 같이 영재교육을 희망하는 사람들이 많은 상황에서는 더욱 문제가 될 수 있다. 따라서 이 문제는 영재교육의 목적과 효과 측면에서 보다 심층적이고 장기적으로 검토할 필요가 있다. 특히 사회적으로 논란이 되고 있는 영재학교의 경우, 일반고와 대비하여 상대적으로 높은 국가 예산이 투입되어 우수한 교육시설과 교원, 교육 프로그램을 제공하고 있지만, 이 인재들이 이공계 분야의 전문가로 성장하여 국가적으로 기여하고 있는가에 대한 의구심에 대하여 향후 종단연구나 추적 조사를 통해 그 답을 구할 필요가 있을 것이다.

또한 별도의 정규 영재교육이 과연 필요한가에 대한 질문에 대해서도 '일반 학생들과 함께 학교를 다니면서 사회성을 기르고, 재능을 보이는 특정 영역에 대해서만 풀–아웃(pull-out) 형태의 교육 프로그램을 제공하는 것'이 더 바람직한 것은 아닌지도 검토해 보아야 한다. 남들보다 뛰어난 지능이나 재능을 가진 학생들이 그렇지 못한 평범한 학생들과 같이 교육을 받는 것이 교육적 성장의 관점에서 보았을 때 과연 덜 효과적인 것일까, 혹시 우리는 더 효율적인 것에만 초점을 두어 바라보고 있지는 않은지 생각해 볼 필요가 있다.

그렇다면 앞으로 어떠한 방향으로 우리의 교육을, 그리고 영재교육을 실시해야 하는 것일까? 아마도 그 방향성은 영재학교에 대한 사회적 쟁점과 더불어 우리 사회가 지속적으로 논의하고 합의해 나가야 할 문제일 것이다. 영재가 '타고난 것'이 아니라 '길러지는 것'이라는 관점에서 그러한 책무를 국가와 교육기관이 갖고 있고, 영재가 아니더라도 한 개인의 특성을 고려한 개별화된 교육이 강조되고 있는 현 시점에서, 국가 발전에 기여하는 인재 양성의 관점뿐만 아니라 한 개인의 성장과 발달을 지원하는 교육적 관점에서 영재교육의 미래 방향을 고민해야 한다.

[10장 후주] _____

1 최호성(2016). 한국 영재교육의 위기 현상 진단과 해결 방안. **영재교육연구,** 26(3), 493-514.

2 최호성(2014). 한국 영재교육 10년의 성과와 향후 발전 방안: 고슴도치와 여우의 협업을 지향하여. **영재와 영재교육,** 13(3), 5-30.

3 Gagné, F. (2009). The differentiated model of giftedness and talent. In J. S. Renzulli, E. J. Gubbins, K. S. McMillen, R. D. Eckert, & C. A. Little (Eds.), *Systems & models for developing programs for the gifted & talented.* (2nd ed., pp. 165-192). Mansfield Center, CT: Creative Learning Press, Inc.

4 Renzulli, J. S. (1998). A rising tide lifts all ships: Developing the gifts and talents of all students. *Phi Delta Kappan, 80*(2), 104-111. Retrieved from https://gifted.uconn.edu/schoolwide-enrichment-model/rising_tide/#.

5 교육부 보도자료(2020. 11. 17.). 영재학교 · 과학고 입학전형 개선방안 발표.

6 이정규(2020). 우리나라 영재교육 40년, 영재교육 패러다임의 도전과 전환. **영재와 영재교육,** 19(1), 5-24.

7 중앙일보(2001. 3. 28.). [평준화교육 4반세기] 1. 사라진 영재들.

8 조석희, 안도희, 한석실(2003). 영재성의 발굴 및 계발에 영향을 미치는 요인 분석 연구(CR 2003-28). 서울: 한국교육개발원.

9 김주아, 한은정, 조석희, 한기순, 안도희(2017). 생애주기별 맞춤형 영재교육 지원체제 구축 방안 연구(RR 2017-21). 충북: 한국교육개발원.

10 교육부(2018. 3.). 제4차 영재교육진흥종합계획(2018-2022).

11 에듀진(2021. 2. 23.). [2022 영재학교 입시] 올해부터 중복 지원 금지 … 바뀐 전형 대비법은?

11
누구나 대학 가는 시대, 대학입학정책의 방향

김 용

　추운 겨울 날 대학입학시험을 치르러 고사장으로 들어가는 수험생과 자녀의 뒷모습을 바라보면서 간절하게 기도하는 어머니는 오랫동안 한국 교육을 상징하는 영상이었다. 1970년대 일본을 방문한 한 서양 학자는 일본에서 대학입학시험에 합격하는 것을 생물적 출생 이후의 사회적 재탄생에 비유하였다. 일본 이상으로 한국에서도 어떤 대학에 입학하는가는 장래 어떤 삶을 살게 되는가와 밀접한 관련이 있고, 그만큼 대학입학을 향한 경쟁은 치열하였다. 오늘날도 여전히 좋은 대학에 입학하기 위한 경쟁이 중학교, 심지어 초등학교에서부터 시작되고, 학생들의 삶은 물론 가정과 사회에도 큰 영향을 미치고 있다.

　과거에는 대학교육을 받고자 하는 사람에 비하여 대학 입학정원이 매우 부족하여 입학경쟁을 공정하게 관리하는 일이 중요하였다. 국가는 대학입학제도를 여러 차례 바꾸어 가면서 시기마다 제기된 문제에 대응해 왔다. 그러나 대학입학정책이 모든 사람을 만족시킬 수는 없었다. 근래 들어 대학입학을 둘러싼 상황이 변하고 있다. 저출생으로 인하여 학생 수는 크게 줄어들고 있지만, 그 사이 대학은 계속 늘어나서 이제 대학교육의 공급과 수요가 역전되었다. 이제는 학생을 선발하는 대학보다 학생을 모집해야 하는 대학이 더 많다. 대학입학제도 운영에 관한 상당한 변화가 필요한 시점이다.

대학입학제도 운영의 논리

대학의 학생 선발은 고등학교 교육과 대학교육을 연결하는 가교와 같은 것이며, 개인은 물론 사회에도 중요한 의미를 갖는다. 대학입학제도는 대학교육을 받을 사람을 선발하는 방식에 관한 것이지만, 대학의 학생 선발은 고등학교 교육에 상당한 영향을 미칠 수밖에 없다. 수험생 개인의 입장에서는 초·중·고등학교에서 익힌 학력을 평가받고, 장기간 노력에 대한 보상을 받는 일이지만, 사회적으로는 각 분야에서 일할 인력을 충원하는 의미도 지닌다. 대학입학은 여러 주체에 상당한 파급 효과를 미치고, 그 사회적 의미가 복합적이기 때문에, 대학입학제도를 운영하는 데 있어 원칙을 정하는 것은 매우 중요하다.

제도 운영의 원칙은 당대의 문제 상황과 조응한다. 교육 현실이 변하고 정책 문제가 바뀌면 제도 운영의 원칙도 변하기 마련이다. 대학입학제도 운영의 원칙 역시 변화하고 있다.

대학입학을 결정하는 중요한 요인은 대학에 들어가고자 하는 사람과 대학에서 수용할 수 있는 사람의 수다. 고등교육 연구자인 마틴 트로우(Martin Trow)는 각국의 고등교육이 엘리트교육에서 대중교육으

로, 그리고 보편교육으로 발전한다는 주장을 폈다.[1] 그는 중등학교를
마치고 대학교육을 받을 수 있는 인구의 약 15% 미만이 대학에 입학하
는 때까지는 고등교육이 엘리트교육의 성격을 지니지만, 15%를 넘어
서면 대중교육으로 변모하고, 50%를 넘어서면 국민 대다수가 어떤 종
류든 고등교육을 받게 되는 보편교육으로 변한다고 주장한다. 엘리트
교육 단계에서는 중등학교에서의 성적이나 시험에 의하여 선발하지
만, 대중교육 단계로 이행하면 능력주의와 함께 교육기회 균등 원리가
적용된다. 그리고 보편교육 단계에서는 누구에게나 고등교육 기회를
보장하고, 입학자 전체적으로 학업성취 달성 수준을 균등화하게 된다.

한국의 경우 대략 1970년대 말에서 1980년대 전반기 사이에 고등교
육이 대중교육 단계로 진입하였고, 1990년대 초·중반에 보편교육 단
계에 접어들었다. 시기마다 정책 문제가 달랐고, 대학입학제도 운영
원리도 진화해 오고 있다.

1980년대까지, 즉 엘리트교육 단계에서 대중교육 단계로 막 이행한
시기까지는 대학 입학경쟁이 무척 치열하였고, 고등학교 교육이 대학
입시에 철저하게 종속되어 있었다. 이 시기에는 ① 고등학교 교육과
정 운영의 정상화, ② 대학입학 적격자 선발의 타당성 제고, ③ 사회 통
합 강화 등을 대학입학제도 운영 원리로 들었다.[2] 고등학교 교육이 대
학입시에서 해방되어 고등학교 교육의 본연의 목표를 추구할 수 있도
록 하는 일과 대학수학능력이 있는 사람을 선발해야 한다는 원리는 지
금까지도 중요한 제도 운영 원리로 여겨지고 있다. 사회 통합 강화는
1970년대부터 심화되기 시작한 도농 격차, 지역 격차를 완화할 수 있
도록 대학입학제도를 운용해야 한다는 원리였다. 그 후에는 사회적 약

자에게 고등교육 기회를 제공하여 사회 통합을 도모해야 한다는 사고로 발전하였다.

1990년대 중반 이후에는 고등교육이 보편화되었다. 이 시기에는 국가가 대학입학제도 운영을 주도하는 것이 대학마다 특성을 살려서 적격자를 선발하는 일을 어렵게 한다는 문제가 제기되었다. 최초의 문민정부인 김영삼 정부 이후 한국 사회가 전체적으로 민주화하고 대학 자율성에 대한 요구가 높아지면서 대학의 학생 선발 자율성이 운영 원리로 추가되었다. 1990년대 말부터 다양한 형태의 특별전형제도가 시행되었고, 2000년대 말부터는 입학사정관제도를 필두로 대학마다 독특한 선발 방식을 도입하고 있다. 이 시기에는 대학 문호가 넓어진 만큼 대학에 입학하고자 하는 학생도 늘어났고, 헌법재판소가 2000년에 과외 금지 법률을 위헌이라고 결정한 이후로 사교육비 증가가 큰 사회 문제가 되었다. 이 무렵부터 사교육비 완화가 대학입학제도 운영의 원칙이 되었다. 이런 방향에서 수능 문제를 쉽게 출제하고, 교육방송(EBS) 교재에서 수능 문제 일부를 출제하는 방침이 결정되었으며, 그것이 오늘에 이르고 있다.

그런데 대학의 학생 선발 자율성이 확대되면서 대학에서 수학할 능력을 갖춘 사람을 선발하는 데에는 기여했을지 모르나, 뜻하지 않은 문제에 봉착하게 되었다. 대학의 입학전형 방식이 너무 다양해지고 그만큼 복잡해져서 입시를 준비하는 학생과 학부모들에게 큰 부담이 되는 것이다. 아울러, 대학이 적격자를 선발하고자 하면서 학교교육 외에 다양한 경험을 전형 요소로 추가하게 되자, 학생들 사이에 스펙 쌓기 경쟁이 일어났다. 그런데 학생들의 학교 밖 경험은 부모의 경제력과 사회적 자본, 즉 인맥에 상당히 의존할 수밖에 없었다. 경제적으로 여유가 있고 부모의 인맥이 넓은 가정에서 자란 학생의 대학입학 기회는 넓어진 반면, 부모가 생업에 바빠서 자녀의 학교 밖 경험을 챙겨 주지 못하고, 여러 대학의 다양한 입학 방침에 관하여 적절한 안내를 받을 수 없는 가정의 학생들은 불리함을 겪게 되었다.

이와 함께 대학입학전형제도가 다양화되는 과정에서 국가가 주관하는 시험, 즉 대학수학능력시험의 영향이 줄고, 대신 고등학교 학교생활기록부의 영향이 확대되었다. 그런데 고등학교에서 학교생활기록부를 작성하는 과정부터 대학이 그 기록을 평가하는 과정까지 주관성이 과도하다는 비판이 제기되었다. 이런 배경에서 근래는 공정성이 대학입학제도의 중요한 원칙이 되고 있다.

대학입학정책 문제의 전개와 변동

대학입시제도가 너무 자주 바뀐다고 한다. 실제로 비교적 큰 변화만 하더라도 해방 이후 1990년대 중반까지는 4.2년마다 한 번씩 바뀌었고, 특히 1980년대 들어서는 약 2.5년마다 변화가 일어났다. 그 후로도 특별전형과 수시 입학을 도입하고, 입학사정관제도와 학교생활기록부 전형을 시행하는 등 굵직한 변화가 계속되고 있다. 대학입학제도의 변화를 넓은 안목으로 파악하고자 하면, 기준을 세워서 몇 개의 시기로 구분하여 이해할 필요가 있다.

대학이 학생을 선발하는 과정에서 가장 중요하게 활용한 자료와 그 자료를 산출한 주체를 중심으로 대학입시정책의 전개과정을 세 시기

로 구분할 수 있다.[3]

① 본고사 중심의 대학 자율 입시 운영기(1945~1980)
② 국가 주관 시험 중심의 국가 주도 입시 운영기(1981~2008)
③ 고등학교 산출 기록 중심의 대학 자율 입시 운영기(2009~현재)

본고사 중심의 대학 자율 입시 운영기(1945~1980)에는 대학이 입시를 좌우하였다. 대학별 본고사는 고등학생들의 학습에 여러 가지 면에서 큰 영향을 끼쳤다. 주요 대학에서 국어와 영어, 수학을 본고사 과목으로 채택함에 따라 학생들의 학습 편식이 중요한 문제로 제기되었다. 서울대 등 주요 대학의 본고사 문제는 고등학교에서 수업을 받는 것만으로는 도저히 풀기 어려웠다. 금전적 여유가 있는 가정에서는 고액 과외를 받는 방식으로 본고사에 대비하였고, 일선 고등학교의 수업은 왜곡과 파행이 일상이었다. 재수생이 급증하는 것도 중요한 사회문제가 되었다. 이와 같은 상황에서 '고교교육 정상화'가 대학입시와 관련하여 중요한 문제로 제기되었다.

한편, 1970년대 중반 이후 고등학교 체제에 중요한 변화가 나타났다. 1974년부터 순차적으로 고등학교 평준화 정책이 시행되었다. 고등학교가 서열화되었던 시기에는 고등학교 내신 성적을 대학입시에 반영해야 한다는 주장이 거의 존재하지 않았지만, 고등학교 평준화가 확산되면서 고등학교 내신 성적을 대입에 반영해야 한다는 주장이 강해졌다. 1980학년도는 전국의 대도시에서 평준화 체제 고교생이 처음으로 대학입시를 치르는 해가 되었다.

국가 주관 시험 중심의 국가 주도 입시 운영기(1981~2008)의 정책 문제는 '고교교육 정상화'였다. 전두환 정부는 대학별 본고사를 폐지하고 대학입학학력고사를 시행하기 시작하였다. 대학입학학력고사는 고등학교에서 공부하는 거의 모든 과목에서 문제를 출제하고, 고등학교에서 정상적으로 학업을 이수하면 해결할 수 있는 수준의 문제를 출제하였다는 점에서, 그리고 모든 문제가 선다형이었다는 점에서 기존 대학별 시험과 달랐다. 또 전두환 정부는 과외를 금지하였다. 학생들이 가정 배경과 관계없이 오로지 자신의 노력만으로 대학입학 기회를 부여받을 가능성이 상대적으로 높아졌다.

한편, 이 시기에는 고등학교 내신을 대입전형 자료로 활용하기 시작하였다. 내신 활용은 고등학교 교육 정상화와 직결된 것으로, 고등학교 교사들에게서 지지를 받았다. 그러나 대학은 학교 간 차이가 존재하는 상황에서 내신을 전형 자료로 활용하는 일을 꺼렸다. 당시 형식상으로는 내신 반영 비율이 40%에 이를 만큼 높았지만, 대학은 실질 반영 비율을 10% 선으로 조정하는 방식으로 대응하였다. 결과적으로 국가가 주관하는 대학입학학력고사 성적이 가장 중요한 전형 자료가 된 것이다.

학력고사 문제가 선다형으로 출제되면서, 지식 위주의 암기식 수업이 이루어졌다. 고등학교에서는 참된 학습이 아니라 '찍기 훈련'이 이루어지는 경우를 찾아보기 어렵지 않았다. 또한 교과목별로 분절적으로 시험 문제가 출제되면서 통합적 사고 능력을 기르기 어렵다는 비판도 제기되었다. 대학입학시험으로서의 타당성에 관한 비판이 심각해졌다.

이런 비판에 대한 대응으로 1994학년도부터 대학수학능력시험이 시행되었다. 이 시험은 지식 암기가 아니라 사고 능력을 측정하여, 대학에서 수학할 수 있는 능력을 확인하고자 하였다. 또한 과목을 뛰어넘어 교과 통합적으로 폭넓은 사고 능력을 측정하고자 하였다. 수능시험은 시행 초기 대학입학시험으로서 타당성이 높은 시험이라는 긍정적 평가를 받았다. 그러나 기존에 교과목별로 개별적으로 수업을 하는 데 익숙했던 교사들 가운데 새로운 시험에 적응하지 못하는 경우가 적지 않았다. 이들이 수능시험 형식을 변화시키도록 압력을 행사하였고, 결과적으로 수능시험은 기존 학력고사에 가깝게 변화해 갔다.

이 시기에는 대학이 학생 선발에서 주도권을 행사하지 못했기 때문에 대학의 불만이 상당하였다. 1995년에는 자율 중심의 교육 개혁을 추진하면서, 대학의 학생 선발에서도 대학 자율성을 높이는 문제가 표면으로 떠올랐다. 한편, 이 시기에 과학고와 외고 등 특수목적고등학교 설립이 증가하였고, 2000년에는 헌법재판소가 과외금지 정책을 위헌으로 결정하였다. 1990년대 말부터 시행되기 시작한 제7차 교육과정은 학생 선택, 학교 선택 교육과정을 처음으로 도입하여 학교 간에, 학생 간에 고등학교에서 이수하는 교과목이 달라지기 시작하였다. 이 무렵 한 차례 시험 성적보다는 다양한 요소를 종합적으로 평가하여 학생을 선발하자는 논의, 즉 '시험에서 전형으로'라는 논의가 확산되었다.[4]

고등학교 산출 기록 중심의 대학 자율 입시 운영기(2009~현재)는 '학교교육 정상화'와 '사교육비 경감'이라는 정책 문제에 대한 응답으로 문을 열었다. 고등학교 교육이 수능 시험 준비에만 매진하고 있어서, 고등학교에서 응당 해야 할 경험을 풍요롭게 하지 못하는 현실이 문제이니, 대학입학전형에서 수능 성적 반영 비율은 낮추되 고등학교에서의 학업과 생활기록인 학교생활기록부 반영 비중을 강화하고, 그 밖에 다른 전형 요소 활용도도 높이자는 것이 정책 취지였다. 이렇게 하면 중등교육 정상화와 사교육비 경감을 기대할 수 있다고 보았다. 아울러, 대입전형에서 수능시험과 같은 시험 점수 반영 비율은 낮추되 시험 성적이 아닌 다른 전형 요소의 반영 비율을 높여서 전형으로서의 타당성과 적격자 선발을 도모하고자 하였다. 궁극적으로는 대입시험 경쟁 완화를 기대한 것이다.

이런 방침은 대학과 고교 양쪽에서 환영받았다. 대학은 다양한 전형 자료를 조합하는 방식으로 학생 선발의 자율성을 보장받았다. 고등학교에서 산출하는 기록이 중요한 전형 자료로 활용되면서 고등학교 교사들의 지위도 상대적으로 강화되었다. 한편, 1990년대부터 특수목적 고등학교 설립이 증가하면서 고교 평준화 체제가 사실상 해체되기 시작하였는데, 특히 2008년 이명박 정부가 '고교 다양화 300' 정책을 시행하고, 자율형 사립고등학교가 크게 확대되면서 고등학교 서열화가 명확해졌다. 그런데 고등학교 학생부 산출과정과 대학에서의 학생부 활용과정에서 여러 가지 문제가 노출되면서 선발과정에서의 공정성 문제가 심각하게 제기되기 시작하였다.

이상의 내용을 정리하면 [그림 11-1]과 같다.

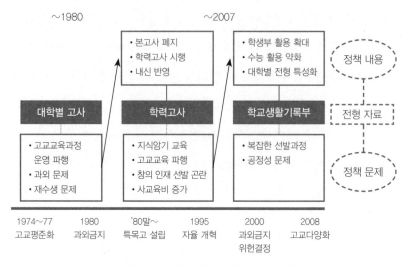

[그림 11-1] 대입정책 문제 구조의 변동

출처: 김용(2019). 대학 전입 시대, 대학 입시 정책의 방향. 한국행정연구, 28(4), 42.

대학입학전형 자료와 공정성

앞에서 확인한 것처럼, 대학입학정책을 전개하는 과정에서 학생 선발에 활용하는 중요한 전형 자료가 추가되었다. 초기에는 대학별 시험 또는 전형 자료를 활용하였으나, 그 후에 수능시험 같이 국가가 주관하는 시험과 학교생활기록부처럼 고등학교에서 산출하는 자료가 중요한 전형 요소로 활용되고 있다.[5]

대학별 전형 자료는 대학이 원하는 학생을 선발하고자 할 때, 가장 적절하게 활용할 수 있는 요소다. 대학별 전형 자료는 고교 내신 자료나 수능시험에서 확인할 수 있는 수험생의 능력과는 다른 차원의 능력을 확인할 수 있으며, 대학별로 적격자 선발의 타당성을 높일 수 있다. 과거에는 대학별 전형의 일환으로 본고사라고 불리는 시험을 치렀고,

그 후에는 대학별 논술고사나 실기 시험, 또는 면접을 치르고 있다.

대학교육 적격자 선발이 학생 선발의 중요한 원칙임을 상기하면, 선발의 타당성을 높이기 위하여 대학별 전형 자료를 폭넓게 활용할 필요가 있다. 그런데 대학별 전형을 완전히 자율에 맡기는 경우, 고교교육 정상화를 저해할 가능성이 크다. 과거 본고사 중심으로 대학이 학생을 선발할 때, 고등학교 교육은 파행 그 자체였다. 또한 대학별 전형 자료의 객관성과 공정성을 확보하는 일도 쉽지 않고, 대학의 입시부정이 일어날 소지도 없지 않다. 2000년대 이후로는 국어, 영어, 수학 위주의 대학별 지필고사를 금지하고 있는데, 이는 대학별 전형 확대의 문제점을 차단하기 위한 것이다.

국가가 주관하는 시험, 즉 대학수학능력시험은 대학별 전형 자료나 고등학교 기록에 비하여 객관성을 유지할 수 있는 장점을 지니고 있다. 학생 선발의 공정성을 유지하기 위해서는 대학수능시험 성적을 더 많이 반영해야 한다는 견해가 일반적이다. 현재의 수능시험은 '발전된 학력고사'로서의 성격을 띠며, 암기력을 측정하기보다는 고차적 사고 능력을 신장하는 교육을 유도하기 위하여 도입되었다. 이 점에서는 현재의 수능이 학생 선발의 공정성뿐만 아니라 고등학교 교육의 정상화와 대학수학능력 적격자 선발 기능도 수행하고 있다고 할 수 있다.

그런데 수능시험에도 문제점이 적지 않다. 고차적 사고 능력을 평가하기 위하여 개발된 수능이 점차 단순한 사고 능력을 확인하는 시험으로 변화하고 있으며, 여전히 암기 위주 학습이 지속되고 있다. 아울러, 과외가 합법화된 상황에서 질 높은 학원 강의를 듣는 것과 수능 성적 사이에 상관관계가 확인되면서 과외를 부채질하고 있는 것도 사실이

다. 정부에서는 수능시험이 유발하는 사교육을 경감하기 위하여 교육
방송 교재에서 수능시험 문제 일부를 출제하고 있으나, 학생을 선별하
기 위하여 매우 어려운 문제를 두어 문제씩 출제하고 있다. 이것이 고
액 과외를 유발하는 중요한 원인이 된다. 고등학교 교실 수업이 교육
방송 교재 문제풀이로 변질한 것도 문제다.

고교 내신 자료는 중등교육의 정상화를 담보하기 위한 중요한 전형
요소다. 고교 내신 자료는 수능시험과 대학별 전형 자료에 포함되지
않는 교과와 시험과는 직접 관련되지 않지만 교육적으로 중요한 의미
가 있는 활동을 반영한다. 고등학교 본연의 활동을 반영하는 전인적
평가 자료의 특성을 지닌다. 과거에는 교과 성적이 고교 내신을 구성
했지만, '시험에서 전형으로'라는 원칙이 확산한 시기부터는 교과 성
적 외에 다양한 활동 기록이 학교생활기록부에 기재되고 있다. 입학사
정관제도가 운영된 2000년대 말 당시에는 학교 안에서의 활동 외에 학
교 밖에서의 다양한 활동도 기록하였으나, 가정의 경제력에 좌우되는
스펙 쌓기 경쟁의 불공정성 문제가 제기되면서, 근래는 학교 내의 활
동 기록만을 기재하고 있다.

학교생활기록부가 학생 선발의 중요한 자료로 활용되면서, 고등학
생들이 교과 외에 다양한 활동을 하고, 고등학교 수업을 정상화하는
데에도 상당히 기여하였다. 그러나 학교에서 교사들이 학교생활기록
부를 작성하는 과정에서 과잉 기재, 부실 기재, 학생 직접 기재 등 적
지 않은 문제들이 나타나고 있다. 또한 사설 입시기관이 학생들의 학
교생활기록부를 관리해 주는 일도 있으며, 대학에서 학생의 출신 고등
학교에 따라 학생을 차별하거나 학교생활기록부를 부실 평가하는 문

제점도 나타났다.

　대학이 학생 선발과정에서 자율성을 강화하고, 국가가 주관한 시험이 아니라 고등학교에서 산출한 각종 기록이 중요해지면서 학생 선발에서 공정성이 중요한 문제가 되고 있다. 2018년에는 학교생활기록부 중심의 수시 입학을 확대할 것인가, 대학수학능력시험 중심의 정시 입학을 확대할 것인가를 둘러싸고 공론화가 이루어지기도 하였다. 그런데 '수능 시험 성적은 공정한 것이고, 학교생활기록부는 공정하지 않다'는 생각은 단견이다. '공정하다'는 것은 순전히 학생 자신의 노력에 응당하게 평가를 받는 것을 의미한다. 만약 일체의 과외가 금지되고, 나아가 가정의 영향력도 완전히 배제된 상태에서 오로지 학생 자신의 힘만으로 시험을 치를 수 있다면, 그 시험 성적은 공정하다고 할 수 있을 것이다. 그러나 이런 일은 현실에서 일어나지 않는다. 오히려 고액 과외를 받을 수 있는 학생은 난도가 높은 문제를 잘 풀고 고득점을 얻을 가능성이 크다. 어려서부터 가정에서 부모에게 좋은 교육을 받은 학생 역시 높은 성적을 올릴 것이다. 이런 점에서 수능시험 역시 공정한 것은 아니다. 다만, 학교생활기록부를 작성하고 평가하는 과정에서의 온갖 부실과 부조리 가능성에 비하면 더 감내할 만하다고 인식할 뿐이다.

고등교육의 변화가 가져올 대학입학제도의 변화

　고등교육을 둘러싼 상황이 급변하고 있다. 저출산 여파로 중등학교 졸업생이 해마다 급감하고 있으며, 대학교육의 사회적 가치가 약화되면서 대학 진학률마저 점차 하락하고 있다. 이제는 대학입학을 원하는 누구나 대학에 입학할 수 있는 대학전입시대(大學全入時代)가 개막하였다. 대학전입시대에는 대학의 학생 선발 양상이 다음과 같이 변화하게 될 것이다.[6]

첫째, 고등교육 수요자에 비하여 대학 정원이 적은 시대에는 모든 대학이 학생을 선발하였지만, 이제는 상당수 대학이 학생을 모집해야 하는 상황이 전개된다. 벌써 입학전형의 선발 기능이 무력화되는 대학이 나타나고 있다. 대학전입시대 이전에는 '선발' 기능의 공정성이나 타당성을 중심에 두고 대학입학정책을 설계해 왔지만, 이제는 정책 방향을 바꿔야 한다. 그동안 대학입시가 학생들의 학력을 어느 정도 보증하는 장치를 해 왔으나, 이 기능 역시 약화될 것이다. 따라서 대학입시정책에서 대학 진학 희망자들의 최소한의 수학 능력을 어떻게 보장할 것인가가 중요한 정책 문제로 제기된다.

둘째, 대학에 진학하는 학생들은 연령이나 출신 국가 등 여러 가지 면에서 과거에 비하여 훨씬 다양해질 것이다. 과거에는 대학이 동일한 특성을 지닌 학생들을 한 줄로 세워서 선발했다면, 이제는 다양한 특성을 지닌 학생들을 여러 줄로 선발 또는 모집하여 교육해야 하는 과제에 직면할 것이다. 개별 대학이 다양한 학생을 수용하기 위하여, 나아가 대학의 특색을 살리기 위하여 대학별로 독특한 학생 선발정책을 만들어 가는 일이 국가수준의 입시정책 이상으로 중요한 문제가 될 것이다.

셋째, 학생을 '선발'하는 소수 대학의 전형 방식은 앞으로도 여전히 사회적 문제로 제기될 것이다. 경쟁이 치열한 이상 공정성은 전형을 평가하는 중요한 요소가 될 것이다. 특히 학생부 중심 전형은 현재 제기되고 있는 평가의 기본을 조속히 충족할 수 있도록 학생부 산출과정과 평가과정을 동시에 개선해야 한다. 이 경우에 비로소 전형 유형 간의 공정성 논의를 의미 있게 진행할 수 있을 것이다. 선발 대학에서 학생 선발의 공정성을 유지하기 위해서는 앞으로도 한동안 대학수능시험과 같은 국가 주관 시험을 치를 수밖에 없을 것이다. 기왕 시험을 치를 것이라면, 수능시험을 통하여 학생의 고차적 사고 능력을 확인할 수 있어야 한다. 이에 근래 논의되고 있는 논술형 수능 시험을 도입하는 방안을 검토할 필요가 있다. 단, 이 경우 고등학교 교사들이 시험 준비를 충분히 도와주지 못한다면, 학원 의존도가 더 높아질 우려가 있다. 따라서 고등학교 교사들이 새로운 유형의 시험에 대응할 수 있는 역량을 갖추도록 충분히 지원해야 한다.

마지막으로, 선발 대학이든 모집 대학이든 미래 사회에 활약할 잠재적 역량을 갖춘 인재를 선발할 수 있어야 한다. 미래 사회에 필요한 인재의 역량은 무엇인가, 고등학교 교육에서 그 역량을 어떻게 기를 것인가, 대학은 그 역량을 어떻게 평가하여 학생을 선발할 것인가 하는 문제를 모든 대학에서 숙고할 필요가 있다.

[11장 후주] _____

1 Trow, M. (1972). The expansion and transformation of higher education. *International Review of Education, 18*(1), 61–84.

2 정범모(1995). 교육 난국의 해부. 서울: 나남.

3 김용(2019). 대학 전입 시대, 대학 입시 정책의 방향. 한국행정연구, 28(4), 31–58.

4 이종재, 장석우, 허경철, 김성호, 이차영(1995). 대학입학 전형제도 개선에 관한 연구(교육부 정책연구 보고서). 서울: 교육부.

5 김동석(2006). 한국의 교육 선발과 경쟁. 서울: 문음사.

6 김용(2019). 전게논문.

제4부

교육자치와 참여

12
학교를 움직이는
학교자치

차성현

    우리 사회의 민주주의가 발달하면서 지방분권, 지방자치가 강조되고 있다. 그동안 중앙정부에 집중되었던 권한과 책임을 지방자치단체와 합리적으로 배분하고, 정책 결정 및 집행 과정에 지역 주민의 참여를 확대하고 있다. 교육 분야에서도 학교자율화, 학교민주주의, 학교자치 등 교육자치에 관한 활발한 논의와 함께 관련 정책들이 추진되고 있다. 2008년 4월에는 '학교자율화 추진 계획'이 발표되었고,[1] 2017년 12월에는 전국시도교육감협의회와 교육부가 '학교 민주주의 실현을 위한 교육자치 정책 로드맵'을 발표하기도 하였다.[2]

    교육자치의 꽃은 학교단위에서 이루어지는 학교자치라고 할 수 있다. 학교자치는 교직원, 학부모, 학생 등 학교의 교육 주체들이 학교운영에 자발적으로 참여하여 학교교육과 관련된 일을 민주적으로 결정하고 실행해 나가는 것을 목표로 한다. 하지만 학교현장에서는 통제 및 지시 중심의 업무 관행이 여전하며, 학교장에게 학교운영 권한이 집중되어 있어 학교교육 주체들의 참여가 제한적이라는 비판의 목소리가 적지 않다. 이 장에서는 학교자치 활성화를 위해 학교교육 주체들의 학교자치 참여 현황 및 한계를 살펴보고, 학교자치가 학교현장에 성공적으로 정착되기 위해 어떠한 노력들이 필요한지에 대해 논의한다.

학교자치를 위한 참여 기구

학교자치를 위한 단위학교 의사결정기구 또는 의사결정 참여 주체에는 [그림 12-1]에 제시된 것처럼, 학교운영위원회, 교직원회의, 학부모회, 학생회 등이 포함된다. 학교자치 활성화와 관련하여 이들 기구 및 단체의 법적 지위, 참여 범위, 실효성 등이 쟁점이 되고 있다.

학교운영위원회는 법정기구로 모든 유치원, 초·중·고등학교 및

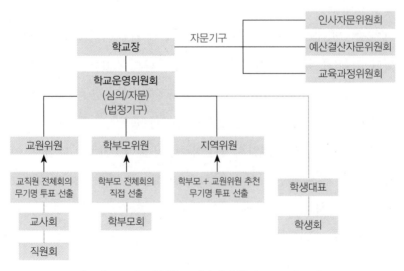

[그림 12-1] 단위학교 의사결정 참여 구조 및 주체

특수학교에 설치되어 있는 반면, 교직원회의, 학부모회, 학생회는 법정기구가 아니다. 교직원과 학부모는 교원위원, 학부모위원을 선출하여 학교운영위원회에 참여할 수 있으나, 학생의 참여는 구조적으로 제한되어 있다. 한편, 학교의 장은 학교경영과 관련된 자문을 얻기 위해 인사자문위원회, 예산결산자문위원회, 교육과정위원회 등의 자문기구를 둘 수 있다.

◎ **학교운영위원회**

학교운영위원회는 「유아교육법」 및 「초·중등교육법」에 근거한 학교운영에 관한 의사결정기구다.[3] 단위학교의 교육자치를 활성화하고 지역의 실정과 학교 특성에 맞는 창의적 교육활동 실현을 위해 1995년 '5·31 교육개혁안'에서 도입이 제안되었다. 1996년 시지역 학교에 적용되기 시작하여 1998년에는 읍·면지역 학교로 확대되었다.

〈표 12-1〉에 제시된 것처럼, 해당 사항에 대해 국·공립학교 학교운영위원회는 '심의', 사립학교 학교운영위원회는 '자문' 기능을 수행한다. 다만, 국·공립학교와 사립학교 모두 학교발전기금 조성·운영 및 사용에 관한 사항은 학교운영위원회의 심의·의결을 거치도록 하고 있다. 학교운영위원회는 의결기구가 아닌 심의 및 자문 기구이기 때문에 학교장이 학교운영위원회의 결정 사항을 그대로 따라야 하는 것은 아니다. 그러나 국·공립학교의 경우, 「초·중등교육법 시행령」 제60조 제1항에 따라 학교장이 학교운영위원회의 심의 결과를 따르지 않는 경우 학교운영위원회와 관할청에 서면으로 보고하도록 되어 있다.

〈표 12-1〉 국 · 공립학교와 사립학교의 학교운영위원회 비교

사항	국 · 공립학교(심의)	사립학교(자문)
교육과정	• 학교교육과정 운영 • 교과용 도서 및 교육 자료 선정 • 정규학습 시간 종료 후 또는 방학 기간 중의 교육활동 및 수련활동 • 학교운동부 구성 · 운영	• 국 · 공립학교와 동일
학교행정	• 학교의 예산안 및 결산 • 학교운영에 대한 제안 및 건의 사항 • 대학입학 특별전형 중 학교장 추천에 관한 사항 • 학교헌장 및 학칙 제 · 개정 • 공모교장의 공모 방법, 임용, 평가 등 • 초빙교원의 추천	• 학교의 예산안 및 결산 • 학교운영에 대한 제안 및 건의 사항 • 대학입학 특별전형 중 학교장 추천에 관한 사항 • 학교헌장 및 학칙 제 · 개정은 학교 법인의 요청 시 자문 • 공모교장 및 초빙교원은 제외
학부모부담 경비	• 교복 · 체육복 · 졸업앨범 등 학부모가 경비를 부담하는 사항 • 학교운영지원비의 조성 · 운용 및 사용 • 학교급식에 관한 사항	• 국 · 공립학교와 동일
심의 · 의결 사항	• 학교발전기금 조성 · 운용 및 사용에 관한 사항	

출처: 교육부(2015). 학교운영위원회 이해.

학교운영위원회에 대한 그동안의 평가를 보면, 학교운영의 민주적 의사결정체제를 구축하고 학교 구성원의 민주의식을 고양하는 데 기여하였다는 긍정적 평가가 많은 편이다. 그러나 다른 한편으로 학교운영위원회가 민주적 의사결정기구로서의 실질적 기능을 수행하지 못하고 있다는 비판도 적지 않다. 즉, 학교운영위원회가 "교장 주도, 행정업무 중심 심의, 보고와 설명 위주"로 운영되며, 참여위원들의 대표성 및 전문성 부족 등이 주요한 문제점으로 지적되고 있다.[4] 교장의 지

도·감독을 받는 교원위원, 학교 사정을 알기 어려운 지역위원, 자녀를 둔 학부모위원이 학교운영위원회에서 자유롭게 자신의 의견을 개진하기란 쉽지 않다. 또한 학생을 대표하는 학생위원의 참여를 보장하는 법적인 장치는 아직 마련되어 있지 않다.

학교자치가 실질적으로 활성화되려면, 학교운영위원회와 교무회의, 학부모회, 학생회 등 학교자치기구가 상호 협력적 관계를 구축하고, 그 안에서 역할과 기능을 조정할 필요가 있다. 이를 위해서는 교사, 직원, 학부모, 학생들이 그들의 대표를 통해 학교운영위원회에 안건을 제출하고, 심의 결과에 대해 의견을 제출할 수 있는 제도적 장치가 마련될 필요가 있다.

더불어, 학교운영위원회 위원의 이해관계와 전문성을 고려하여 학교운영위원회의 심의 및 자문 사항을 재조정할 필요가 있다. 예컨대, 교육과정, 교과서 선정, 학교재정 운영 등의 사항은 교직원회의를 중심으로, 학생의 안전 및 징계 등 학생에 관한 사항은 학부모회와 학생회를 중심으로 일차적인 검토 또는 심의를 거치는 절차를 마련할 필요가 있다. 즉, 학교장, 교사, 직원, 학생, 학부모의 이해관계와 전문성을 고려하여 고유한 의사결정의 영역, 민주적 절차, 권한과 책임을 반영한 학교운영위원회 의사결정 구조를 마련할 필요가 있다.

◎ 교직원회의

교직원회의는 교원과 직원들이 학교운영에 관한 사항을 논의하는 비법정 회의기구이며, 보통 교무회의로 불린다. 많은 학교에서 교직원회의는 학교운영 및 교무와 관련된 사항을 협의하고 토론하는 소통의 장으로서 기능한다. 그런가 하면, 교직원회의가 상부의 지시 및 협조 사항을 전달하는 주된 통로로 활용되거나 교무회의 결정 사항이 교장에 의해 거부되는 경우도 적지 않다. 하지만 「초‧중등교육법 시행령」에는 교직원회의의 학교운영위원회 교원위원 선출 기능만을 규정하고 있을 뿐 학교자치를 위한 교직원회의의 법적 권한과 역할, 구성 및 운영 등에 대해서는 규정하고 있지 않다.[5]

한편, 2019년에 광주광역시, 전라북도, 경기도에서는 학교자치조례를 제정‧공포하여 교원과 직원들이 학교운영에 참여할 수 있는 근거를 마련하였다. 이들 조례에서는 학생회, 학부모회, 교사회, 직원회, 교직원회 등 학교자치 참여 주체들의 구성과 운영에 관한 내용을 포함하고 있다. 특히 〈표 12-2〉에 제시된 것처럼, 전라북도 학교자치조례에서는 교사회와 직원회를 분리하여 별도의 조항으로 규정하고 있으며, 광주광역시 학교자치조례에서는 교원회와 직원회가 포함된 교직원회에 관한 조항을 담고 있다.

학교자치가 활성화되려면 무엇보다도 교무회의가 민주적인 절차와 방법에 의해 운영되어야 하며, 학교의 교육과정 및 교육활동, 재정 운영 등 학교운영 전반에 대한 의사결정에 참여할 수 있도록 조직화될 필요가 있다. 예컨대, 현재 학교장 자문기구인 교육과정위원회, 예결산자문위원회 등을 교무회의의 소위원회로 전환하고 필요한 소위원회를 설치하여 운영하는 방안을 검토해 볼 수 있다.

〈표 12-2〉 학교자치조례의 교직원회의 관련 조항

광주광역시 학교자치조례 (광주광역시조례 제5149호, 2019. 1. 1. 제정)	전라북도 학교자치조례 (전라북도조례 제4614호, 2019. 2. 1. 제정)
제4조(자치기구의 구성 등) … (중략) … 제5조(학생회) … (중략) … 제6조(학부모회) … (중략) … 제7조(교직원회) ① 학교에는 교직원으로 구성하는 교직원회를 둔다. ② 교직원회에는 교원으로 구성하는 교원회, 직원으로 구성하는 직원회, 학년별·교과별·직원 통합 협의회 등을 둘 수 있다. ③ 교직원회는 다음 각 호의 사항을 협의한다. 1. 교직원 복지와 자치활동과 관련한 제반 사항 2. 교직원회칙 제정·개정에 관한 사항 3. 교직원 자체 연수활동에 관한 사항 4. 학교운영위원회에 제출할 학교규칙 제·개정, 교육과정 운영계획, 학교회계 예산·결산 등 주요 안건에 관한 사항 5. 그 밖의 학교자치회의에 부의할 사항 … (중략) …	제7조(교사회) … (중략) … 제8조(직원회) … (중략) … 제9조(교무회의 설치·구성 등) … (중략) … 제10조(교무회의 기능) 교무회의는 다음 각 호의 사항을 심의한다. 1. 학교 규칙의 제·개정, 교무회의 운영규정의 제·개정, 학교교육과정과 이에 소요되는 예산에 관한 사항 2. 학교운영위원회에 부칠 교무 안건에 관한 사항 3. 학교운영과 관련한 교직원의 제안 사항 4. 학교 내 각종 위원회 구성에 관한 사항 5. 자치기구에서 심의한 사항 중 전체 교직원의 의견 수렴이 필요한 사항 6. 그 밖에 학교의 장이 필요하다고 인정하는 사항 제11조(교무회의 운영원칙 등) … (중략) … ③ 학교의 장은 교무회의 심의결과에 대하여 특별한 사유가 없을 때에는 이를 받아들인다. 다만, 학교의 장은 교무회의 심의결과에 이의가 있을 때 교무회의에 재논의를 요구할 수 있으며, 재논의 절차 및 의사 결정에 관한 사항 등은 교무회의 운영규정으로 정한다.

◎ 학부모회

학부모회는 학교 내에서 학부모를 대표하는 기구다. 그러나 학부모회는 그 권한과 책임, 기능과 역할 등이 법률에 규정되어 있지 않은 비법정 임의기구다. 다만, 「초·중등교육법 시행령」 제59조 제2항에 학교운영위원회의 "학부모위원은 민주적 대의절차에 따라 학부모 전체 회의를 통하여 학부모 중에서 투표로 선출한다."고 규정하여 그 존재와 선출 기능을 인정하고 있다.

한편, ⟨표 12-3⟩에 제시된 것처럼, 대부분의 시·도교육청에서는 학부모회 관련 조례를 제정하여 학부모회 구성 및 운영, 재정 지원의 근거를 마련하고 있다. 예컨대, 서울시교육청의 학교 학부모회 설치·운영 및 학부모교육 지원 등에 관한 조례를 보면, 학부모회는 "학교운영에 대한 의견 제시 및 학교교육 모니터링, 학부모 자원봉사 등 학교교육활동 참여·지원, 자녀교육 역량 강화를 위한 학부모교육, 지역사

⟨표 12-3⟩ 학부모회 관련 조례 현황

자치법규명	공포일자	제·개정
강원도교육청 「학교 학부모회 설치·운영 조례」	2019. 12. 27.	제정
경기도교육청 「학교 학부모회 설치·운영에 관한 조례」	2019. 6. 18.	일부개정
경상북도교육청 「학교 학부모회 설치·운영에 관한 조례」	2019. 12. 26.	제정
광주광역시교육청 「학교 학부모회 설치·운영에 관한 조례」	2020. 7. 1.	일부개정
부산광역시교육청 「학부모회 설치 및 학부모 학교참여 활성화 지원 조례」	2021. 1. 6.	일부개정
서울특별시교육청 「학교 학부모회 설치·운영 및 학부모교육 지원 등에 관한 조례」	2020. 7. 16.	일부개정
세종특별자치시교육청 「학교 학부모회 설치·운영에 관한 조례」	2020. 11. 10.	일부개정
울산광역시교육청 「학교 학부모회 설치·운영에 관한 조례」	2020. 12. 17.	제정
인천광역시교육청 「학교 학부모회 설치 및 운영 등에 관한 조례」	2020. 11. 9.	일부개정
전라남도교육청 「학교 학부모회 설치 및 운영 조례」	2020. 5. 14.	일부개정
전라북도교육청 「학교 학부모회 설치·운영에 관한 조례」	2017. 6. 2.	일부개정
제주특별자치도교육청 「학부모 교육활동 지원 및 학부모회 설치에 관한 조례」	2021. 1. 8.	전부개정
충청남도교육청 「학교 학부모회 설치·운영에 관한 조례」	2020. 2. 28.	제정

회와 연계한 비영리 교육사업" 등을 수행하는 것으로 되어 있다. 또한 학부모회 총회를 통해 학교운영위원회 학부모위원을 선출하며, 교육감과 학교의 장은 학부모회의 효율적인 운영을 위해 필요한 예산을 지원할 수 있도록 규정하고 있다.

학부모회가 실질적 학교운영의 주체로서 기능과 역할을 수행하기 위해서는 학부모회 구성 및 운영 근거를 '법률'에 명시적으로 규정하여 그 지위를 강화할 필요가 있다. 또한 이를 토대로 학부모회가 스스로 자체 사업 계획을 수립하여 추진할 수 있도록 학부모회에 대한 공간 및 예산을 지원할 필요가 있다.

◎ 학생회

학생의 자치활동은 법적으로 보장되는 학생의 권리다. 「초·중등교육법」 제17조에 따르면, "학생의 자치활동은 권장·보호되며, 그 조직과 운영에 관한 기본적인 사항은 학칙으로 정한다."고 규정되어 있다. 또한 「초·중등교육법 시행령」 제30조에는 "학교의 장은 학생의 자치활동을 권장·보호하기 위하여 필요한 사항을 지원하여야 한다."고 규정하여 학교장에게 학생의 자치활동을 보호하고 지원할 의무를 부과하고 있다. 그런가 하면, 「초·중등교육법 시행령」 제9조에는 학교장이 "학생 포상, 징계, 교육목적상 필요한 지도 방법 및 학교 내 교육·연구활동 보호에 관한 사항 등 학생의 학교생활에 관한 사항에 관하여 학칙을 제정하거나 개정할 때에는 학칙으로 정하는 바에 따라 미리 학생, 학부모, 교원의 의견을 듣고, 그 의견을 반영하도록 노력하여야 한다."고 규정하고 있다.

학생 자치활동과는 별도로, 학교운영의 의사결정 주체로서 학생(회)의 참여 및 권한에 대해서는 여전히 논란이 적지 않다. 특히 학교운영위원회에의 학생대표(회)의 참여에 대해서는 의견이 분분하다. 미성년자인 학생이 학교운영에 참여하는 것에 대해 부정적인 의견이 있는가 하면, 일부에서는 학교운영 의사결정 과정에 대한 참관 및 의견제시 권한 등 최소한의 참여를 보장해야 한다는 주장도 있다. 대체로 우리나라에서는 학교운영에 관한 심의·의결 권한을 학생(회)에게 부여하는 것에 대해서 조심스러운 입장을 보이고 있다.

학생대표(회)의 학교운영 참여와 관련하여 독일의 사례는 우리가 참고할 만하다. 독일의 경우 학교협의회(Schulkonferenz)가 있는데, 여기에서 학교운영과 관련된 중요한 사항을 결정한다. 우리나라 학교운영위원회와 달리 학교협의회에는 학교장, 교사대표, 학부모대표, 지역대표, 학생대표가 참여하며, 교장은 회의를 진행하지만 투표권이 없다. 학생대표의 권한과 역할에 대해서는 주정부에 따라 차이가 있는데, 헤센(Hessen)주는 학생대표에게 참석 자격만 부여하고, 라인란트팔츠(Rheinland-Pfalz)주에서는 학생대표에게 의견을 제시할 수 있는 권한을 부여하고 있다.[6]

학교자치를 꽃피우려면

학교자치는 학교의 교육 주체들이 독립적이며 자율적으로 학교운영과 관련된 의사결정 과정에 참여하는 것을 전제로 한다. 즉, 개인이나 특정 집단에게 의사결정 권한이 과도하게 주어지거나 독점되는 것은 분권과 참여라는 학교자치의 기본 정신에 위배된다. 따라서 학교자치가 활성화되기 위해서는 참여적 의사결정체제(participatory decision-making system)를 구축할 필요가 있으며, 교직원회, 학부모회 등 학교자치 참여 기구의 법제화가 필요하다.

「교육기본법」 제5조 제2항에는 "교직원·학생·학부모 및 지역주민 등은 법령이 정하는 바에 따라 학교운영에 참여할 수 있다."고 규정되어 있다. 이에 따라 참여 주체, 참여 방식, 권한과 책임 등 구체적 사항에 대한 법령 제정이 필요하다. 학교자치를 위한 참여적 의사결정체제에 누가 참여하고 이들의 권한을 어디까지 부여할 것인가에 대해서 충분한 논의가 필요하다.

그동안의 관련 논의를 살펴보면, 학교자치를 위한 참여적 의사결정체제에 교직원회의, 학부모회, 학생회, 교사회, 직원회 등 학교 구성원의 집단 대표를 포함하고 이를 법정기구화해야 한다는 주장이 꾸준히 제기되고 있다. 특히 법령상 학교의 최고 의사결정기구인 학교운영위원회의 교원위원과 학부모위원을 각각 교무회의와 학부모회에서 선출하기 때문에 교무회의와 학부모회는 학교운영위원회와 마찬가지로 법정기구가 되어야 한다는 주장이 설득력을 얻고 있다. 나아가 학생대표의 학교운영위원회 참여를 법적으로 보장한다면, 학생회 또한 법정기구로 하여야 할 것이다.

또한 학교자치기구의 권한과 책임 범위를 명료화할 필요가 있다. 2010년 교육감 직접 선거 이후 진보교육감 중심으로 학교자치조례를 제정하려는 노력들이 꾸준히 이루어지고 있다. 이 과정에서 전북, 광주, 경기 등에서 추진된 학교자치조례(안)는 조례제정 권한 범위를 벗어난 내용들이 포함되어 교육부와 법적 갈등을 겪기도 하였다. 예컨 대, 2015년 전북교육청의 조례안에는 교원 상벌과 훈·포장 등 교원의 신분 및 지위와 관련된 사항을 자문하는 교원인사자문위원회에 관한 사항들이 포함되면서 교원의 지위와 관련된 사항을 조례로 규정할 수 있는 것인지를 둘러싸고 법적 분쟁이 일어났다. 그런가 하면, 일부에 서는 학교자치는 조례를 통한 강제적 방식이 아니라 학교의 실정에 맞 게 자율적으로 결정하도록 권장하는 것이 학교민주주의, 학교자치의 취지에 부합된다는 주장이 제기되기도 하였다. 최종적으로 대법원은 2017년 1월 교원의 지위에 관한 사항은 국가사무에 해당하며, 해당 조 례안은 효력이 없다는 판결을 내렸다. 이러한 판결 내용을 반영하여 광주교육청과 전북교육청은 2019년 1월과 2월에 수정된 학교자치조 례를 제정·공포하였다.

우여곡절 끝에 제정된 학교자치조례는 학교자치의 적극적 실천을 위해 학교교육의 주체들이 학교운영에 참여할 수 있는 법적 근거를 마 련하였다는 점에서 의의가 있다. 그러나 원활한 학교자치 실현을 위해 서는 시·도의 학교자치조례에 따라 구성된 학교자치기구와 「초·중 등교육법」에 근거한 학교운영위원회의 관계, 학교자치기구 간의 관계 를 보다 명확하게 설정할 필요가 있다. 즉, 학교운영위원회 및 학교자 치기구 간 갈등이 발생하지 않도록 학교자치기구와 학교운영위원회 그리고 학교자치기구 간의 권한과 책임을 명확히 설정할 필요가 있다.

끝으로, 학교자치가 실질적으로 구현되기 위해서는 학교자치에 대 한 학교 구성원들의 인식 및 학교 풍토의 개선이 필요하다. 5·31 교 육개혁안, 학교자율화 추진계획, 교육자치정책 로드맵 등 그동안 학교의 자치 역량 증진을 위한 다양한 교육정책이 추진되었다. 이를 통해 많은 권한이 중앙에서 지방으로, 교육청에서 학교로 이양되었으며, 불필요한 규정 및 지침들이 폐지되거나 간소화되었다. 교육자치 및 학교 자율화 추진에 따라 많은 권한이 학교로 이양되었음에도 불구하고 상급 기관에 문의하고 확인하여 처리하려는 관행이 여전히 남아 있다. 예컨대, 재량 휴무일 등을 결정하는 데 학교 구성원의 의견보다는 교육청이나 인근 학교의 눈치를 보며 결정하는 경우를 보게 된다. 이처럼 우리의 교육현장에는 과거 관료주의적 행정 통제에 길들여진 의존적인 관행이 아직도 적지 않게 남아 있다.

그동안 학교운영의 권한이 학교장에 집중되었던 만큼, 학교자치가 실현되기 위해서는 학교장의 인식 변화가 무엇보다 필요하다. 학교장은 의사결정 과정에 학교 구성원을 참여시키고 권한을 나누는 것이 교장의 권위를 잃는 것이 아니라는 인식의 전환이 필요하다. 예컨대, 교무회의, 학부모회, 학생회가 의결한 바를 교장이 수용하고 집행하는 것에 대해 교장의 권한이 침해받는 것이라는 관념에서 벗어날 필요가 있다.

학교자치는 교장 한 사람에게 권한이 집중되었던 학교경영 방식에서 벗어나 학교 구성원들이 민주적 절차에 따라 협의를 통해 학교를 운영하는 것이라고 할 수 있다. 학교자치 활성화를 위해서는 학교의 비전 및 목표 공유, 학교 구성원의 자발적 참여 및 협력이 요구된다. 학교 민주주의와 학교자치는 기본적으로 보장되어야 하는 가치이기도 하지만 학교 구성원들이 스스로 만들어 가야 하는 것이기도 하다.

[12장 후주]

1 교육과학기술부 보도자료(2008. 4. 15.). 학교자율화 추진 계획.
 학사운영지도지침, 방과후학교 운영지침 등 자율성을 저해하는 중앙정부
 의 29개 지침을 폐지하였다.

2 전국시도교육감협의회, 교육부 보도자료(2017. 12. 12.). 학교 민주주의 실
 현을 위한 교육자치 정책 로드맵.
 이 로드맵에는 학교교육과정 및 교육활동의 자율성, 학교운영의 자율성,
 시·도교육청 자율성 등을 위한 83개 우선 추진 과제가 포함되었다.

3 초·중등학교 학교운영위원회의 설치, 구성 및 운영, 기능, 연수 등에 관한
 사항은 「초·중등교육법」 제31조~제34조의2 및 「초·중등교육법 시행령」
 제58조~제64조에 규정되어 있다. 유치원의 경우, 「유아교육법」 제19조의
 3에 따라 유치원운영위원회를 설치하여 운영하여야 하며, 구성 및 운영 등
 에 관한 사항은 「유아교육법 시행령」 제22조의2~제22조의14에 규정되어
 있다.

4 김병찬(2008). 학교운영위원회 제도의 명과 암: 초등학교 학교운영위원회
 운영과정 사례 연구. 교육행정학연구, 25(4), 185-214.

5 「초·중등교육법 시행령」 제59조 제4항에 "학교운영위원회의 당연직 교
 원위원을 제외한 교원위원은 교원 중에서 선출하되, 교직원 전체회의에서
 무기명투표로 선출한다."고 규정하여 교직원회의의 교원위원 선출 기능만
 을 인정하고 있다.

6 이시우(2016). 독일에서 교육조례의 제정 및 한계에 관한 연구. 국회입법조
 사처 자료집.

13
학부모, 학교교육의
지원자에서 참여자로

한은정

    우리는 교육에 있어서 가정과 부모의 중요성을 강조하면서, "가정은 최초의 학교이며, 부모는 최초의 교사입니다."라는 말을 언급하곤 한다. 그러나 이렇게 중요한 가정과 부모의 역할과 영향이 얼마나 학교교육으로 이어지고 있는지, 또 어떻게 학교교육과 연계되고 있는지에 대해서는 쉽게 답하기 어렵다.

    학교자치가 확대되면서, 학교공동체 구성원으로서 학부모들의 학교교육활동에의 참여가 강조되고는 있지만, 여전히 한 개인으로서의 학부모는 자신이 학교교육의 소극적 '지원자'인지, 적극적 '참여자'인지 그 역할을 모호하게 느끼기 쉽다. 초등학교에 아이를 입학시키고 참여했던 첫 학부모총회의 기억이 아마도 그러했을 것이다. 상당수의 학부모는 담임 선생님이 권유하는 녹색어머니회, 학부모폴리스, 학부모회 등의 활동에 차마 자발적으로 지원하지 못했던 경험을 갖고 있다. 이처럼 이미 학교에서 정해 놓은 일과 최소 필요 인원이 정해져 있는 상황에서, 학부모들은 학교교육활동의 적극적인 참여자라기보다는 소극적 지원자, 또는 봉사자라는 인식을 가질 수밖에 없다. 여기에는 학교에 자주 가는 친구들의 부모님을 '치맛바람'으로 기억하는 자신의 어릴 적 경험도 영향을 미친다.

그러나 집단으로서의 학부모는 점차 그 영향이 커지고 있다. 특히 학교운영위원회가 법제화되면서 학부모도 학교교육활동에의 심의 및 자문권을 행사하게 되었으며, 학부모회의 법제화에 대한 논의도 활발해지고 있다. 학교 밖 활동에서도 교육 관련 시민단체나 학부모 단체에서 적극적으로 활동하는 학부모들이 늘어나는 추세다.

이렇게 교육의 3주체 중의 하나인 학부모들이 앞으로 어떠한 역할을 하느냐는 학교자치 성공의 관건이자, 학교교육을 비롯한 교육 전반에서 가정과 학교, 사회가 함께 하는 교육을 만들어 나가는 데에도 주요한 영향을 미칠 수 있다. 이 장에서는 학부모의 교육 참여의 역사와 의미, 현황과 주요 이슈, 향후 방향에 대해 생각해 보자.

학부모 교육 참여의 역사

그렇다면 학부모들은 역사적으로 어떠한 과정을 거쳐 학교교육 활동에 참여하게 되었을까? 학부모들이 학교교육에 참여하게 된 계기를 살펴보면, 주로 교육 환경이나 시설, 학교운영과 관련한 '재정적 후원'이 가장 주된 이유였다. 학부모 교육 참여의 역사는 다음과 같이 개괄해 볼 수 있다.[1] 학부모들의 교육 참여는 1945년 해방 직후 교육 환경에 대한 재정적 후원을 목적으로 생겨난 '후원회'에서 시작되었고, 한국 전쟁 이후 그 명칭이 '사친회'로 변경되었다. 1960년대 초 교육계의 청렴 기능을 강화하여야 한다는 목적으로 '사친회'가 폐지되고, 교육 시설의 확충을 목적으로 '기성회'가 조직되었다. 그러나 이 조직에서도 기성회비 이외에 약 40여 종의 잡부금을 학부모에게 징수하는 등 여전히 학부모들을 통한 재정 충족의 기능에 머물러 있는 모습을 보였다. 1983년에 이르러 '새마을 어머니회'가 설립되면서 비로소 평생교육, 지역사회 봉사활동 등으로 학부모의 활동이 다양해졌다. 그러나 이후 조직된 '육성회'가 다시 학부모의 재정적 참여에 치중하게 되면서 '치맛바람' 등과 같은 사회적 이슈가 제기되었다. 1995년 5 · 31 교육개혁에서 수요자 중심 교육이 강조되면서 단위학교에 법정기구인 '학교운영위원회'가 구성되었고 여기에 학부모 위원이 참여함으로써, 학부모가 학교교육의 주체로 자리매김하게 된다.

〈표 13-1〉 학부모의 학교 참여에 대한 관점의 변화

구분	과거 '교육은 학교에서 교사가'	현재 '교사와 학부모가 함께 하는 교육'
인식	• 치맛바람, 촌지 • 복종적 · 의존적	• 교육의 동반자 • 학부모 권리 주장
관계	• 학부모 소외 • 상호 불신 • 도구적 관점	• 소통(비판) • 주체적 참여: 파트너십 • 상호 이해, 동반적 관점
특징	• 동원	• 참여
지위	• 교육의 보조자 • 재정 및 인력 지원자	• 교육의 주체 • 의사결정자, 교육자 등
조직기관	• 육성회, 기성회 등	• 학교운영위원회, 학부모회 등

출처: 류방란, 김경애, 임후남, 이성회, 양희준, 황지원(2015). 학부모의 학교 참여 실태 및 정책 방안. 충북: 한국교육개발원. p. 24.

특히 문재인 정부의 국정과제로 '단위학교 자치 강화'가 선정되면서 (2017. 5.), 학부모의 교육 참여가 더욱 중요해져 학부모 자치활동 조직 관련 법률안도 발의된 바 있다.[2] 이러한 국가적 차원의 변화는 '교육은 학교에서 교사가' 하는 것이라는 인식에서 '교사와 학부모가 함께 하는 교육'이라는 관점으로 전환되고 있음을 잘 보여 준다. 이제 학부모는 학교교육활동의 보조자나 재정·인력 측면에서의 지원자가 아니라 '교육의 주체'이며, 함께 소통하고 참여하는 '동반자'라고 할 수 있다.[3]

학교 안에서 이루어지는 학부모 교육 참여

학부모의 교육 참여 양상은 크게 학교 안에서 이루어지는 활동과 학교 밖에서 이루어지는 활동으로 나뉜다. 그중 학교 안에서 이루어지는 활동은 크게 여섯 가지 유형으로 나누어 살펴볼 수 있다. ① 학교운영위원회, 학교폭력 전담기구,[4] 급식 관련 위원회와 같은 법정 위원회 및 기구, ② 대표적인 학부모 조직인 '학부모회', ③ 학교 측의 요청에 의해 이루어지는 교육 기부나 자원봉사, ④ 학부모 학교 참여 사업, ⑤ 학부모 동아리나 커뮤니티 활동 등이 있으며, 그 외에도 ⑥ 개인적 차원에서 이루어지는 학부모 총회, 학부모 상담, 수업 및 체육대회 참관, 평가 및 설문조사 참여 등이 있다.

이러한 학부모의 교육 참여 양상 중에 가장 대표적인 것은 학교운영위원회와 학부모회다. 두 조직의 '기능'에 대해서는 앞(12장 학교자치)에서 서술한 바 있으므로, 여기서는 이들 조직에서 이루어지고 있는 '교육 참여'의 양상에 초점을 두어 살펴보고자 한다.

〈표 13-2〉 학교 내의 학부모 교육 참여 양상

	유형	세부 활동
1	위원회 및 기구	학교운영위원회, 학교폭력 전담기구, 급식 관련 위원회
2	학부모회	학교교육 모니터링, 학부모 교육, 학부모 교육 기부(자원 봉사)
3	교육 기부	학부모 폴리스, 학부모 명예 사서, 어머니회 교통지도, 시험 감독 등의 각종 자원 봉사
4	학교 사업 참여	학부모 학교 참여 사업 참여
5	동아리/커뮤니티 참여	학부모 동아리, 학부모 커뮤니티 참여(학부모 밴드)
6	개인적 참여	학부모 총회, 학교 설명회, 학부모 상담, 공개 수업 참관, 발표회 혹은 체육대회 참관, 교원능력개발평가 참여, 학부모 설문(의견 수렴, 실태 조사) 참여

출처: 이선영, 정미경, 한은정, 박종훈, 김언순, 김봉제, 이슬아(2019). 학교자치 확대에 따른 학부모의 교육 참여 방안 연구(OR 2019-04). 충북: 한국교육개발원. p. 147의 표 수정·보완.

◎ 학교운영위원회

학교운영위원회는 학교자율화 확대 등 단위학교 중심의 다양한 교육정책이 추진됨에 따라, 단위학교자율책임경영제의 기틀을 마련하고 학부모, 교원, 지역사회의 요구를 학교교육에 적극 반영하고 학교운영에 대한 정책 결정의 민주성, 합리성, 투명성을 제고하고자 도입되었다.[5] 학교운영위원회는 1995년 2학기에 시범학교 운영을 시작으로, 동지역 소재 국·공립학교는 1996년 4월 30일까지, 읍·면지역 소재 국·공립학교는 1998년 4월 30일까지, 사립학교는 2000년부터 그 설치가 의무화되어, 현재와 같이 모든 유·초·중·고등학교에 구성되었다.[6]

학교운영위원회는 「초·중등교육법」 및 「초·중등교육법 시행령」 등에 근거하여 설치·운영하는 법정위원회이자, 학교의 집행기관인 학교장과 독립된 위원회이며, 학교운영에 관한 주요 사항에 대해 심의·자문하는 기구다. 이렇게 학교운영위원회를 통해 학부모가 학교운영에 참여하는 것이 공식화되고 법적인 영향력도 행사하게 되었으나, 실제 운영과정에서 몇 가지 과제가 제기되고 있다. 첫째, 기존에 조직되어 있던 학부모회나 동아리 등 기타 자생적 조직과의 관계나 역할을 어떻게 형성하느냐가 중요한 문제다.[7] 학교운영위원회가 법정기구로서 타 학부모 조직에 비해 영향력은 크지만, 실제 학부모들의 요구나 의견을 대변하는 소통 창구로서의 역할은 부족한 실정이다. 이에 기존 학부모 조직과 학교운영위원회와의 관계 형성과 소통 활성화가 주요 과제로 논의되고 있다.

둘째, 학부모위원의 학교교육활동에 대한 전문성 확보가 필요하다. 학부모위원들의 경우 학교운영위원회의 필요성이나 위원으로서의 역할에 대한 인식이 부족하고 위원회 활동에 필요한 지식, 능력 등의 전문성과 책임감이 부족하다는 점이 문제로 지적되고 있다.[8] 실제로 단위학교 홈페이지에서 공개하고 있는 학교운영위원회 회의록을 살펴보면, 상당수의 학부모가 학교운영이나 교육활동에 대해 잘 모르고 있어 질문으로 일관하거나 교사나 교장의 설명을 듣고 이해하는 모습이 드러난다. 학부모들은 실제 학교에서 근무하거나 교육전문가가 아닌 상황에서 학교교육의 전문성을 갖추기가 쉽지 않고, 시간적으로도 이러한 교육을 받을 시간을 충분히 확보하기가 어렵다.

셋째, 학부모위원으로 참여하고자 하는 학부모가 많지 않다. 학부모위원의 선출과 관련하여 직접 선거가 시행되고는 있으나, 학부모위원의 입후보자 수가 간신히 위원정수를 충족하여 무투표 선거가 이루어지고 있는 경우가 대부분이다. 이러한 현상은 학교운영위원회가 학부모 위원 자체의 확보에 현실적으로 어려움을 겪고 있다는 점을 보여 준다.

◎ 학부모회

「초·중등교육법」에 의해 설치가 의무화된 학교운영위원회와 달리, 학부모회는 자율적 조직이다. 실제로 단위학교에서 학부모회가 어떠한 교육활동에 참여하고 있는지를 파악하기 위하여 관련 우수 사례 집을 살펴보면, 학교운영에 대한 심의·자문 기능을 수행하는 학교운영위원회와의 연계를 강화하거나, 학부모회가 주체가 되어 학부모 아카데미나 동아리를 기획·운영하거나, 학부모들의 재능 기부를 통한 학생 교육 프로그램을 운영하고 있음을 알 수 있다.[9] 즉, 그 역할과 기

학부모회 교육 참여 우수 사례

❖ **서울 도봉초등학교**
 − 학교 참여 공모사업, 교육청 지원금 외에 학교재량예산을 활용하여 학부모회 운영비 및 학부모회 동아리 지원
❖ **부산 명장초등학교**
 − 학부모 임원을 공개신청과 공개투표를 거쳐 투명한 방법으로 선출
 − 학부모회 회원이 학운위원으로 활동하여 학부모회와 학운위 연계 강화
❖ **경기 장곡중학교**
 − 학부모회가 주체가 되어 준비하는 '학부모 아카데미'를 정기적으로 개최
 − 아버지들이 중심이 되는 아버지학교 '아빠하고 나하고' 동아리 구성
❖ **충북 충주상업고**
 − 학부모들의 다양하고 전문적인 재능 기부를 통해 취업 역량 강화 교육, 특기 적성 계발 특강 등 학생 교육 프로그램 운영

출처: 전국학부모지원센터(2017). 2017 학부모 교육참여 우수사례집[교육부(2018)에서 재인용].

능이 법으로 정해진 학교운영위원회와 달리, 학부모회는 보다 다양한 분야에서 자율적이고 주체적인 활동을 스스로 모색하고 운영할 수 있다는 점이 특징이다.

이렇게 학교 안에서 학교운영위원회, 학부모회 등을 통한 학부모 참여가 활성화되면서, 정책적으로 이를 지원하고 촉진하기 위한 노력이 이루어지고 있다. 각 시·도교육청에서는 매년 주요 업무 계획에 학부모 교육 참여 관련 정책을 포함하여 추진하고 있으며, 별도로 학부모 참여 지원 사업 기본 계획을 수립, 운영하기도 한다. 일례로, 경기도교육청에서는 학부모시민협력과를 두어 '학부모 참여 지원 사업 계획'을 수립하고, 학부모의 학교 참여 활성화, 학부모 교육 및 소통 강화, 학교 운영위원회 활성화 등을 추진하고 있다.[10]

또한 국가적인 차원에서 이러한 시·도교육청의 학부모 참여 지원 사업을 지원하기도 하는데, 주로 국가평생교육진흥원 '전국학부모지원센터'가 이러한 기능을 수행한다. 이 기관에서는 "학부모의 자녀교육과 교육 참여 지원을 통해 학부모의 교육권 실현을 지원하는 학부모 지원 전문기관"을 비전으로 하여, 학부모의 자녀교육 역량 강화와 교육 참여 활동을 지원하기 위해 학부모 지원 정책 기반 조성, 시·도학부모지원센터 지원 및 네트워크 강화, 학부모 교육 자료 개발, 온라인 교육과정 운영 및 교육 정보 제공 등이 이루어지고 있다.[11]

학교 밖에서 이루어지는 학부모 교육 참여

학부모의 교육 참여는 학교 안에서 이루어지는 학교운영위원회나 학부모회 외에도 학교 밖의 조직이나 단체 활동을 통해서도 활발하게 이루어지고 있다. 단체명에 '학부모'임을 명시하고 활동하고 있는 단체를 예로 들면, '참교육을 위한 전국학부모회' '평등 교육실현을 위한 전국 학부모회' '사단법인 인간교육실현함께(전 인간교육실현학부모연대)',[12] 그리고 전국의 74개 학부모 교육 시민단체의 연합으로 출범한 '전국학부모단체연합' 등이 있다.[13]

이들 단체에서는 교육정책이나 기타 교육 관련 이슈와 관련하여 성명서, 집회 등을 통해 의견을 개진하고, 학부모 상담 및 교육 활동을 하거나 교육정책 관련 연구 사업을 수행하기도 한다. 구체적인 예로, '참교육을 위한 전국학부모회'와 '전국학부모단체연합'의 주요 활동 및 활동 방향을 살펴보면 다음과 같다.

'참교육을 위한 전국학부모회'의 경우, 집행위원회 내에 사무처, 정책위원회, 조직위원회, 교육자치위원회, 홍보출판위원회, 학부모 상담실을 두고 있으며, 시 · 도지부와 지회를 구성, 조직하여 활동하고 있다. 주요 활동으로는, ① 학부모 눈으로 보는 교육정책과 연구 사업(입시제도 개선, 교육재정 확보, 학부모 교육비 부담 경감 사업, 고교평준화 내실화 사업 등), ② 학부모가 참여하는 아름다운 학교문화 만들기 사업(학교운영위원회 참여 활동, 불법 찬조금 근절 및 예방 활동, 학교급식 개선 및 졸업앨범 · 교복 공동구매 사업 등), ③ 자녀와 함께 삶을 배우고 나누는 학부모로 살아가기(학부모 교육 강좌, 어린이 · 청소년 캠프 및 현장 체험), ④ 학부모 고충 상담 등이 있다.[14]

'전국학부모단체연합'은 학부모 교육 시민단체의 연합체로서 주요 활동이 유목화되어 명시적으로 나타나 있지는 않으나, 그 활동 방향은 홈페이지에 게시된 참가단체 결의문을 통해 알 수 있다. 이 결의문에서는, ① 수요자 선택권 보장 및 사학 독립, ② 바른 가치와 올바른 인성을 가진 사회인으로 자랄 수 있도록 하기 위한 인권 교육, ③ 미래의 건강하고 행복한 가정생활을 영위할 수 있도록 하기 위한 건전한 성교육, ④ 자유, 책임, 의무를 통해 권리를 주장하는 사회 구성원이 될 수 있는 교육, ⑤ 역사 왜곡 및 정치 편향 교육을 강요하는 교사 퇴출, ⑥ 불합리한 교육제도 개혁 등을 요구하고 있다.[15]

[그림 13-1] 학부모 시민단체의 예(참교육을 위한 전국학부모회, 전국학부모단체연합)

'내 아이의 부모'에서 '학교교육의 동반자'로 거듭나기

　이러한 학부모 교육 참여 활동은 앞서 학교운영위원회의 사례에서도 살펴본 것처럼 몇 가지 주요 이슈와 쟁점이 존재한다.

　첫째, 학부모의 교육 참여가 여전히 학교의 요청에 따라 동원의 방식으로 이루어지는 경우가 많다. 이는 학부모들로부터 활동을 지원받아야 하는 담임 교사나 업무 담당 교사, 그리고 이러한 요청을 받는 학부모들의 부담감을 유발한다는 점에서 문제로 지적되고 있다.

둘째, 학부모가 학교교육활동에 참여하기 위한 사회적·제도적 기반이 취약하다는 문제가 있다.[16] 맞벌이 부부가 늘어난 현 시점에서 일과 중에 이루어지는 학부모 교육 참여 활동들은 개인적인 휴가를 사용하지 않고는 시간을 확보하기 어려우며, 실제로 학부모들을 대상으로 학교교육활동에 대한 정보를 제공하는 등의 서비스가 부족하다는 지적도 있다.

셋째, 학부모에서 나아가 지역사회의 역할이 증대되고 있으나 실제로 이러한 교육공동체의 필요성이나 활동에 대한 인식이 부족하다. 학부모나 지역사회가 학교교육활동의 동원 대상이 아니라 교육의 파트너이자 주체라는 인식이 기본적으로 갖추어져 있어야 함에도 불구하고, 이러한 인식이 제대로 정립되지 못한 상황에서 이들의 참여가 먼저 강조되고 있다는 문제가 있다.

학교자치는 단위학교의 자율적이고 책무성 있는 경영과 학교 구성원들의 주체적인 참여를 기반으로 한다는 점에서 분명 의미 있고 중요한 흐름이지만 서두른다고 쉽게 달성될 수 있는 것은 아니다. 전국학부모교육지원센터나 시·도교육청의 학부모 참여 지원 사업이 실효성을 거두기 위해서는, '학부모와 함께 성장하는 교육공동체'를 위한 근본적인 관점과 철학이 바탕이 되어야 한다. 이러한 인식의 토대 위에서 우리 학교의 상황에 맞는 참여 방식과 활동을 고민하고, 학부모를 비롯한 지역사회와의 협력과 소통이 실질적이고 의미 있는 일이 되도록 노력하고 실천해야 한다.

이와 더불어, 학부모들은 기존의 '내 아이의 부모'라는 생각에서 벗어나 교육의 공공성을 추구하는 '사회적 부모'[17]이자, 학교교육의 '주체적 동반자'[18]로 인식을 전환하고 스스로를 자리매김해 나가야 할 것이다. 또한 학교는 학부모에 대한 관점을 새롭게 정립하면서 학부모 교육 참여의 장을 열고 학생 교육을 위해 함께 노력해야 할 것이다.

[13장 후주]

1 이선영, 정미경, 한은정, 박종훈, 김언순, 김봉제, 이슬아(2019). 학교자치 확대에 따른 학부모의 교육 참여 방안 연구(OR 2019-04). 충북: 한국교육개발원.

2 「초·중등교육법」 일부개정 법률안, 의안번호 8386, 박경미 의원 대표발의, 2017. 8. 4.

3 류방란, 김경애, 임후남, 이성회, 양희준, 황지원(2015). 학부모의 학교 참여 실태 및 정책 방안(RR 2015-01). 충북: 한국교육개발원.

4 학교에 설치되어 학교폭력 사안을 심의하였던 '학교폭력대책자치위원회'는 2020년부터 시·도교육청 산하 교육지원청의 '학교폭력대책심의위원회'로 그 기능과 역할, 명칭이 변경되었으며, 학교 내에는 학교폭력 사안 조사 등을 위한 '학교폭력 전담기구'가 구성되었다. 이 기구에는 교감, 전문상담교사, 보건교사 및 책임교사, 학부모가 포함되어야 하며, 그중 학부모는 구성원의 1/3 이상이어야 한다.

5 교육부(2016). 2016 학교운영위원회 길잡이.

6 박상완(2007). 학교운영위원회 구성원 간 의사소통 특성 분석. 교육과학연구, 38(1), 23-49.

7 상게논문.

8 김병주(2003). 학교운영위원회의 효과적 운영 모형. 교육행정학연구, 21(4), 117-138.
   문지영(2001). 학교운영위원회의 운영 실태 분석에 대한 연구. 교육이론과 실천, 11(2), 409-435.
   박상완(2007). 전게논문.

9 교육부(2018. 7.). 학부모회 활성화 기본 계획-학부모가 함께 키우는 교육 민주주의-.

10 경기도교육청(2020. 12.). 2021년 학부모 참여 지원 사업 기본 계획.

11 http://www.parents.go.kr/EgovPageLink.do

12 이 세 단체는 '한국교육개발원 교육정책네트워크 정보센터(https://edpolicy.kedi.re.kr)'의 〈국내 교육 사이트〉 중 〈학부모 단체〉로 소개되

어 있다.

13 스트레이트뉴스(2020. 12. 3.). [인터뷰] 전국학부모단체연합 김수진 대표 "교권도 소홀할 수 없다".

학부모뉴스 24(2016. 6. 13.). 전국학부모교육시민단체연합 출범.

14 사단법인 참교육을위한전국학부모회 홈페이지(http://www.hakbumo. or.kr/gnu/bbs/board.php?bo_table=info_activity, 인출일: 2021. 6. 7.).

15 전국학부모단체연합 홈페이지(https://www.conpa.or.kr/index. php?mid=resolution. 인출일: 2021. 6. 7.).

16 김승보(2015). 학부모의 교육 참여: 현실과 과제. 학부모연구, 2(1), 1-23.

17 류방란, 김경애, 임후남, 이성회, 양희준, 황지원(2015). 전게서.

18 Price-Mitchell, M., & Grijalva, S. (2007). ParentNet at your school: *An introductory guide for parents leaders, educators and trainers*. National Parent Net Association.

14
마을교육공동체는
꼭 필요한가

이인회

　미래 교육에 관한 담론의 장에서 빠지지 않는 것이 마을교육공동체
다. 이미 4차 산업혁명이 현재의 교육에 미치는 영향이 커지고 있고
AI(Artificial Intelligence)가 인간 교사의 보조 교사(Intelligent Assistant:
IA)로서 각광을 받고 있다. 그런데도 마을과 연계된 학교교육이 회자
되는 것은 타인의 삶에 '접촉'하고자 하는 우리의 DNA 때문은 아닐까.
더욱이 '코로나19'가 소환한 미래 교육은 '대면적' 접촉이 가능한 마을
교육공동체를 다시 호출하고 있다.

　마을교육공동체는 학교와 마을의 새로운 관계맺음을 기초로 하는
교육 혁신의 방안이자 사회 변화에 대응하는 미래적 교육 방향의 하나
로 여겨진다. 역사적으로 교육은 본래 '마을의 교육' 또는 '지역의 교육'
이었기 때문이다. 오래전부터 지역 수준에서 '학교는 마을하기'를 하고
'마을은 학교 품기'를 하면서 마을교육공동체의 실체가 나타났다. 그동
안 시행된 중학교의 자유학기제가 2021년부터 자유학년제로 전환되면

서 학교는 마을과 가까워지고 있다. 2025년부터 고등학생이 적성과 진로에 따라 필요한 과목을 선택해서 학점을 이수해 졸업하는 고교학점제가 도입되면, 학교와 마을의 관계는 더욱 긴밀해질 것으로 기대된다.

한편, 교육현장의 교사들은 마을교육공동체의 확산이 필요하다고 인식하지만 곱지 않은 시선으로 바라보기도 한다. 학교 안으로 들어온 돌봄, 방과후, 교육복지 등으로 부담이 적지 않은데 또 다른 업무가 추가될 것으로 생각하기 때문이다. 오랫동안 학교와 마을이, 마을과 학교가 쉽게 만나지 못한 이유가 있는 것이다. 그래서 '마을교육공동체는 꼭 필요한가?'라는 질문이 생긴다.

지금, 왜 마을일까

이 시대에 하필 왜 마을인가? 마을교육공동체와 관련하여 가장 궁금한 질문이다. 요즈음 학생들에게 어디서 태어났느냐고 물으면 산부인과라고 답하는 경우가 많다. 고향을 물으면 대부분 아파트라는 답변이 돌아온다. '마을'이 피부로 실감나게 다가오지 않기 때문이다.

마을은 같은 우물을 쓰는 동(洞)에서 유래한 것처럼 한 우물의 물을 길어 내며 자연스럽게 형성된 공동체라는 속성을 가진다. 달리 말하면, 마을은 특정의 공간에서 구성원들이 만들어 내는 공통의 문화와 생활경제, 그리고 사람들의 관계망이 형성되는 단위다. 그러므로 마을은 자연적 집촌이라는 물리적 성격에 기초하는 자연마을의 토대 위에 행정마을이 겹쳐지고, 그 속에서 삶을 영위하는 단위가 더해져 형성된 정서적·사회적·공간적 범위를 지칭한다.

유기체와 같은 마을은 짧게는 수십 년에서 길게는 수백 년 혹은 수천 년의 역사를 갖고 있다. 이는 마을이 나름대로의 항상성(homeostasis)이 있는 사회체제라는 것을 증명한다. 마을은 구성원을 재충원하고 구성원의 존속을 위해 상호부조하며 자급자족하고, 체제의 질서를 유지할 뿐 아니라 긴장과 갈등을 자체적으로 해결할 수 있는 본질적 힘이 있다는 의미다.

한편, 전문가들은 21세기를 부카월드(Volatile, Uncertain, Complex, Ambiguous world: VUCA world) 시대라고 한다. 21세기는 변동적이어서 불안정하고, 확실하지 않고, 복잡하고, 애매모호한 시대라는 것이다. 코로나19와 같은 전염병 외에도 기후변화와 점점 심화되는 가뭄과 홍수, 폭설과 태풍, 그리고 호주나 미국 서부의 산불 등 인류를 위협하는 자연재해는 예측하기 어렵다. 식량자원을 포함한 각종 자원의 위기도 마찬가지다. 이러한 위기들은 얽히고설켜 있어 그 원인을 밝히고 해결 방안을 모색하기가 복잡하고 애매모호하다. 문제는 이러한 위기들이 인류의 생존과 직결된다는 것이다. 이러한 위험천만한 부카월드에서 최후 보루로서 마을의 가치가 주목되어 왔다. 사실 세계는 1970년대 이래 마을의 기능을 되살리기 위해 노력하고 있다.

현대사회에서 마을은 농촌에 있는 자연마을만을 의미하지 않는다. 마을은 농촌, 그리고 지역사회, 도시 어디에나 존재한다. 마을은 도시화의 과정에서 지역사회의 양태로 변해 가며, 지역사회와 도시 역시 발전과정을 거듭하면서 마을의 속성을 갖게 되기 때문이다. 마을은 지역성과 관계성이 중시되는 반면, 지역사회와 도시는 이익과 사회적 가치가 더 중시되는 경향이 있을 뿐이다.

서울특별시는 도시에서의 마을의 기준을 세 가지로 설정하였다. 그 기준은 실명적 '관계망과 긴밀성', 지리적 공간성보다는 '네트워크', 그리고 구성원이 느끼는 동질성의 근거로서 공동의 경험과 기억을 만들어 내는 '문화'다. 마을이 곧 도시와 지역사회의 근간이지만 전통적 지역성은 크게 중요하지 않다는 의미다.[1] 그러므로 오늘날의 마을은 주민들이 살아가는 생활터전에서 서로 안면성이 높은 이웃과 친근한 관계를 맺을 수 있고, 공동의 목적을 위해 네트워크가 가능하며, 협동의 상호작용을 할 수 있는 공동체라고 할 수 있다.

간디는 『마을이 세계를 구한다(Village Swaraj)』라는 책을 통해 마을 사람들이 매일의 생활 속에서 쓸 수 있는 교육을 기초교육이라고 규정하며, 이는 마을의 힘에 의해서 스스로 달성될 수 있다고 보았다. 마을에는 교육의 원형이 있다는 것이다. 그리고 마을에 산재해 있는 문화적·역사적 공간, 자연 생태계, 농장, 시장, 공공기관, 기업, 최첨단 시설 등 대부분의 기관과 장소가 학생들을 위한 교육의 장소가 될 수 있다. 이러한 맥락에서 듀이가 간파한 것처럼 학교는 지역사회의 '외딴섬'이 아니라 그 '사회의 축소판'이 된다.

마을교육공동체의 출현과 관점

마을교육공동체라는 용어가 탄생하기 전부터 마을을 기반으로 하는 교육공동체가 지역마다 필요에 따라 다양한 유형으로 실천되고 있었다. 마을교육공동체는 담론 형식으로 씨가 뿌려졌고, 이재정 경기도교육감의 선거공약으로 공론화되기 시작하였다. 그러나 마을교육공동체

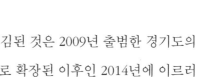

가 본격적인 교육정책으로 자리매김된 것은 2009년 출범한 경기도의 혁신학교가 2011년 혁신교육지구로 확장된 이후인 2014년에 이르러서다. '관'으로 대표되는 일반행정기관의 협력과 지원이라는 차원을 넘어 지역 주민 차원의 역동성과 고유성을 기반으로 한 교육적 연대와 협력의 필요성이 마을교육공동체의 정책을 이끌어 냈다고 할 수 있다.

마을교육공동체는 진보 성향의 교육감을 중심으로 확산되어 전국으로 다양하게 분화되고 심화되면서 발전해 왔다. 2021년 현재 13개 광역단위에서는 마을교육공동체 지원 조례를 제정하여 확산을 더욱 촉진하고 있다. 이러한 과정에서 혁신교육지구사업이 기여한 바는 적지 않다. 혁신교육지구는 학교의 혁신과 지역공동체의 재생을 위해 교육청과 지자체가 참여하고 협력하여 마을교육공동체를 실현해 나가는 행정구역을 의미한다. 학교의 혁신은 학교 내부에서만 이루어지는 것이 아니다. 학교는 혁신교육지구라는 토양에서 그동안의 담장을 벗어나 마을과 함께하면서 교육의 혁신을 이루어 나가고 있다. 그러므로 혁신교육지구는 교사의 자발성과 동료성을 중심으로 달성한 단위 혁신학교 차원의 성과를 마을교육공동체라는 열매로 맺어 주는 기름진 땅이며 토대가 된다. 혁신교육지구라 쓰고 마을교육공동체라고 읽어도 무리가 없다. 교육부가 2018년 이래 혁신교육지구사업을 정책화하고 선도 지역을 미래형 교육자치 협력지구(미래교육지구)로 선정하는 사업을 추진함에 따라 마을교육공동체는 더욱 확산될 가능성이 있다.

마을교육공동체의 개념은 아직 형성되어 가는 과정에 있기 때문에 다양하게 정의되고 있다. 기존의 정의들은 어디에 방점을 찍느냐에 따라 크게 세 가지로 구분된다.

첫째, 학교와 학교교육을 중심으로 마을교육공동체를 정의하고 실천하는 방식이다. 마을교육공동체 초기에 그 개념을 정의한 서용선 등은 마을교육공동체를 "교육에 대한 공통의 신념과 가치를 실현하기 위하여 '우리'라는 정서적 친밀감과 연대를 통해 서로 협동하고 상호작용하여 지속가능성을 유지해 나가는 유기적인 집단"[2]이라고 규정하였다. 이들은 마을교육공동체를 만들어 가기 위한 기본 가치로서 자발성, 민주성, 연대의식, 책임감, 전문성, 그리고 공감과 문화라는 다섯 가지를 제시하고 있다. 이러한 가치를 통해 형성되는 마을교육공동체는, 결국 학교의 교육력 제고와 혁신에 초점을 두고 학교, 마을, 교육청, 지자체, 시민사회, 주민 등이 협력하고 연대하는 교육공동체라고 할 수 있다.

둘째, 평생교육적 측면에서 마을교육공동체를 정의하고 실천하는 방식이다. 강영택은 마을교육공동체를 "마을을 기반으로 하여 교육공동체가 형성된 것"[3]이라고 집약적으로 규정한다. 그는 마을교육공동체에 관한 역사적 배경을 바탕으로 공동체의 비형식적 교육과 무형식적 교육을 중요한 교육활동으로 보기 때문에, 마을교육공동체를 학교와 학생을 중심으로 접근하는 형식교육 기반의 기존 마을교육공동체와는 구분한다. 이러한 관점은 마을교육공동체가 학교교육의 혁신을 넘어 평생학습사회를 지향하며 학교교육의 문제해결은 물론 실질적인 지역사회의 발전을 고려해야 한다는 입장이다.

셋째, 탈학교를 지향하면서 마을교육공동체를 정의하는 접근 방식이다. 상기한 마을교육공동체의 정의에 대한 두 가지 관점은 현 공교육 체제를 유지하는 것을 전제로 하고 있다. 반면에 마을교육공동체는 학교, 마을, 대안교육, 탈학교 교육기관의 구성원들이 "제도권 공교육으로 환원될 수 없는 교육의 문제를 해결하고 더욱 증진시키기 위한 연대의 시도 혹은 연대의 형태"[4]로도 이해된다. 이러한 관점에서 볼 때, 마을교육공동체는 '마을의 학교화'를 넘어 마을과 지역을 '학교화된 마을'로 변화시키는 주체이기도 하다. 이것을 주장하는 이들은, 기존의 공교육제도는 개인을 획일화하고 통제하며 그 결과는 불평등한 사회의 재생산이기 때문에 기존의 학교 대신에 다양한 자발적 학습공동체를 구성해야 한다고 강조한다.

여기서 주목할 것은, 마을교육공동체에 대한 접근 방식과 그 정의에는 차이가 있음에도 불구하고 뚜렷한 공통점이 있다는 것이다. 즉, 마을교육공동체는 "한 아이를 키우기 위해 온 마을이 필요하다."는 아프리카의 속담처럼, 학교와 마을이 아이들을 함께 키우고, 마을이 아이들의 배움터가 되고, 아이들이 주인이 되는 실천적 의미를 담고 있다. 마을이 학교이고 교육생태계라는 것이다. 이를 위해 마을교육공동체는 학교와 마을, 교육청과 지자체, 그리고 학부모와 시민사회가 협력하여 '마을을 통한 교육(learning through community)' '마을에 관한 교육(learning about community)' '마을에 의한 교육(learning of community)' '마을을 위한 교육(learning for community)'을 지향한다.

'마을을 통한 교육'은 마을의 인적·문화적·환경적·역사적 자원을 적극적으로 활용해서 이루어지는 학습의 형태를 말한다. 학생들은 마을의 자원을 통해 배우고 실천할 수 있다. 마을에 산재해 있는 자연생태계, 농장, 시장, 공공기관, 기업, 최첨단의 시설 등 대부분의 기관과 장소가 학생들을 위한 교육의 공간이 된다.

'마을에 관한 교육'은 학생들이 살고 있는 마을에 대해서 배우는 것이다. 학생들은 마을을 통해 '우리' 마을에 대한 지식과 이해를 넓히고, 다른 마을과의 협력과 상생을 위해 차이와 다양성을 배우며 지역과 세계의 경계를 넘나들 수 있게 된다.

'마을에 의한 교육'은 마을의 주민이 학생들을 함께 키우면서, 더 잘 키우기 위해 마을교육의 주체가 되는 것을 의미한다. 마을의 주민과 다양한 교육활동가가 마을강사로 학교교육에 참여할 수도 있다. 마을의 주민으로서 교육적 참여를 실천하는 것이 쉬운 일은 아니지만, 현재 재능 기부, 적극적 협력, 의사결정, 자치적 참여 등과 같은 다양한 방식이 실천되고 있다. 이 경우 마을교육공동체는 마을의 주민에게 스스로 학습하고 실천하기 위한 '교육의 사랑방'이자 사회적 활동의 인큐베이터와 같다.[5]

'마을을 위한 교육'은 학생들이 마을의 주민이라고 각성하여 마을의 현안을 찾아내고 이를 해결하기 위해 실천하는 학습의 형식이다. 마을에서 교육받은 학생들은 마을의 발전을 위해 주인의식을 발휘하면서 민주시민으로 성장하고, 마침내는 마을로 돌아와 정주하는 주민이 되기도 한다.

이러한 마을교육공동체의 다양한 출현 배경과 개념적 정의들을 종합하면, 마을교육공동체는 다음과 같은 세 가지 성격을 가진다고 할 수 있다. 초기의 마을교육공동체는 이론적 접근보다 현장활동가를 중심으로 하는 '실천과 운동의 성격'이 강하였다. 그러나 마을교육공동체가 교육청 중심으로 정책화되면서부터는 대부분 '사업으로서의 마을교육공동체'로 이해되고 있다. 최근 들어, 마을교육공동체는 새로운 교육 패러다임과 교육생태계를 의미하는 이념적 성격으로 발전하고 있다. '이념(가치)으로서의 마을교육공동체'는 학교와 마을이 연대와 협력의 방식을 탈피하여 양자가 교육의 주체성을 회복하고 상호 유기적으로 융합함으로써 선순환적 교육생태계를 구축하는 것을 말한다.

마을교육공동체의 실제

마을교육공동체는 어떻게 실천되고 있는가? 지역사회를 기반으로 하는 마을교육공동체의 관계 모형을 살펴보면 [그림 14-1]과 같다.

[그림 14-1]에서 보듯이, 학교공동체는 '공감과 학습을 통한 학생 역량 강화'를 기본 가치로 하여 교사와 교사, 교사와 학생, 학생과 학생들

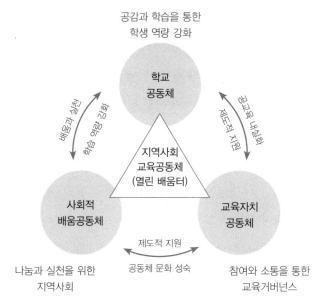

[그림 14-1] 지역사회 기반 마을교육공동체 모형

출처: 서용선, 김아영, 김용련, 서우철, 안선영, 이경석, 임경수, 최갑규, 최탁, 홍섭근, 홍인기(2016). 마을교육공동체란 무엇인가? 탄생, 뿌리 그리고 나침반. 서울: 살림터. p. 142.

이 상호작용하는 학교구성원의 공동체다. 사회적 배움공동체는 '나눔과 실천을 위한 지역사회'를 구축하기 위해 구성원들이 교육의 주체가 되어 재능과 자원을 공유함으로써 교육 환경과 인프라를 만들어 가는 학교 밖 교육공동체다. 그리고 교육자치 공동체는 '참여와 소통을 통한 교육거버넌스'를 기본 가치로 하여 학교공동체와 사회적 배움공동체를 조절하고 지원하면서 지역사회 모든 구성원의 유기적이고 협력적인 참여를 이끌어 내는 역할을 한다.

한편, [그림 14-1]에서는 마을교육공동체를 형성하는 지역사회의 학교공동체, 사회적 배움공동체, 그리고 교육자치 공동체 간의 상호작용과 그 역할이 잘 드러난다. 이러한 연대와 협력의 상호작용은 마을교육공동체의 3대 핵심 구성 요소인 학교의 마을교육과정, 마을학교 그리고 민·관·학 거버넌스의 형성으로 이어진다. 이에 대해 자세히 살펴보면 다음과 같다.

첫째, 마을교육과정은 학생들이 자신의 삶의 기반인 마을에서부터 앎을 실천하며 민주시민으로 성장하도록 하는 교육과정으로, 학교교육과정과 별개가 아닌 마을에 기반을 둔 학교교육과정의 특화라고 할 수 있다. 마을교육공동체에서 마을교육과정이 강조되는 이유는 학생들의 삶이 이루어지는 현장인 마을에 대한 배움이 그들의 적극적인 참여를 이끄는 방안이며 앎과 삶의 괴리를 극복할 수 있는 학습이기 때문이다. 경기도 장곡중학교에서는 마을을 중심으로 한 교과 연계 교육과정(예: 사회, 과학, 국어, 미술, 진로독서의 '공정한 세상을 꿈꾸다')과 '마을 속으로 들어간 학교'라는 주제통합 교육과정 등을 운영하고 있다.[6] 마을교육과정에 자유학년제와 학생 동아리가 결합되고 마을의 각종 단체들과 연결된다면, 교육내용은 물론 활동과 사고의 역동성도 배가된다.

둘째, 마을학교는 마을이 학교와 연계할 수 있는 '고리'와 같다. 마을교육의 허브인 마을학교는 1970년대 이래 다양한 배경으로 교육의 지형에 등장했으며, 최근 들어 지자체의 마을만들기사업, 그리고 교육청의 마을교육공동체와 연대하면서 확산되고 있다. 마을학교는 현실적으로 '마을일꾼 양성과정'이라는 목적을 가지기도 하지만, 지역사회 학교교육에 마을주민이 강사가 되어 마을의 다양한 자원을 활용하면서 교육과정을 제공하는 '마을의 교육시스템'이기도 하다. 대표적인 사례로 전북 완주군 고산향교육공동체가 운영하고 있는 숟가락 공동육아, 방과후학교와 돌봄 프로그램이 있다.[7]

셋째, 민·관·학 거버넌스는 마을교육공동체를 구축하기 위한 기본적인 전제 조건이다. 마을교육공동체를 위한 참여 주체에는 교육청, 광역 및 기초 자치단체, 지역사회, 그리고 학교 등이 포함되며, 이들 간의 관계 설정과 역할, 책임의 분배가 중요하다. 이러한 맥락에서 민·관·학의 참여와 협력적 거버넌스의 형성은 교육에 대한 권한 배분을 넘어서 교육에 대한 책임을 공유하는 민주적 실천을 의미한다. 특히 마을주민들의 자발적이고 자생적인 참여를 바탕으로 한 주민자치가 포함되지 않고서는 마을교육공동체를 위한 교육거버넌스는 완성되지 않는다. 시흥혁신교육지구는 2011년 이래 시흥시교육지원청, 시흥시청, 학교뿐만 아니라 마을 내 학생, 학부모, 마을주민, 마을교육자치회 등이 학생의 교육활동을 지원하기 위해 자발적으로 참여하는 민·관·학 거버넌스를 실천해 오고 있다. 이 사례는 우리나라 미래형 교육자치-일반자치-주민자치의 교육협력 모델로도 알려져 있다.

그러면 이러한 마을교육공동체의 실제 유형에는 무엇이 있는가? 학교교육과 관련하여 마을교육공동체가 지향하는 공동체적 교육의 방법을 프로그램이나 활동 내용과 접목시키면 〈표 14-1〉과 같이 유목화할 수 있다. 마을교육공동체의 다양한 교육활동과 프로그램은 크게 놀이, 진로, 사회참여, 생태의 네 가지로 구분된다. 마을교육공동체가 심화될수록, 초기 예체능 중심의 마을을 통한, 그리고 마을에 관한 교육에서 점차 청소년 자치적 프로젝트 중심의 마을에 의한, 그리고 마을을 위한 교육활동으로 전환되는 경향이 나타난다.

〈표 14-1〉 마을교육공동체의 유형

구분	놀이 (예체능 교육)	진로 (미래 교육)	사회참여 (시민교육)	생태 (지역환경 · 문화)
마을을 통한 교육	• 전래놀이 • 교실음악회 • 도자기체험 등	• 꿈꾸는 슈퍼스타 • 꿈틀 직업체험 • 자기탐색 프로그램 등	• 신나는 경제탐험 • 지역의 사회적 기업 탐방 등	• 가을체험 학습 • 초록배움터 • 지구생태계 및 환경 교육 등
마을에 관한 교육	• 지역생태 미술체험 • 마을문화 이해하기 등	• 학교신문 발간 지도 • 직업체험과 직업세계 탐방 등	• 협동조합 이해 • 사회적 경제 이해 등	• 지역문화 알리기 • 공동체 문화교육 등
마을에 의한 교육	• 마을 문화교실 • 마을돌봄의 공동체놀이 등	• 자유학년제 연계 활동 • 세상은 넓고 할 일은 많다 등	• 다문화 인권교육 • 지역사회 시민교육 등	• 지역문화와 역사 탐방 • 건강생태관광 교실 등
마을을 위한 교육	• 마을 벽화 그리기 • 지역 시설 위문 공연 • 마을축제 등	• 나눔을 배우는 사회적 기업 & 진로교육 • 로컬푸드 체험 및 봉사 등	• 마을행복론 • 자원봉사기본교육 • 지역 문제 해소를 위한 프로젝트 활동 등	• 환경보호 비누 만들기 • 찾아가는 친환경 에너지 교실 등

출처: 김용련(2019). 마을교육공동체: 생태적 의미와 실천. 서울: 살림터. p. 92의 표 수정.

마을교육공동체와 관련된 쟁점들

마을교육공동체의 출현 배경과 성격이 다양하고 그 개념도 사회적으로 함의되어 가는 과정에 있기 때문에 학교-마을 연대와 협력의 초점을 어디에 두는가에 따라 여러 가지 쟁점이 발생한다.

첫째, 마을교육공동체에서 말하는 마을의 적절한 범위는 어디까지인가? 오늘날 마을의 범위를 규정하기는 쉽지 않다. 본래적으로 마을은 읍면동의 행정단위보다 작은 자연부락을 의미했고, 행정단위의 지역사회와는 차이가 있다. 마을은 지역사회보다 규모가 작고 자연발생적이며, 자급자족성이 강하고 상호부조적이다. 반면에 지역사회는 계획적으로 구획되는 경우가 많으며, 마을보다 규모가 상대적으로 크고 상호 호혜 기반의 사회적 관계가 중시된다.

영국의 인류학자이며 진화심리학자인 로빈 던바(Robin Dunbar)에 따르면, 인간이 가진 뇌의 용량으로 지속적인 관계를 맺을 수 있는 구성원의 수는 대략 150명 정도다. 메소포타미아 문명지의 마을에서도 그 정도의 구성원을 가졌다고 한다. 인간은 대략 150명 정도까지 서로 기억하고 직접적인 관계를 맺을 수 있다는 것이다. 그러나 서울특별시는 마을을 '주민자치의 공동체'로 바라본다.[8] 현재의 마을이란 서로 안면성이 높은 이웃과 친근한 관계를 맺을 수 있고, 공통의 목적을 위해 네트워크가 가능하며 협동의 상호작용을 할 수 있는 단위라는 것이다. 즉, 마을은 거주지와 정주지라는 '물리적 공간'의 개념이라기보다는 '공동체'로 발전할 수 있는 씨앗을 품고 있는 집단이다. 이러한 경우라면 우선 도시에서의 마을은 동(洞), 농어촌에서의 마을은 자연부락이나 리(里)보다는 읍·면 단위로 접근하는 것이 바람직해 보인다.

둘째, 가장 빈번히 지적되는 점은 마을교육공동체의 개념적 정의와 달리, 실천 과정에서 학교교육의 보완적 측면이 강조되고 학생 중심으로 실행되기 때문에 마을이 대상화, 도구화된다는 비판이다. 사실 마을교육공동체에서 이루어지는 실천적인 교육은 '마을을 통한 교육, 마을에 관한 교육, 마을을 위한 교육'으로, 수사적으로 볼 때 마을을 핵심에 두고 있다. 그러나 "마을교육공동체의 목표는 학생들에게 그 지역에 대한 다양한 내용을 경험적이고 실천적 방법으로 학습시키고, 그들의 성장과 발달을 도모하여 그 결과가 다시 지역사회로 환원되는 마을공동체를 만드는 것"[9]이라고 주장됨으로써, 이러한 비판과 오해를 피하지 못하고 있다. 비판자들이 볼 때 이러한 주장은 학교와 학생, 그리고 학교혁신이 일차적이고, 마을은 이를 위한 보완적 역할만을 수행하는 것으로 이해되기 쉽기 때문이다.

지역사회로 시선을 돌려 보자. 지역에서는 오래전부터 다양한 주민 중심의 공동체 운동이 전개되어 왔다. 예를 들어, 주민교육을 목표로 교육활동을 전개해 온 야학 형태의 교육운동이 대표적이다. 이 외에도 지역의 필요에 따라 나름의 방식으로 대응해 온 많은 사회단체가 있다. 마을교육공동체가 학교교육의 보완적 역할에 치중할 경우, 마을교육공동체를 위한 인적 자원으로서 마을주민의 능력 및 자질의 향상 → 마을자원의 발굴 및 확대 → 아이들의 성장을 통한 마을의 발전이라는 선순환적 구조가 도외시될 수 있다. 그러므로 마을교육공동체의 궁극적인 방향은 '마을에 의한 교육(learning of community)'을 통해 학교와 마을이 대립적 관계가 아니라 공생하고 상생으로 이어지는 교육생태계를 구축하는 것이어야 한다.

셋째, 교사들은 마을교육공동체를 어떻게 생각하는가? 한 연구에 따르면, 마을교육공동체를 구축해야 하는 이유를 묻는 질문에, 교사와 마을활동가들은 모두 '학교와 마을이 연계하여 프로그램을 운영하면 아이들의 성장에 도움이 될 것이다.'라고 높게 응답하였다. 그러나 마을교육공동체를 위한 학교와 마을의 연계와 협력의 필요성에 대한 질문에는 교사와 마을활동가 간에 의미 있는 인식의 차이가 나타났다. 두 집단 모두에서 긍정적 인식은 과반을 넘었으나, 교사는 마을활동가들보다 상대적으로 그 필요성을 더 낮게 인식하고 있었다.[10] 사실 학교와 교사의 입장에서 보면, 마을교육공동체는 또 다른 업무이자 부수적인 교육활동이기도 하다. 그러므로 마을교육공동체를 구축하기 위한 학교와 교사의 실천은 주로 교육과정과 관련되어야 한다. 나아가 학교와 교사의 부담을 최소화하기 위해서 실제적인 행·재정적 방안들이 마련될 필요가 있다.

마을교육공동체 정착을 위한 과제

마을교육공동체가 전국적으로 확산되면서 다양하게 분화되고 심화되고 있는데도 불구하고 학교와 마을은 왜 쉽게 만나지 못하는가? 우선, 대다수의 학교는 마을 안의 섬과 같다. 공간적으로는 학교가 마을 속에 있지만 학교 구성원은 마을과 연결되어 있지 않은 경우가 많다. 마을의 입장에서 학교는 아직 담이 높고, '학교의 문법'은 너무 다르다. 또한 「초·중등교육법」 제20조(교직원의 임무)에 규정된 학교장과 교사의 역할은 포괄적으로 정의되어 있다. 포괄적인 권한 부여가 각 주체의 자율성을 보장하는 측면도 있지만, 자신들의 역할을 주관적으로 해석해서 학교라는 공간에서의 제한적인 역할만을 수행하도록 만들기도 한다.

학교와 마을 간의 모범적 협력 사례들이 보여 주는 특징은 마을교육공동체를 만들어 나가는 데 적지 않은 참고가 된다. 성공적인 해외 사례는 다음과 같은 열두 가지 공통적 특징을 제시하고 있다.[11]

① 학교장이 학교(교사)와 마을 간 협력 증진에 헌신한다.

② 학교(교사)는 마을과 사용 가능한 자원에 대한 심도 있는 지식을 보유하고 있다.

③ 학교(교사)는 마을의 모든 영역을 연계할 수 있는 기회를 적극적으로 찾아 나선다.

④ 학교(교사)는 학교와 마을이 동반관계라는 공적 관계의 가치와 중요성을 강하게 인식하고 있다.

⑤ 학교장은 학교와 마을에 있는 구성원에게 권한을 부여하고, 공동의 비전을 촉진하는 변혁적 리더십을 발휘한다.

⑥ 학교(교사)와 마을은 다방면에 걸친 내부적·외부적 네트워크에 대한 접근 기회를 가지며 그것을 활용한다.

⑦ 학교(교사)와 마을은 아이들에게 초점이 맞추어진 미래 비전을 공유한다.

⑧ 학교(교사)와 마을은 비전을 달성하기 위한 기회를 만들어 내고, 기꺼이 위험을 무릅쓰며, 새로운 아이디어에 개방적이다.

⑨ 학교(교사)와 마을은 학교의 의사결정에서 능동적이며, 의미 있고 중대한 역할을 함께 수행한다.

⑩ 학교(교사)와 마을은 모두를 위한 학습에 기여하며 모든 구성원이 보유한 기술을 가치 있게 여긴다.

⑪ 학교(교사)와 마을은 동반 관계를 구축하는 리더십을 양자 간의 집단적 책임으로 간주한다.

⑫ 학교(교사)와 마을은 학교를, 마을을 위한 학습센터, 즉 물적·인적·사회적 자본을 함께 제공하는 곳으로 간주한다.

한편, 학교가 마을을 쉽게 만나도록 하기 위해서는 법적 규제의 완화와 더불어 제도적 개선이 이루어져야 한다. 이와 관련하여 고려해야 할 과제는 다음과 같다. 첫째, 학교교육과정과 학교 밖 교육과정의 연계를 활성화할 수 있도록 해야 한다. 예를 들어, 교과 이외의 수업에서 교사보다 전문성 있는 마을강사가 있더라도 현행 법령체계에서는 교사 자격증이 없는 경우 이들이 학교교육활동에 참여하기 쉽지 않다. 따라서 학교와 마을이 함께 마을교육공동체를 만들어 가기 위해서는 수업은 마을강사가 하더라도 수업 시간에 자격증을 가진 교사가 반드시 들어가도록 하는 규정 등이 완화되어야 한다.

둘째, 학교 밖 교육과정의 내용과 경험은 학교교육과정의 중요한 성취 기준에 부합해야 하고, 이를 성적으로 인정해 줄 수 있는 제도적 시스템이 마련되어야 한다. 마을과 연계해서 이루어지는 현장 체험, 외부전문가 초청 강연 외에 여행, 대학 강좌 수강, 온라인학습, 인턴십 등 다양한 학교 밖 교육과정은 학교 안 학습과 유기적으로 연결되어 구성되어야 하고, 이러한 교육과정이 성적으로 인정이 되려면 평가 방식 또한 유연해져야 한다.

셋째, 학교교육과정과 학교 밖 교육 프로그램을 연계하여 교육과정을 운영하는 학교에게는 예산, 인력 등 교사가 원하는 실질적인 인센티브를 제공할 필요가 있다. 학생들에게 다양한 학습기회를 제공하는 프로그램을 기획하고 진행하는 학교에게는 상당한 노력이 요구되기 때문에 행·재정적 지원뿐만 아니라 관련 전문가를 연결해 주고 전략을 함께 세울 수 있도록 지원해 주어야 한다.

넷째, 마을교육공동체의 성격 가운데 하나인 '이념(가치)으로서의 마을교육공동체'에 대한 실천을 어떻게 확장하느냐는 것이다. 앤디 하그리브스(Andy Hargreaves)는 학교교육의 혁신을 위해 '지역사회의 조직화'를 역설하고 있다. 코로나19는 '국가 중심'의 교육패러다임을 '지역 중심'의 교육패러다임으로 전환할 것을 요구하고 있지는 않는가? '국민을 키우는 교육'에서 '지역의 시민을 키우는 교육'으로 목표와 방향을 새롭게 설정해야 할 이유가 여기에 있다.

현재 '사업(정책)으로서의 마을교육공동체'는 지역의 삶과 지역의 삶을 지원하는 교육에 다다르지 못하고 있다고 평가된다. 대부분의 경우 기존 마을교육공동체의 실천은 학교교육의 제한적 변화와 지원에 머무르고 있다는 것이다. 이제 학생들의 삶의 지역화를 고민하고, 지역의 삶을 지원하는 교육을 시도해야 한다. 그리고 마을과 지역에서의 삶에 대한 전망과 비전을 새롭게 설정할 필요가 있다. 그것이 가능하도록 학교교육과정과 수업, 마을교육공동체에 대한 재검토와 재개념화가 요구된다. 특히 마을교육공동체는 학교와 마을이 힘을 합쳐 아이를 키우고 지역 전체가 아이를 지역의 시민으로 키움으로써 지역의 교육력과 정주 여건을 높이는 지역교육운동으로 발전해 나아가야 한다.

로컬택트가 미래다

코로나19는 우리 사회에 뉴노멀(new normal)을 가져오고 있다. 하나는 사회적 거리두기가 일상화되면서 비대면(untact) 활동들이 증가하고 있다는 것이다. 온라인 등교와 원격수업, 재택근무와 화상회의, 온라인 주문의 폭증 등이 그 사례다. 다른 하나는 사회적(물리적) 거리두기의 기간이 길어지면서 심리적 거리가 가까워지고 있다는 것이다. 화상회의의 이면은 재택근무이며 가족 간의 정서적 거리를 제공하기도 한다. 그리고 온라인 주문과 배달의 폭증과 함께 소비패턴도 변하고 있다. 물건을 살 때 낯선 사람이 많이 모이는 대형마트나 백화점이 아니라 동네의 잘 아는 곳으로 가는 경우가 많아졌다. 코로나19는 가족과 마을, 그리고 지역을 다시 소환한 것이다.

교육과 관련해서도 극단적인 비대면 학습을 극복하고 신뢰를 기반으로 한 지역사회 중심의 다양한 학습 소모임이 대안으로 모색되고 있다. 바이러스 감염의 위험 속에서도 관계망 복원을 통한 일상의 배움을 이어 갈 수 있는 마을의 연대망도 함께 등장하고 있다. 한마디로 방역과 배움의 줄다리기가 진행 중이다. 따라서 대면수업과 원격학습은 그 질적 차이와 경계를 분명히 하면서도 교육 전체를 더 풍부하게 하는 관계로 발전되어야 한다.

일찍이 세계화의 대응은 지역화였다. 그리고 코로나19는 마을의 가치를 재발견하는 기회를 가져왔다. 이제 학교교육도 사람과 공동체의 관계를 중심에 놓고 사고하며 상생과 공존을 위한 비전을 공유해야 한다. 그러려면 학교와 마을이 만나야 한다. 학교와 마을의 심화된 연대와 협력이 절실하다. 코로나19가 가져온 뉴노멀은 언택트(untact)가 아니라 로컬택트(localtact, 마을관계망)로의 승화를 시사하고 있다. 그렇다면 마을교육공동체는 필요할까?

[14장 후주] _____

1 서울특별시 서울혁신기획관 마을공동체담당관(2014). 2013 서울시 마을공
   동체 백서.

2 서용선, 김아영, 김용련, 서우철, 안선영, 이경석, 임경수, 최갑규, 최탁, 홍
   섭근, 홍인기(2016). 마을교육공동체란 무엇인가? 탄생, 뿌리 그리고 나침반.
   서울: 살림터. p. 162.

3 강영택(2017). 마을을 품은 학교공동체. 서울: 민들레. p. 43.

4 김환희, 박경주, 이유경(2017). 마을교육공동체 사례 연구를 통한 협력적 거버
   넌스 구축 방안 연구. 전북: 전북교육정책연구소. p. 17.

5 이인회(2020). 마을로 돌아온 학교. 경기: 교육과학사.

6 백윤애, 박현숙, 이경숙, 이윤정(2020). 마을로 걸어간 교사들, 마을교육과정
   을 그리다. 서울: 살림터.

7 추창훈(2020). 로컬이 미래다. 서울: 에듀니티.

8 서울특별시 서울혁신기획관 마을공동체담당관(2014). 2013 서울시 마을공
   동체 백서.

9 김용련(2019). 마을교육공동체: 생태적 의미와 실천. 서울: 살림터.

10 이인회, 강윤진, 문보경(2020). 마을교육공동체 구축에 대한 교사와 마을
   활동가의 인식 비교 분석. 학습자중심교과교육연구, 20(24), 239-265.

11 강영택(2017). 전게서.

찾아보기

저자 소개

박수정 Soojung Park

현　　직　충남대학교 교육학과 교수
학　　력　서울대학교 역사교육과 졸업
　　　　　서울대학교 대학원 교육학과 박사
연구분야　교사 전문성 개발, 학교 변화, 교육자치, 팀 학습 등
주요경력　교육행정학회, 한국교원교육학회 이사
　　　　　충남대학교 대학교육개발센터장, 교육연구소장, 교직부장
　　　　　교육부 시·도교육청 평가위원
주요저서　온라인 수업에서 팀 학습 어떻게 할까(학지사, 2021)
　　　　　교직실무(학지사, 2021)
　　　　　한국 교육행정사 탐구(충남대학교출판문화원, 2016)

김　용 Yong Kim

현　　직　한국교원대학교 교육정책대학원 교수
학　　력　서울대학교 교육학과 졸업
　　　　　서울대학교 대학원 교육학과 박사
연구분야　초·중등학교 교육정책, 교육법, 일본교육 등
주요경력　대통령 직속 정책기획위원회 위원
　　　　　대통령 자문 국가교육회의 전문위원
　　　　　한국교육학회 상임이사
주요저서　코로나 이후의 교육을 말하다(지식의날개, 2021)
　　　　　학교자율운영 2.0-학교개혁의 전개와 전망(살림터, 2019)
　　　　　교육개혁의 논리와 현실(교육과학사, 2012)

엄문영 Moonyoung Eom

현　　직　서울대학교 교육학과 교수
학　　력　서울대학교 교육학과 졸업
　　　　　미국 University of Georgia 박사
연구분야　교육조직론 및 재정, 교육기획, 교사교육 등
주요경력　행정안전부 정부혁신평가단 위원
　　　　　지방교육재정 분석위원
　　　　　한국교육재정경제학회 학술대회위원장, 기획위원장
주요논문　공교육의 관점에서 본 한국 유아교육체제 분석(교원교육, 2021)
　　　　　유·초·중등교육 학생수 추계 방법 개선방안 연구(교육행정학연
　　　　　구, 2015)

이인회 Inhoi Lee

현　　직　제주대학교 교육학과 교수
학　　력　고려대학교 사학과 졸업
　　　　　미국 University of Bridgeport 박사
연구분야　학교변화, 학교컨설팅, 교육협력, 마을교육공동체 등
주요경력　한국교육행정학회 이사
　　　　　제주학교컨설팅연구회 공동회장
　　　　　제주특별자치도의회 미래기획혁신위원회 위원
주요저서　마을로 돌아온 학교(교육과학사, 2020)
　　　　　융·복합 시대의 공교육 혁신(박영스토리, 2018)
　　　　　제주 교육 들여다보기(교육과학사, 2017)

이희숙 Heesook Lee

현　직　강남대학교 교육학과 교수
학　력　서울대학교 수학교육과 졸업
　　　　서울대학교 대학원 교육학과 박사
연구분야　교육정책 효과성, 교육재정, 교육경제, 사교육 등
주요경력　한국교육재정경제학회 이사
　　　　강남대학교 교수학습지원센터장, 교직부장
주요저서　교직실무(학지사, 2021)
　　　　Handbook of Educational Policy Research(Routledge, 2009)

차성현 Sunghyun Cha

현　직　전남대학교 교육학과 교수
학　력　서울대학교 교육학과 졸업
　　　　미국 Florida State University 박사
연구분야　교육정책, 교육재정, 교육조직 등
주요경력　국가교육회의 디지털교육특별위원회 위원
　　　　국가교육과학기술자문회의 전문위원
　　　　한국교육개발원 연구위원
　　　　전남대학교 교육혁신본부장
주요저서　한국교육의 미래전략(한반도선진화재단, 2016)

한은정 Eunjung Han

현   직   인천대학교 체육교육과 교수
학   력   서울대학교 국어교육과 졸업
            서울대학교 대학원 교육학과 박사
연구분야   예비교사 교육, 학교컨설팅, 교사 문화 등
주요경력   한국학교컨설팅연구회 이사
            한국교육개발원 연구위원
            대통령 자문 국가교육회의 파견
주요저서   학교컨설팅의 이론과 실제(학지사, 2017)
            학교컨설턴트 가이드북(학지사, 2015)
            학교경영컨설팅(학지사, 2013)

오늘의 교육 내일의 교육정책
Today's Education Tomorrow's Educational Policy

2021년 10월 20일 1판 1쇄 인쇄
2021년 10월 30일 1판 1쇄 발행

지은이 • 박수정 · 김 용 · 엄문영 · 이인회 · 이희숙 · 차성현 · 한은정
펴낸이 • 김진환
펴낸곳 • ㈜**학지사**

04031 서울특별시 마포구 양화로 15길 20 마인드월드빌딩
대표전화 • 02-330-5114   팩스 • 02-324-2345
등록번호 • 제313-2006-000265호

홈페이지 • http://www.hakjisa.co.kr
페이스북 • https://www.facebook.com/hakjisabook

ISBN 978-89-997-2525-8 93370

정가 15,000원

출판 · 교육 · 미디어기업 **학지사**

간호보건의학출판 **학지사메디컬** www.hakjisamd.co.kr
심리검사연구소 **인싸이트** www.inpsyt.co.kr
학술논문서비스 **뉴논문** www.newnonmun.com
교육연수원 **카운피아** www.counpia.com